全新版

全国经济专业技术资格考试 **专用教材**

金融
专业知识与实务 中级

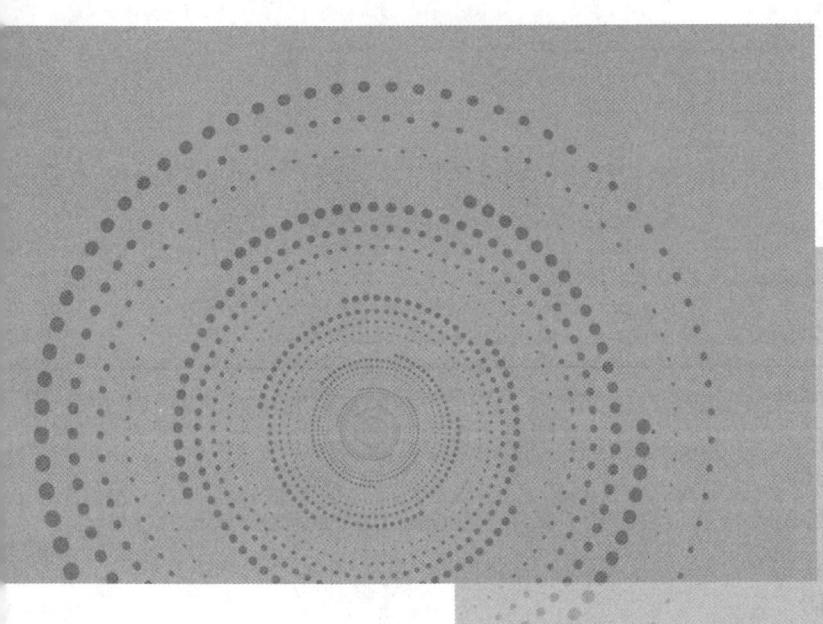

经济师考试研究院　组编

本册主编　文婧

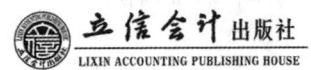

图书在版编目(CIP)数据

金融专业知识与实务：中级 / 经济师考试研究院组编. —上海：立信会计出版社，2024.12(2025.7重印).—(全国经济专业技术资格考试专用教材).—ISBN 978-7-5429-7715-1

Ⅰ.F83

中国国家版本馆 CIP 数据核字第 2024LF6088 号

责任编辑　蔡伟莉　胡蒙娜

金融专业知识与实务(中级)
Jinrong Zhuanye Zhishi yu Shiwu(Zhongji)

出版发行	立信会计出版社
地　　址	上海市中山西路 2230 号　　邮政编码　200235
电　　话	(021)64411389　　传　　真　(021)64411325
网　　址	www.lixinaph.com　　电子邮箱　lixinaph2019@126.com
网上书店	http://lixin.jd.com　　http://lxkjcbs.tmall.com
经　　销	各地新华书店
印　　刷	三河市中晟雅豪印务有限公司
开　　本	787 毫米×1092 毫米　　1/16
印　　张	16
字　　数	358 千字
版　　次	2024 年 12 月第 1 版
印　　次	2025 年 7 月第 2 次
书　　号	ISBN 978-7-5429-7715-1/F
定　　价	52.00 元

如有印订差错，请与本社联系调换

通过全国经济专业技术资格考试是取得经济师职称的必要途径。近年来,经济师考试热度不减,难度逐年增加。为满足广大考生备考需求,经济师考试研究院结合全新经济专业技术资格考试大纲要求,在深入研究历年考试真题的基础上,总结分析考点,剖析命题规律,倾力打造了本套"全国经济专业技术资格考试专用教材"。

本套教材主要有以下几个特点:

➤**优化知识结构**——本套教材对经济师考试大纲进行了深入分析,帮助考生缩小复习范围,提高学习效率。就本书而言,出于优化教学逻辑,编者对"金融专业知识与实务(中级)"科目的考试大纲的章节进行调整:①将考试大纲第二章"金融体系"与第六章"金融市场与金融工具"进行整合,合并为本书第一章"金融市场与金融机构";②将考试大纲第一章"金融学基础"中涉及利率的知识点和第七章"金融资产定价"合并为本书第五章"金融资产定价";③将考试大纲第十一章"中央银行与金融调控"和第九章"货币供求与货币均衡"合并为本书第六章"中央银行运行机制";④将考试大纲第一章"金融学基础"中关于国际货币体系和汇率的知识点与考试大纲第十章"开放经济均衡"合并为本书第八章"国际金融"。综上,本书共八章内容。

➤**提纲挈领、讲练结合**——在编写过程中,编者分析、整理、研究了近4年考试真题的出题思路,使考点讲解内容紧跟考试趋势,并配套真题练习,使各知识点的考查频率、命题呈现形式及常考的关键词句一目了然,帮助考生抓住命题规律和趋势,准确把握复习重点。

➤**"懒人"备考秘籍**——大纲再现与解读、知识脉络、考点详解、典型例题四位一体,方便考生根据考试大纲特点有针对性地进行复习。编者精心组织本书内容,去芜存精,对考试大纲所涉及的知识点进行适当精简、整合,从而减少考生备考时间。此外,编者结合最新的学科知识、法律、法规、标准以及近几年专业知识与实务考试的实际情形,对本书进行了内容拓展和补充。

➤**"名师"智慧讲堂**——本套教材汇集业内顶级辅导名师的教学研究成果,融合了多位名师多年潜心研究的智慧结晶。"书山有路勤为径,学海无涯苦作舟",希望本套教材可以帮助各位考生在备考之路上少走弯路。

衷心祝广大考生顺利通关!

经济师考试研究院

第一章　金融市场与金融机构

- 考点1　金融市场 …………………… 3
- 考点2　存单市场 …………………… 7
- 考点3　回购市场、同业拆借市场 …… 8
- 考点4　债券市场 …………………… 11
- 考点5　证券投资基金市场 ………… 14
- 考点6　股票市场 …………………… 27
- 考点7　外汇市场 …………………… 30
- 考点8　金融机构概述 ……………… 32
- 考点9　金融热点 …………………… 36

第二章　商业银行

- 考点1　商业银行概述 ……………… 41
- 考点2　商业银行"三大业务" ……… 51
- 考点3　商业银行资本金 …………… 58

第三章　证券公司

- 考点1　证券公司的概念与功能 …… 65
- 考点2　证券公司的主要业务 ……… 68

第四章　保险公司

- 考点1　保险基础 …………………… 81
- 考点2　保险业务流程 ……………… 86
- 考点3　再保险 ……………………… 89
- 考点4　保险资金运用 ……………… 92

第五章　金融资产定价

- 考点1　利率 ………………………… 97
- 考点2　资产组合定价 ……………… 105
- 考点3　证券估值 …………………… 113
- 考点4　金融衍生品概述 …………… 118
- 考点5　金融远期 …………………… 120
- 考点6　金融期货 …………………… 125
- 考点7　金融互换 …………………… 128
- 考点8　金融期权 …………………… 133
- 考点9　信用衍生产品 ……………… 140

第六章　中央银行运行机制

- 考点1　中央银行概述 ……………… 147
- 考点2　货币层次划分 ……………… 150
- 考点3　货币需求理论 ……………… 152
- 考点4　货币供给理论 ……………… 156
- 考点5　货币供求均衡 ……………… 161

考点 6　货币供求失衡 …………… 167
考点 7　货币政策 ………………… 171
考点 8　宏观审慎政策 …………… 180

第七章　金融风险与金融监管

考点 1　金融风险 ………………… 185
考点 2　公司治理与内部控制 …… 191
考点 3　金融脆弱性与金融危机 … 201
考点 4　金融监管 ………………… 205

考点 5　国际金融监管的协调配合 … 213

第八章　国际金融

考点 1　国际收支 ………………… 221
考点 2　外汇与汇率 ……………… 226
考点 3　国际资本流动 …………… 232
考点 4　外资与外债管理 ………… 234
考点 5　国际储备与国际货币体系 … 238
考点 6　开放经济条件下的内外均衡 … 244

- 微信扫码领取"闪电速记"
  带你快速记忆高频考点
- 还可领取"通关宝典"
  备考路上助力通关

第一章

金融市场与金融机构

📖 大纲再现

1. 理解金融市场与金融工具的性质与类型;理解货币市场及其工具;理解资本市场及其工具;理解金融衍生品市场及其工具;分析我国各类金融市场及其工具。
2. 理解金融机构的性质、职能、类型、体系构成。

大纲解读 ✏️

本章常以单项选择题、多项选择题形式出题,案例分析题较少涉及。

本章整体介绍我国的金融市场和金融机构体系,是整本教材的基础部分。高频考点包括金融市场的种类、我国的金融市场、证券投资基金。近年来,命题倾向于细微知识点的考查,细节部分考生需加强记忆,只掌握知识框架难以得分,应先结合思维导图掌握本章框架,再记忆框架内的知识点。本章与后续章节之间是总分关系,本章是对金融学的整理概述。对于本章出现的金融术语,后续章节会有详细介绍,考生在全面学习之后,对本章的内容会有更深入的理解。

知识脉络 ▶

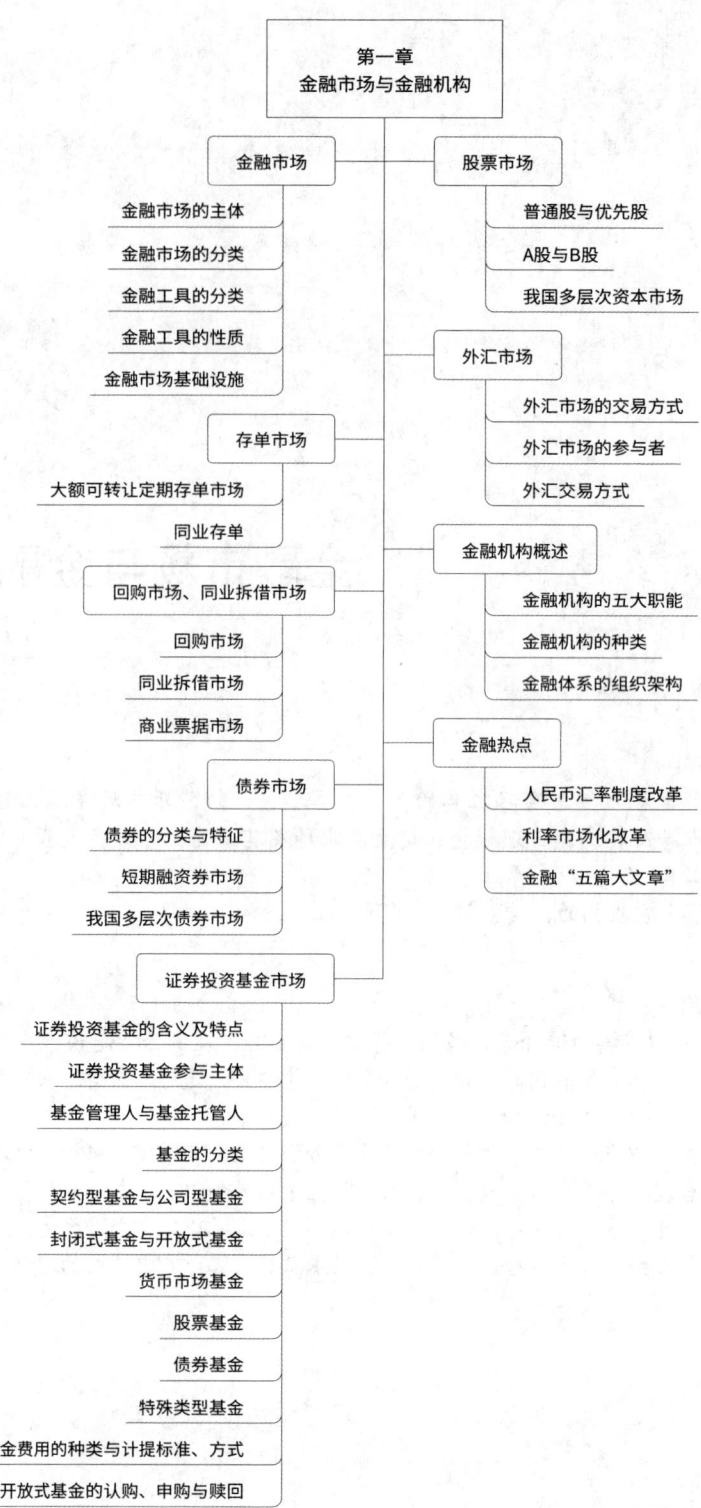

第一章　金融市场与金融机构

考点1　金融市场

一、金融市场的主体 ☆☆

金融市场是资金供求双方进行金融资产交易的场所，交易的参与者即为金融市场的主体，具体内容见表1-1。

表1-1　金融市场的主体

主体	具体内容
家庭	在金融市场上主要充当资金供给者
政府	在金融市场上主要充当资金需求者
企业	（1）金融衍生品市场上的套期保值主体 （2）金融市场上重要的资金供给者和需求者 （3）金融市场运行的基础
金融机构	（1）最活跃的交易者 （2）四重身份： ①金融市场的中介人：化储蓄为投资 ②资金供给者：在市场上购买各类金融工具 ③资金需求者：发行、创造金融工具 ④货币政策的传递者和承受者
服务中介	非金融机构，如律师事务所、会计师事务所、证券评级机构等
金融调控及监管机构	中央银行既是金融市场上的交易主体，同时也是金融调控及监管机构

二、金融市场的分类 ☆☆☆

（一）按资金融通的方式划分

（1）直接金融市场。直接金融市场是指资金供求双方直接建立债权债务关系，而不与中介建立债权债务关系的市场。直接金融工具包括政府债券、企业债券、股票等。

（2）间接金融市场。间接金融市场是指资金供求双方分别同中介建立债权债务关系的市场。

> **知识拓展**
>
> 直接融资与间接融资的区别见图1-1。
>
>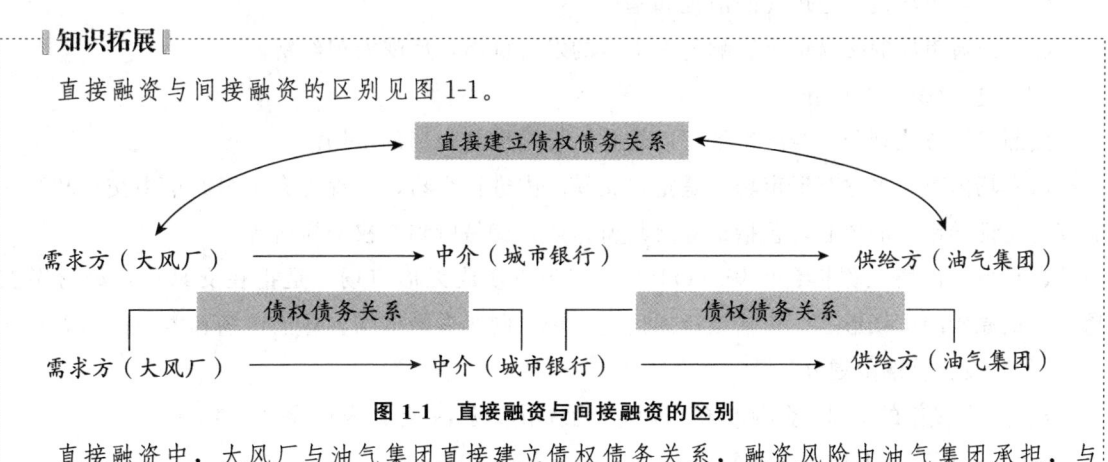
>
> **图1-1　直接融资与间接融资的区别**
>
> 直接融资中，大风厂与油气集团直接建立债权债务关系，融资风险由油气集团承担，与城市银行无关。所以，尽管有城市银行作为中介，该融资仍然是直接融资。

间接融资中，油气集团将资金存入城市银行，二者由此建立债权债务关系；城市银行将资金贷给大风厂，二者又建立债权债务关系。城市银行作为融资的信用中介，承担贷款风险。

由此可知：区分直接融资和间接融资的标准是看中介的地位、性质，而不是看有无中介机构。直接融资中，中介充当信息中介、服务中介；间接融资中，中介充当信用中介。

（二）按交易标的物划分

按交易标的物划分，金融市场可以分为货币市场、证券市场、外汇市场、金融衍生品市场等。

（三）按交割时间划分

（1）现货市场：成交后立即进行交割。

（2）期货市场：成交一定时期后再进行交割。

（四）按发行与流通的性质划分

按发行与流通的性质不同，金融市场可以划分为发行市场（一级市场或初级市场）和流通市场（二级市场或次级市场）。

1. 发行市场

（1）交易对手：发行者→投资者；金融资产首次公开出售给投资者。

（2）发行市场包括筹资规划、创设证券、推销证券、承购、分销业务等。

2. 流通市场

（1）交易对手：投资者→投资者；对已经发行的金融工具进行转让交易。

（2）流通市场的两种形态：

①场内交易。集中竞价，是流通市场的核心。

②场外交易。运用电子计算机网络及通信技术进行交易。

3. 发行市场与流通市场的关系

（1）发行市场与流通市场相互依存。

（2）发行市场是流通市场的前提和基础。

（3）流通市场的交易情况影响金融工具的发行价格，反映宏观经济。

（五）按组织方式划分

按照组织方式划分，金融市场可以划分为场内市场和场外市场。

（1）场内市场也称有形市场，是指在交易所内进行交易，体现为有组织的集中交易和统一清算，是证券市场的核心，包括证券交易所、期货交易所和期权交易所等。

（2）场外市场也称柜台市场（OTC）、店头市场或无形市场，是指在交易所以外分散交易，是最原始的市场形态，包括银行间信贷市场、同业拆借市场、外汇市场和黄金市场等。

（六）按交易期限划分

按照交易期限的不同，金融市场可以划分为货币市场（一年以内）、资本市场（一年以上）。

（七）按成交与定价方式划分

（1）公开市场：在交易所内进行公开竞价，金融资产在到期偿付之前可以自由交易。

(2) 议价市场：买卖双方私下协商定价，无固定场所，相对分散。

（八）按地域范围划分

按地域范围不同，可以将金融市场划分为国内金融市场、国际金融市场。国内金融市场包括全国性的金融市场、地区性的金融市场；国际金融市场包括在岸金融市场、离岸金融市场，一般属于无形市场。

三、金融工具的分类

按照不同划分标准，可以将金融工具划分为以下几类，具体内容见表1-2。

表1-2 金融工具的种类

划分依据	类别	具体内容
性质	债权凭证	(1) 需还本付息的有价证券 (2) 反映债权债务关系
	所有权凭证	(1) 主要指股票 (2) 反映所有权关系
期限	货币市场工具（≤1年）	包括国库券、商业票据、银行承兑汇票、同业拆借、大额可转让定期存单、回购协议等
	资本市场工具（＞1年）	代表债权或者股权关系的金融工具，包括股票、中长期国债、企业债券等
与实际金融活动的关系	原生金融工具	包括股票、债券、商业票据、基金等基础金融工具
	衍生金融工具	(1) 价值派生于原生金融工具 (2) 包括远期合约、期货合约、互换合约、期权合约等 (3) 用于投机和风险管理
金融统计角度		货币黄金、特别提款权、通货和存款、非股票证券、贷款、股票和其他股权、保险技术准备金、金融衍生产品、其他应收/应付、委托代理协议、或有金融工具

【考点小贴士】 牟记划分标准和对应的划分结果。

> **知识拓展**
> (1) 划分依据中的"性质"是指金融工具所反映的融资双方的关系，即债权债务关系或所有权关系。
> (2) 划分依据中的"期限"是指融资期限或金融工具的到期期限，并非指交割期限。
> (3) 对划分依据中的"与实际金融活动的关系"可作如下理解：原生金融工具直接体现融资行为，而衍生金融工具直接体现合约交易，在合约交易中间接体现融资行为。

四、金融工具的性质

（一）流动性

(1) 流动性是指金融工具能够迅速变现而不致遭受损失的能力。
(2) 流动性的实现方式包括买卖、承兑、贴现、再贴现。
(3) 流动性的决定因素包括收益率（反比）、发行人的资信程度（正比）。

（二）期限性

期限性是指金融工具的偿还期。

（三）风险性

(1) 风险性是指预期收益和本金遭受损失的可能性（风险≠损失）。

(2) 风险主要源于信用风险和市场风险。

（四）收益性

(1) 股息、利息收益。

(2) 买卖的价差。

【记忆口诀】流动·丰（风）收期。

> **知识拓展**
>
> 上述四个性质之间的关系为：期限性与收益性成正比；期限性与风险性成正比；期限性与流动性成反比；收益性与风险性成正比；收益性与流动性成反比；流动性与风险性成反比。

五、金融市场基础设施

金融市场基础设施的具体内容见表1-3。

表1-3 金融市场基础设施

项目		具体内容
含义		金融市场基础设施作为一种系统或者制度安排，能够为金融活动提供基础性的公共服务，能够降低参与成本，切实提高交易效率
地位		在金融市场运行中居于枢纽地位，是金融市场稳健高效运行的基础性保障，是实施宏观审慎管理和强化风险防控的重要抓手，对国家金融安全举足轻重
金融市场基础设施统筹监管		背景：2008年全球金融危机后国际金融监管改革的重要内容之一
		全球公认的规范金融市场基础设施的系统化标准：国际支付结算体系委员会［CPSS，现更名为支付与市场基础设施委员会（CPMI）］与国际证监会组织（IOSCO）技术委员会联合发布的《金融市场基础设施原则》（PFMI）
我国金融市场基础设施统筹监管范围		我国金融市场基础设施统筹监管范围：金融资产登记托管系统、清算结算系统、交易设施、交易报告库、重要支付系统、基础征信系统
	金融资产登记托管系统方面	证券集中登记托管的金融机构：中央国债登记结算有限责任公司、上海清算所、中国证券登记结算有限责任公司
	清算结算系统方面	大额支付系统、小额支付系统、人民币跨境支付系统、全国支票影像交换系统
	中央对手方方面	中国证券登记结算有限责任公司在交易所债券质押式回购中充当中央对手方
		中国金融期货交易所、上海期货交易所、郑州商品交易所和大连商品交易所在相应期货交易中充当中央对手方

典型例题

1. [多项选择题]下列金融工具中，属于货币市场工具的有（　　）。

   A. 短期政府债券　　　　　　　　B. 银行承兑汇票

   C. 同业拆借　　　　　　　　　　D. 股票

E. 企业债

[解析] D、E两项错误，中长期国债、企业债、股票均属于资本市场工具。

2. [多项选择题] 我国金融基础设施统筹监管的范围包括（　　）。

A. 交易管理系统　　　　　　　　B. 重要支付系统

C. 清算结算系统　　　　　　　　D. 基础征信系统

E. 金融资产登记托管系统

[解析] 我国金融市场基础设施统筹监管的范围包括金融资产登记托管系统、清算结算系统、交易设施、交易报告库、重要支付系统、基础征信系统等。

3. [多项选择题] 一般而言，金融工具的性质包括（　　）。

A. 风险性　　　　　　　　　　　B. 安全性

C. 期限性　　　　　　　　　　　D. 流动性

E. 收益性

[解析] 金融工具的性质有流动性、期限性、风险性和收益性。

答案：1. ABC　2. BCDE　3. ACDE

考点2　存单市场

一、大额可转让定期存单市场

（1）大额可转让定期存单由普通的银行存单发展而来，是一种银行发行的固定面额、固定期限且可转让流通的大额存款凭证。

（2）大额可转让定期存单的产生背景：最早产生于美国，由花旗银行首推。

> **[知识拓展]**
>
> 在美国"Q条例"的监管高压下，花旗银行为了吸收存款而创造出大额可转让定期存单。其核心机制为提高利率和增加流动性。因为大额可转让定期存单是创新工具，不受监管约束，提高利率并不会触碰监管线。此外，为存单设计流动性即为存单增加变现功能。高利率、强流动性是大额可转让定期存单优于传统存款的特质，大额可转让定期存单的设计初衷就是增强流动性，因此要围绕这两个方面理解大额可转让定期存单的特点。

（3）大额可转让定期存单与传统定期存单的区别见表1-4。

表1-4　大额可转让定期存单与传统定期存单的区别

区别	大额可转让定期存单	传统定期存单
记名与流通	不记名，可流通转让	记名，不可流通转让
金额	面额固定且较大	存款金额不固定
支取	不可提前支取，只能在二级市场流通转让	可提前支取，仅损失利息收入

续表

区别	大额可转让定期存单	传统定期存单
利率	既有固定利率，也有浮动利率，一般高于同期定期存款利率	固定利率（存单开户日挂牌利率）

二、同业存单

（一）对同业存单的理解

（1）同业存单的发行主体是银行业存款类金融机构法人。

（2）同业存单的发行场所是全国银行间市场。

（3）同业存单是记账式定期存款凭证。

（4）同业存单是一种货币市场工具。

（二）同业存单的期限

同业存单的期限不超过1年。

（三）同业存单的特点

（1）同业存单流动性强（二级市场）。

（2）同业存单的利率参考Shibor（上海银行间同业拆放利率）或以Shibor为浮动利率计息基准确定；同业存单的发行价格采取市场化定价原则。

（3）同业存单的投资和交易主体是银行间市场成员，其中交易方为银行间拆借市场成员、基金类产品、基金管理公司。

（4）同业存单采取电子化方式发行，标准、透明。

> **典型例题**

[多项选择题] 与传统定期存单相比，大额可转让定期存单的特点包括（　　）。

A. 大额可转让定期存单可以提前支取

B. 大额可转让定期存单不记名，且可在市场上流通并转让

C. 大额可转让定期存单利率一般高于同期限的传统定期存单利率

D. 大额可转让定期存单面额一般固定且较大

E. 大额可转让定期存单的利率都是固定的

[解析] A项错误，大额可转让定期存单不可提前支取，只能在二级市场流通转让。E项错误，大额可转让定期存单的利率既有固定的，也有浮动的。

答案：BCD

考点3　回购市场、同业拆借市场

一、回购市场

（一）对回购的理解

（1）回购的含义：现在卖出证券、未来再买回（购回）。

（2）回购标的物：国库券、其他有担保债券、商业票据、大额可转让定期存单等货币市场工具。

(3) 回购的期限：1年以内。

（二）正回购与逆回购

(1) 正回购：先卖后买。

(2) 逆回购：先买后卖。

> **知识拓展**
>
> 商业银行回购与央行回购的区别：
>
> （1）商业银行回购的目的是融通资金。正回购是融入资金（资金需求方），逆回购是融出资金（资金供给方）。
>
> （2）央行回购的目的是进行公开市场操作，实行货币政策。正回购是收回流动性，属于紧缩性的货币政策；逆回购是投放流动性，属于扩张性的货币政策。

（三）质押式回购、买断式回购

1. 质押式回购

(1) 在交易过程中，所有权不发生转移。

(2) 质押式回购的期限：1~365天。

2. 买断式回购

(1) 在交易过程中，所有权发生转移。

(2) 买断式回购的期限：1~365天。

（四）回购的计算

有关计算公式如下：

$$应付利息＝本金×回购利率×回购协议期限÷360$$

$$回购价格＝本金＋应付利息$$

二、同业拆借市场☆☆

(1) 同业拆借市场的期限较短，最短为1天，最长为1年。

(2) 在市场准入方面有较严格的限制，交易对手是信誉良好的金融机构，因此主要是信用拆借，无须担保。

(3) 同业拆借市场参与者广泛，主要是各金融机构，包括商业银行和证券机构、财务公司等非银行业金融机构。

(4) 交易量大，可以较为敏感地反映资金供求和货币政策意图，影响货币市场利率。

> **知识拓展**
>
> 同业拆借市场的特点可被总结为"期限短""信用拆""参与多""交易量大"，上述四个特点可分别与之对应记忆。

【提示】禁止性规定：非金融企业、个人禁止参与。

三、商业票据市场

商业票据市场的具体内容见表1-5。

表 1-5 商业票据市场

项目	具体内容
含义	商业票据是指公司为了筹集所用资金,以贴现的方式发行的一种信用凭证。商业票据属于短期、无担保的票据
特点	(1) 商业票据面额较大、发行期限较短 (2) 商业票据融资方式灵活、融资成本低
发行方式	商业票据采用贴现的方式发行 发行价格＝票面金额－贴现金额 贴现金额＝票面金额×年贴现率×期限÷360 【举例】某金融公司拟发行一种票面金额为 10 000 元的商业票据,已知该票据的年贴现率为 5％,发行期限为 30 天,则其发行价格为:10 000－10 000×5％×30÷360≈9 958(元)
我国的票据	汇票、本票、支票
相关规定	(1) 电子商业汇票的相关业务应当通过中国人民银行认可的票据市场基础设施办理 (2) 银行承兑汇票和财务公司承兑汇票的最高承兑余额不得超过该承兑人总资产的 15％,保证金余额不得超过该承兑人吸收存款规模的 10％ (3) 商业汇票的付款期限应当与真实交易的履行期限相匹配,自出票日起至到期日止,最长不得超过 6 个月 (4) 银行承兑汇票承兑人应当披露承兑人信用信息 (5) 商业汇票的承兑、贴现、风险控制和信息披露的管理机构:中国人民银行、中国银行保险监督管理委员会 (6) 票据再贴现的管理机构:中国人民银行

>> 典型例题

1. [案例分析题] 2018 年 6 月 19 日,中国人民银行发布公告称,为对冲期高峰、政府债券发行缴款。当日有 500 亿元央行逆回购到期等因素的影响,为满足市场对资金的需求,中国人民银行开展了 700 亿元 7 天期、200 亿元 14 天期、100 亿元 28 天期逆回购操作,中标利率分别为 2.55％、2.70％、2.85％。同时,为弥补银行体系的中长期流动性缺口,当日,中国人民银行还开展了 2 000 亿元中期借贷便利(MLF)操作。

根据以上资料,回答下列问题:

(1) 中国人民银行通过当日的逆回购操作,向市场( )。

A. 投放资金 1 000 亿元

B. 投放资金 500 亿元

C. 回笼资金 1 000 亿元

D. 回笼资金 500 亿元

[解析] 当天到期逆回购 500 亿元,因此回笼资金 500 亿元;当天开始逆回购 1 000 亿元(700＋200＋100),因此投放资金 1 000 亿元;最终净投放资金＝1 000－500＝500(亿元)。

(2) 关于中国人民银行此次逆回购操作的说法,正确的是( )。

A. 向一级交易商买入有价证券,并约定在未来特定日期卖出有价证券

B. 进行逆回购操作的有价证券,既可以是国债也可以是上市公司发行的股票

C. 逆回购交易不能连续进行，存在政策效果具有不确定性的风险

D. 中国人民银行的逆回购操作，会引起市场货币供应的增加

[解析] 逆回购是先买后卖，A项正确；逆回购的标的物不包括股票，B项错误；逆回购可以连续进行，且央行可以通过回购交易精准控制货币量，C项错误；逆回购开始时，央行在市场中买入证券，向市场投放货币，D项正确。

2. [单项选择题] 在我国银行间市场，金融机构以国债为质押物融入资金且不转移国债所有权的交易是（ ）。

A. 质押式正回购

B. 质押式逆回购

C. 买断式正回购

D. 买断式逆回购

[解析] 质押式回购不转移所有权，且融入资金属于正回购，A项正确。

答案：1.B AD 2.A

考点4 债券市场

一、债券的分类与特征

（一）债券的分类

按照不同的划分标准，债券可分为几大类，详见表1-6。

表1-6 债券的分类

划分依据	类别
币种	人民币债券、外币债券
发行主体	政府债券、金融债券、公司债券
利率是否固定	固定利率债券、浮动利率债券
利息支付方式	附息债券、息票累积债券、贴现债券
募集方式	私募债券、公募债券
是否可以转换	可转换债券、不可转换债券
偿还期限	短期债券、中期债券、长期债券
信用结构	信用债券、抵押债券、担保债券
债券券面形态	实物债券、记账式债券、凭证式债券

[知识拓展]

（1）附息债券在票面附加息票，按期支付利息；息票累积债券到期一次还本付息；贴现债券不付利息，折价发行，到期按面额偿还。

(2) 实物债券是指发行真实的债券；凭证式债券只发行收款凭证，以收款凭证取代债券；记账式债券是无纸化债券，以电子形式记录债权。

(3) 担保债券在此处作"质押"理解，即以动产、权利等为质押品发行债券。

(4) 可转换债券是指投资者在购买债券的同时，拥有一种在未来将债券转换为股票的权利。因此，可转换债券可被看成债券和股票期权的结合，债券持有者拥有的转股权是权利，而非义务。

(5) 1949年以后第一笔外币债券是2003年国家开发银行发行的金融债券。

（二）债券的特征

(1) **优先受偿性**。在企业破产时，债权人（债券持有者）的剩余资产索取权优先于股东（股票持有者）。（先债后股）

(2) **偿还性**。债券一般有规定的偿还期，债务人必须按期偿还本金并支付利息。

(3) **收益性**。债券的收益性包括定期利息收入、买卖价差。

(4) **流动性**。持券人可以根据实际情况，灵活地转让债券变现。一般情况下，债券市场越发达，债券发行人的信用程度越高，债券期限越短，流动性越强。

二、短期融资券市场 ☆☆

（一）短期融资券

(1) 发行主体：<u>非金融企业法人</u>。

(2) 发行、交易场所：<u>银行间债券市场</u>。

(3) 期限：较短，最长不超过365天，本质上是<u>融资性商业票据</u>。

(4) 特点：具有<u>债券性质</u>，是企业的负债，需按期还本付息。

（二）超短期融资券

(1) 发行背景：2010年12月，由<u>中国银行间市场交易商协会</u>推出。

(2) 发行主体：具有<u>法人资格、信用评级较高的非金融企业</u>。

(3) 发期场所：银行间债券市场。

(4) 期限：在270天以内。

(5) 特点：信息披露简洁、注册效率高、发行方式高效、资金使用灵活。

> **知识拓展**
>
> 注意区别短期融资券和超短期融资券：
>
> (1) 短期融资券的期限在365天内；超短期融资券的期限在270天内。
>
> (2) 信用评级较高的企业才有资格发行超短期融资券，短期融资券并未作此规定。
>
> (3) 两者同属于货币市场。

三、我国多层次债券市场

（一）银行间市场

（1）银行间市场是债券市场的主体，交易量占整个市场的90%左右。

（2）交易品种：银行间市场主要进行现券交易、质押式回购、买断式回购、远期交易等。

（3）发债机构：财政部、商业银行、非银行业金融机构、国际开发机构、非金融企业、政策性银行、中国铁路总公司。

（二）交易所市场

（1）交易所市场的参与者主要是机构投资者和个人投资者。

（2）交易所市场的交易结算由中国证券登记结算有限责任公司负责。

（3）交易所市场的交易品种主要有现券交易、融资融券业务、质押式回购等。

（三）商业银行柜台市场

（1）商业银行柜台市场属于零售市场，是债券市场的补充。

（2）商业银行柜台市场交易品种：现券交易。

（3）银行需要在承办银行日终将余额变动数据传给中央国债登记结算有限责任公司（以下简称中债登），中债登为柜台投资人提供余额查询服务。

（4）债券品种：记账式国债、国家开发银行债券、政策性银行债券、中国铁路总公司债券等。

» 典型例题

1．[单项选择题]中国银行间市场交易商协会推出的超短期融资券的最长融资期限是（　　）天。

A．180   B．360

C．270   D．90

[解析]超短期融资券的期限在270天以内。

2．[多项选择题]按照利息支付方式的不同，债券可分为（　　）。

A．贴现债券

B．附息债券

C．担保债券

D．息票累积债券

E．抵押债券

[解析]按照利息支付方式的不同，债券可分为贴现债券、附息债券、息票累积债券。

3．[单项选择题]关于债券特征的说法，错误的是（　　）。

A．债券一般都可在流通市场上自由转让变现，具有较强的流动性

B. 债券的投资收入主要包括利息以及在二级市场上出售债券时获得的买卖价差

C. 在融资企业破产时，债券持有者享有优先于其他债权人对企业剩余资产的索取权

D. 债券有规定的偿还期限，债务人必须按期向债权人支付利息和偿还本金

[解析] C项错误，在融资企业破产时，债券持有者的剩余资产索取权优先于股票持有者，而非其他债权人。

4. [单项选择题] 债券是资本市场重要的工具之一，其特征不包括（　　）。

A. 流动性

B. 优先受偿性

C. 收益性

D. 永久性

[解析] 债券的特征包括优先受偿性、偿还性、收益性和流动性。

答案：1.C　2.ABD　3.C　4.D

考点5　证券投资基金市场

一、证券投资基金的含义及特点

（一）证券投资基金的含义

（1）证券投资基金是一种集合投资方式，即以集资的方式集合资金用于证券投资。

（2）证券投资基金通过发行基金单位（份额）向投资者募集资金。

（3）证券投资基金由基金管理人管理和运用。

（4）证券投资基金由基金托管人托管。

（5）证券投资基金的本质是以机构化的方式进行股票、债券投资。

（6）证券投资基金是间接投资。

（二）证券投资基金的特点

（1）集合理财，专业管理。

（2）利益共享，风险共担。

（3）组合投资，分散风险。

（4）独立托管，相互制衡。

（5）严格监管，信息透明。

二、证券投资基金参与主体

证券投资基金的参与主体包括基金当事人、基金市场服务机构、基金监管机构和自律组织三大类，具体内容见图1-2。

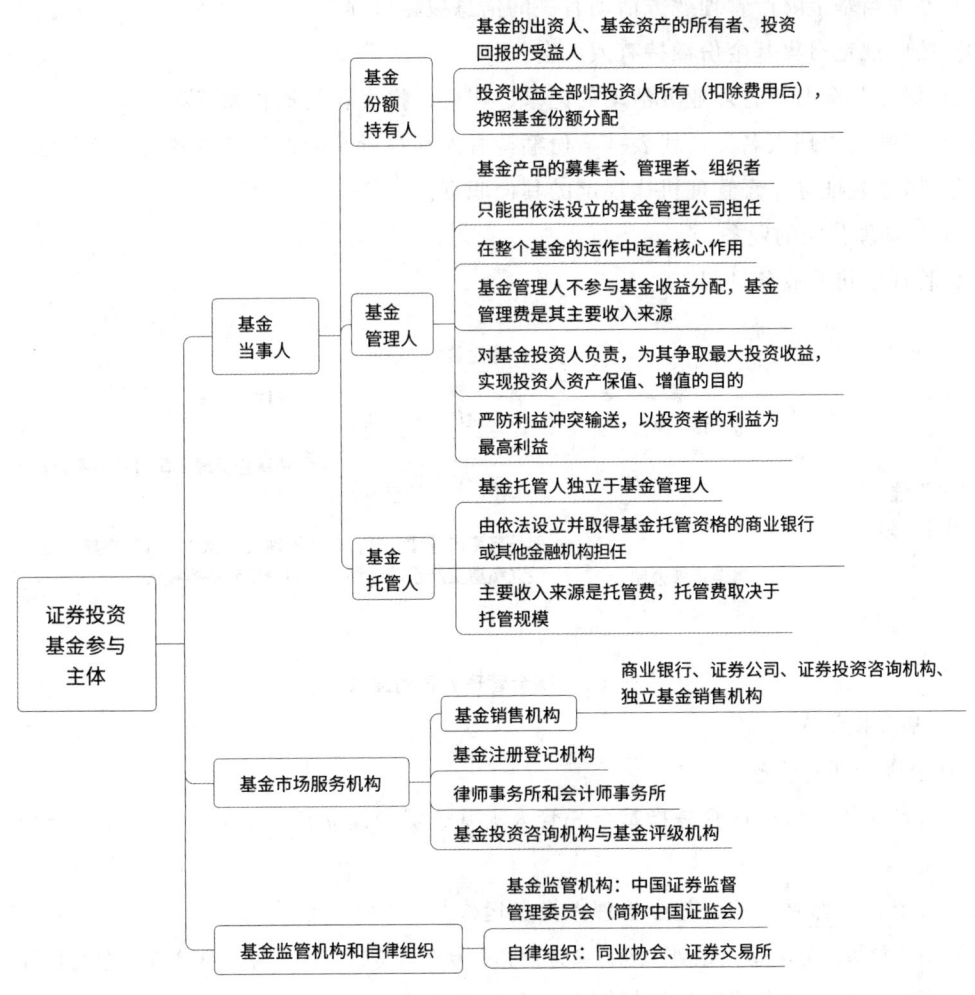

图 1-2 证券投资基金参与主体

三、基金管理人与基金托管人

（一）基金管理人与管理公司

1. 基金管理人的职责

根据《中华人民共和国证券投资基金法》（以下简称《证券投资基金法》），基金管理人应当履行以下职责：

（1）基金产品设计、营销，依法募集资金，办理基金份额的发售和登记事宜。

（2）办理基金备案手续。

（3）对所管理的不同基金财产分别管理、分别记账，进行证券投资。

（4）按照基金合同的约定确定基金收益分配方案，及时向基金份额持有人分配收益。

（5）进行基金会计核算并编制基金财务会计报告。

（6）编制中期和年度基金报告。

（7）计算并公告基金资产净值，确定基金份额申购、赎回价格。

(8) 办理与基金财产管理业务活动有关的信息披露事项。

(9) 按照规定召集基金份额持有人大会。

(10) 保存基金财产管理业务活动的记录、账册、报表和其他相关资料。

(11) 以基金管理人名义，代表基金份额持有人利益行使诉讼权利或者实施其他法律行为。

(12) 国务院证券监督管理机构规定的其他职责。

2. 基金管理公司的业务

基金管理公司的业务见图1-3。

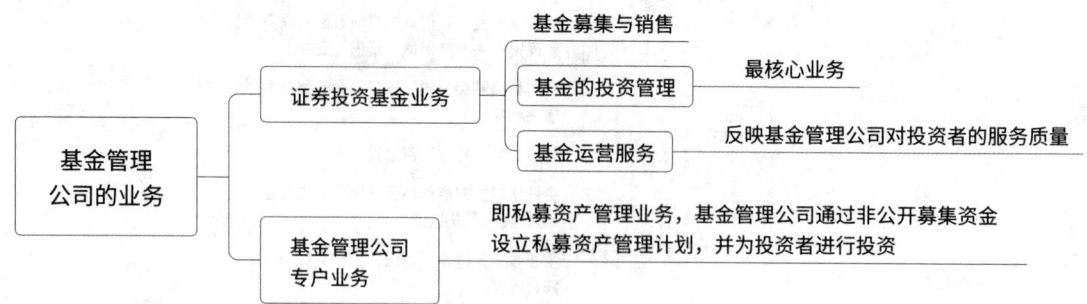

图 1-3 基金管理公司的业务

（二）基金托管人

1. 基金资产托管业务

(1) 资产保管。资产保管是指基金托管人为基金资产设立独立的账户，保证基金全部财产的安全完整。

(2) 投资运作监督。监督基金管理人投资运作行为是否合法合规。

(3) 资产核算。建立基金账册、进行会计核算、复查基金管理人计算的基金资产净值和份额净值。

(4) 资金清算。资金清算是指托管人办理基金名下的资金往来。

2. 基金托管人的职责

根据《证券投资基金法》，基金托管人应当履行以下职责：

(1) 安全保管基金财产。

(2) 按照规定开设基金财产的资金账户和证券账户。

(3) 对所托管的不同基金财产分别设置账户，确保基金财产的完整与独立。

(4) 保存基金托管业务活动的记录、账册、报表和其他相关资料。

(5) 按照基金合同的约定，根据基金管理人的投资指令，及时办理清算、交割事宜。

(6) 办理与基金托管业务活动有关的信息披露事项。

(7) 对基金财务会计报告、中期和年度基金报告出具意见。

(8) 复核、审查基金管理人计算的基金资产净值和基金份额申购、赎回价格。

(9) 按照规定召集基金份额持有人大会。

(10) 按照规定监督基金管理人的投资运作。

(11) 国务院证券监督管理机构规定的其他职责。

第一章 金融市场与金融机构

> **知识点拨**
>
> 【总结】"看钱、开户、分别设账；记录、交割、信息披露；复核、监督、召集大会；年报、中期报，出具意见。"
>
> 基金管理人与基金托管人的职责记忆难度大、条款多，学习过程中应注重理解，并着重区分基金管理人与托管人的职责。基金管理人的身份类似于股份公司中的董事会，基金份额持有人的身份类似于股份公司中的股东，投资人负责出资，但不负责基金的具体事项，因此基金产品的主体工作均由基金管理人负责。基金托管人的身份类似于股份公司中的监事会，本质是独立第三方，对管理人起到制衡作用。因此涉及监督、制约、披露、保管作用的条款即是托管人的职责。
>
> 着重从下面几个角度理解、区分管理人和托管人的职责：
>
> （1）基金财产。
> ①管理人：对所管理的不同基金财产分别管理、分别记账，进行证券投资。
> ②托管人：对所托管的不同基金财产分别设置账户，确保基金财产的完整与独立。
>
> （2）中期和年度基金报告。
> ①管理人：编制中期和年度基金报告。
> ②托管人：对基金财务会计报告、中期和年度基金报告出具意见。
>
> （3）基金资产净值、基金份额申购和赎回价格。
> ①管理人：计算并公告基金资产净值，确定基金份额申购赎回价格。
> ②托管人：复查、审核基金管理人计算的基金资产净值和基金份额申购、赎回价格。
>
> （4）信息披露。
> ①管理人：办理与基金财产管理业务活动有关的信息披露事项。
> ②托管人：办理与基金托管业务活动有关的信息披露事项。
>
> （5）保存资料。
> ①管理人：保存基金财产管理活动的记录、账册、报表。
> ②托管人：保存基金托管业务活动的记录、账册、报表。
>
> （6）共同职责。
> ①管理人：召集基金份额持有人大会。
> ②托管人：按照规定召集基金份额持有人大会。

3. 基金托管人的市场准入条件

根据《证券投资基金托管业务管理办法》，申请基金托管资格的商业银行及其他金融机构，应当具备下列条件：

（1）净资产不低于 200 亿元人民币，风险控制指标符合监管部门的有关规定。

（2）设有专门的基金托管部门，部门设置能够保证托管业务运营的独立与完整。

（3）基金托管部门拟任高级管理人员符合法定条件，取得基金从业资格的人员不低于该部门员工人数的 1/2；拟从事基金清算、核算、投资监督、信息披露、内部稽核监控等业务的执业人员不少于8人,并具有基金从业资格,其中,核算、监督等核心业务岗位人员应当具备2年以上托管业务从业经验。

(4) 有安全保管基金财产、确保基金财产完整与独立的条件。

(5) 有安全高效的清算、交割系统。

(6) 基金托管部门有满足营业需要的固定场所、配备独立的安全监控系统。

(7) 基金托管部门配备独立的托管业务技术系统,包括网络系统、应用系统、安全防护系统、数据备份系统。

(8) 有完善的内部稽核监控制度和风险控制制度。

(9) 最近3年无重大违法违规记录。

(10) 法律、法规规定的和经国务院批准的中国证监会规定的其他条件。

四、基金的分类 ☆☆

根据不同的划分依据,基金可分为几个类别,详见表1-7。

表1-7 基金的分类

划分依据	类别
运作方式	封闭式基金、开放式基金
法律形式(组织形态)	契约型基金、公司型基金
投资对象	债券基金、股票基金、混合基金、货币市场基金
投资理念	主动型基金、被动型基金
投资目标	增长型基金、收入型基金和平衡型基金
资金来源和用途	在岸基金、离岸基金
募集方式	公募基金、私募基金

> **知识点拨**
>
> 混合型基金根据资产配置比例的不同,可分为:
>
> (1) 偏股型基金。一般股票配置比例为50%~70%。
>
> (2) 偏债型基金。
>
> (3) 股债平衡型基金。股票与债券配置比例比较平衡,通常为40%~60%。
>
> (4) 灵活配置型基金。

五、契约型基金与公司型基金

契约型基金与公司型基金的区别见表1-8。

表1-8 契约型基金与公司型基金的区别

区别	契约型基金	公司型基金
法律依据不同	信托法、基金契约	公司法
法人资格不同	不具有法人资格	具有法人资格
营运依据不同	依据基金合同	依据基金公司章程
投资者权利不同	依据基金合同设立,通过持有人大会表达意见,权利相对较小	通过股东大会行使权利,权利较大

【提示】

（1）公司型基金的优点是法律关系明确清晰，监督约束机制较为完善；契约型基金的优点是在设立上更为简单易行。

（2）二者主要是法律形式不同，无优劣之分。

六、封闭式基金与开放式基金

（1）封闭式基金。封闭式基金是指基金在运作期内不得申购、赎回，基金份额总额固定不变的基金。

（2）开放式基金。传统的开放式基金是指基金在运作期内可以申购、赎回，基金份额不固定的基金。

封闭式基金与开放式基金的区别见表1-9。

表1-9 封闭式基金与开放式基金的区别

区别	封闭式基金	开放式基金
份额限制不同	份额固定，封闭期内不能增减，不可申购、赎回	份额不固定，随申购、赎回而增减
交易场所不同	在证券交易所上市交易	通过基金消费机构交易
交易主体不同	交易在投资者之间完成	①投资者向基金管理人或销售代理人进行申购、赎回；②交易在投资者与基金管理人之间完成
价格形成方式不同	受二级市场供求关系的影响，可溢价或折价	以基金份额净值为基础，不受市场供求情况影响
期限不同	有固定存续期，在5年以上，我国多为15年，可延期	无期限
激励约束机制与投资策略不同	基金表现好坏对规模没有影响，基金经理一般不会在经营与流动性管理上面临直接压力	业绩表现影响基金管理人的收入和赎回压力，有更好的激励约束机制

七、货币市场基金

（一）对货币市场基金的理解

（1）货币市场基金的投资对象：货币市场工具。

（2）货币市场基金的特点：收益稳定、风险低、流动性好，适用于短期投资。

（3）货币市场基金面临的风险：信用风险、流动性风险、利率风险、购买力风险。

（4）货币市场基金与银行存款相比，不保证收益水平。

（二）货币市场基金的投资工具☆☆☆

根据《货币市场基金监督管理办法》，货币市场基金应当投资于以下金融工具：

（1）现金。

（2）期限在1年以内（含1年）的银行存款、债券回购、中央银行票据、同业存单。

（3）剩余期限在397天以内（含397天）的债券、非金融企业债务融资工具、资产支持证券。

(4) 中国证监会、中国人民银行认可的其他具有良好流动性的货币市场工具。

(三) 货币市场基金禁止投资的金融工具☆☆☆

根据《货币市场基金监督管理办法》，货币市场基金不得投资于以下金融工具：

(1) 股票。

(2) 可转换债券、可交换债券。

(3) 以定期存款利率为基准利率的浮动利率债券，已进入最后一个利率调整期的除外。

(4) 信用等级在AA+以下的债券与非金融企业债务融资工具。

(5) 中国证监会、中国人民银行禁止投资的其他金融工具。

(四) 货币市场基金的投资比例规定

根据《货币市场基金监督管理办法》，货币市场基金投资于相关金融工具的比例应当符合下列规定：

(1) 同一机构发行的债券、非金融企业债务融资工具及其作为原始权益人的资产支持证券占基金资产净值的比例合计不得超过10%，国债、中央银行票据、政策性金融债券除外。

(2) 货币市场基金投资于有固定期限银行存款的比例，不得超过基金资产净值的30%，但投资于有存款期限、根据协议可提前支取的银行存款不受上述比例限制。

(3) 货币市场基金投资于具有基金托管人资格的同一商业银行的银行存款、同业存单占基金资产净值的比例合计不得超过20%，投资于不具有基金托管人资格的同一商业银行的银行存款、同业存单占基金资产净值的比例合计不得超过5%。

八、股票基金

(一) 股票基金的特点

(1) 以追求长期资本增值为目标，适合长期投资。

(2) 高风险、高收益。

(二) 股票基金与股票的差异

(1) 价格影响因素不同：股票价格与投资者买卖股票数量的多少和强弱的对比相关；股票基金份额净值不会因为买卖数量或申购、赎回数量的多少而受到影响。

(2) 价格变动频率不同：股票价格在每一交易日内始终处于变动之中；股票基金净值每天只计算一次，股票基金在每个交易日只有一个价格。

(3) 风险因素不同：单一股票主要面临投资风险；股票基金相比于单一股票，增加了委托代理风险。股票基金进行的是组合投资，投资风险低于单一股票；股票基金所面临的投资风险包括系统风险（不可分散风险）、非系统性风险（可分散风险）以及管理运作风险（因基金而异）。

九、债券基金

(一) 债券基金的特点☆☆☆

(1) 债券基金以债券为主要投资对象。

(2) 债券基金的波动性通常小于股票基金。

(3) 债券基金的收益、风险适中,适合追求稳定收入的投资者。

(二) 债券基金与债券的区别

(1) 到期日不同:债券基金到期日不确定,只能通过计算得出平均到期日;债券的到期日是确定的。

(2) 投资风险不同:

①债券基金的利率风险取决于平均到期日,由于平均到期日相对固定,其利率风险常保持在一定水平;单一债券所承担的利率风险随着到期日的临近而下降。

②债券基金通过组合投资可以分散信用风险;单一债券的信用风险比较集中。

(3) 收益不同:债券基金的收益有高有低,相对不固定,而债券的利息较固定。

(4) 债券基金的收益率相较于单一债券更难以预测。

(三) 债券基金的投资风险

1. 利率风险

(1) 债券的价格与市场利率成反比。

(2) 债券到期日越长,债券价格受市场利率影响越大,其利率风险越大。

(3) 债券基金的平均剩余期限与利率风险成正比。

2. 信用风险

(1) 信用风险即违约风险。

(2) 信用风险越大,收益越高。

(3) 债券信用等级下降→债券价格下跌→债券基金资产净值下降。

3. 通货膨胀风险

通货膨胀减少债券基金的实际收益率。

4. 管理运作风险

债券基金的收益也会受到管理人、基金经理投资管理能力的影响。

十、特殊类型基金

特殊类型基金的具体内容见表1-10。

表 1-10 特殊类型基金

类别	具体内容
对冲基金	对冲基金起源于20世纪50年代初的美国
	对冲基金被称为套期保值基金或避险基金,是采用对冲交易手段去进行操作的基金。现代对冲基金失去了风险对冲的内涵,成为投资者的工具,而不再是对冲的投资
	对冲基金的投资模式是利用杠杆效用,承担高风险、追求高收益
	对冲基金的投资领域主要是金融衍生品市场,在金融衍生品市场中进行买空、卖空交易,能够迅速地迫使价格发生变化
	对冲基金具有明显的全球化特征,有助于纠正市场效率低下

续表

类别	具体内容
不动产投资信托基金（简称 REITs）	REITs 的主要投资领域是房地产，其通过对房地产进行投资经营管理，使投资者获得投资收益
	REITs 兼具开放式基金与封闭式基金的特征，既可以封闭运行，也可以上市交易
	REITs 的收益主要是房地产升值和租金收入
	REITs 的收益主要用于给投资者发放分红
	REITs 的长期回报率较高
	我国基金业首个 REITs 专户产品：国投瑞银主投亚太地区 REITs 产品
	中等风险、中等收益、收益稳定、流动性高、安全性强
交易所交易基金（简称 ETF）	ETF 是在交易所上市交易、基金份额可变的开放式基金。其结合了开放式基金与封闭式基金的运作特点，既可以像开放式基金一样申购、赎回，又可以像封闭式基金一样在交易所二级市场进行买卖
	ETF 是被动操作的指数基金，采取完全复制或抽样复制，进行被动投资
	申购、赎回时均使用一篮子证券或商品，而不是现金

十一、基金费用的种类与计提标准、方式

（一）基金费用的种类

基金费用的种类见表 1-11。

表 1-11 基金费用的种类

种类	构成	承担者	规定
基金销售过程中发生的费用	申购费（认购费）、赎回费、基金转换费	由基金投资者承担	不参与基金的会计核算
基金管理过程中发生的费用	基金管理费、基金托管费、基金销售服务费、持有人大会费用、信息披露费	由基金资产承担	需要直接从基金资产中列支

（二）基金费用的计提标准及计提方式

根据《证券投资基金法》及其他有关法规，基金费用的计提相关规定如下。

1. 基金管理费、基金托管费、基金销售服务费

（1）基金管理费：基金管理人管理基金资产而向基金收取的费用。

（2）基金托管费：基金托管人为基金提供托管服务而向基金收取的费用。

（3）基金销售服务费：用于基金的持续销售和为基金份额持有人提供服务而收取的费用。

（4）我国的基金管理费、基金托管费、基金销售服务费均按照前一日基金资产净值的一定比例逐日计提，按月支付。

（5）费用的影响因素：基金管理费率通常与基金规模成反比，与风险成正比。基金规模越大，风险程度越低，基金管理费率越低。

（6）基金管理费与基金托管费的计提标准见表 1-12。

表 1-12 基金管理费与基金托管费的计提标准

项目	年管理费率	年托管费率	年销售服务费率
股票基金	1.5%	0.25%	不高于0.8%
指数基金	0.3%～1.0%	0.1%～0.25%	不高于0.8%
债券基金	0.3%～1.0%	0.1%～0.25%	不高于0.8%
货币市场基金	0.15%～0.33%	0.05%～0.1%	不高于0.8%

（7）基金每日管理费计算方法：

每日需计提的费用＝前一日的基金资产净值×年管理费率/当年实际天数

2. 基金交易费

基金交易费的具体内容见表 1-13。

表 1-13 基金交易费

项目		具体内容
概念		基金在进行证券买卖交易时所发生的相关交易费用
构成	佣金	佣金由证券公司按成交金额的一定比例向基金收取
	过户费	由登记公司或交易所按有关规定收取
	经手费	由登记公司或交易所按有关规定收取
	证管费	由登记公司或交易所按有关规定收取
	印花税	
	其他费用	参与银行间债券交易的，还需向中央国债登记结算有限责任公司支付银行间账户服务费，向全国银行间同业拆借中心支付交易手续费

【注意】基金管理人不得使用交易佣金向第三方转移支付费用，例如外部专家咨询费、金融终端使用费、研报平台费、数据库查询费等。采用券商交易模式的基金，使用交易佣金向第三方证券公司支付研究服务费用的除外。委托货币经纪公司提供经纪服务的，服务费用不得从基金资产中列支。

3. 基金运作费

基金运作费是指为保证基金正常运作而发生的可以由基金承担的费用，包括审计费、律师费、上市年费、信息披露费、分红手续费、持有人大会费、开户费和银行汇划手续费。

（三）不列入基金管理过程中发生费用的项目

（1）基金管理人和基金托管人未履行或未完全履行义务导致的费用支出或基金财产的损失。

（2）基金管理人和基金托管人处理与基金运作无关的事项发生的费用。

（3）基金合同生效前的相关费用，包括但不限于验资费、会计师费和律师费、信息披露费等费用。

十二、开放式基金的认购、申购与赎回

（一）基金的认购

（1）认购的含义：在基金募集期内购买基金份额的行为。

(2) 开放式基金的认购流程:认购、确认两个环节。

基金份额认购的两种收费模式:

①前端收费模式:在认购基金份额时就支付认购费用。

②后端收费模式:在认购基金份额时不收取费用,在赎回基金份额时才支付认购费用。

(3) 基金认购费用、认购份额的计算:基金认购费用、认购份额统一按净认购金额为基础进行计算。有关计算公式如下:

$$净认购金额 = \frac{认购金额}{1 + 认购费率}$$

$$认购费用 = 认购金额 - 净认购金额$$

$$认购份额 = \frac{净认购金额 + 认购利息}{基金份额面值}$$

(二) 开放式基金的申购

1. 基金的申购

(1) 开放式基金在认购结束后,一般设置相应的封闭期。封闭期结束后,基金管理人可在基金开放日为投资者办理申购和赎回业务。

(2) 投资者在开放式基金合同生效后,申请购买基金份额的行为称为基金的申购。

2. 申购与认购的区别

(1) 认购费一般低于申购费,基金认购期内往往有一定的费率优惠。

(2) 认购一般是按1元/份进行认购,而申购常采用未知价确认。

(3) 认购份额在基金合同生效时确认,有封闭期,而申购一般是在T+2日内确认。

3. 基金申购费用、申购份额的计算

有关计算公式如下:

$$净申购金额 = \frac{申购金额}{1 + 申购费率}$$

$$申购费用 = 申购金额 - 净申购金额$$

$$申购份额 = \frac{净申购金额}{申购当日基金份额净值}$$

(三) 开放式基金的赎回

(1) 开放式基金份额持有人要求基金管理人购回所持开放式基金份额的行为称为赎回。

(2) 开放式基金合同生效后,可以在基金合同和招募说明书规定的期限内不办理赎回,但该期限最长不超过3个月。

(3) 与基金的申购类似,投资者在赎回基金时也是基于未知价交易原则,即投资者在发起赎回交易时,并不能立即知道赎回的交易价格,只能以交易时间结束后的基金份额净值进行计算。

(4) 为鼓励投资者长期持有基金,基金的赎回费率会按持有时间长短进行分级设置,持有时间越长,赎回费率一般越低。

(5) 赎回金额的计算公式如下：

$$赎回总额 = 赎回数量 \times 赎回日基金份额净值$$
$$赎回费用 = 赎回总额 \times 赎回费率$$
$$赎回金额 = 赎回总额 - 赎回费用$$

典型例题

1. [单项选择题] 关于对冲基金的说法，错误的是（　　）。

A. 对冲基金通过杠杆化使用大量资金，能够迅速地迫使证券价格发生变化，纠正市场效率低下的问题

B. 现代对冲基金的投资策略通常是对冲而不是投机

C. 对冲基金起源于20世纪50年代的美国

D. 对冲基金充分利用各种金融衍生产品的杠杆效用，承担高风险，追求高收益

[解析] B项错误，现代对冲基金成为投机者的工具，而不再是对冲的投资。

2. [单项选择题] 关于契约型基金和公司型基金的说法，正确的是（　　）。

A. 契约型基金依据基金合同营运基金，公司型基金依据基金管理公司章程营运基金

B. 契约型基金监督约束机制较为完善，公司型基金设立上更为简单易行

C. 契约型基金只能在交易所按市价买卖，公司型基金交易在投资者和管理者之间完成

D. 契约型基金具有法人资格，公司型基金不具有法人资格

[解析] B项错误，公司型基金监督约束机制较为完善，契约型基金设立上更为简单易行。C项错误，封闭式基金只能在交易所按市价买卖，开放式基金交易在投资者和管理者之间完成。D项错误，公司型基金具有法人资格，契约型基金不具有法人资格。

3. [单项选择题] 根据《货币市场基金监督管理办法》的规定，下列各项中，货币市场基金不可以投资的是（　　）。

A. 现金

B. 期限在1年以内（含1年）的同业存单

C. 可转换债券

D. 剩余期限在397天以内（含397天）的债券

[解析] 货币市场基金不得投资于可转换债券、可交换债券。

4. [单项选择题] 关于不动产投资信托基金（REITs）的说法，错误的是（　　）。

A. REITs自20世纪60年代在美国推出以来，在许多国家已成为专门投资不动产的成熟金融产品

B. REITs作为低风险的金融工具，具有流动性高、收益稳定、安全性强等特点，有利于丰富资本市场投资品种，拓宽社会资本投资渠道

C. REITs既可以封闭运行，也可以上市交易流通

D. REITs是一种以发行收益凭证的方式汇集特定多数投资者的资金，由专门投资机构进行房地产投资经营管理，并将投资综合收益按比例分配给投资者的一种信托基金

[解析] B项错误，REITs是一种中等风险的金融工具，具有流动性高、收益稳定、安全性强等特点，有利于丰富资本市场投资品种，拓宽社会资本投资渠道。

5. [案例分析题] 2021年9月1日，某基金管理公司管理的HT债券型证券投资基金的净资产为73 000万元，9月2日，该基金净资产为73 200万元，该基金的基金管理费率为1.0%。2021年实际天数为365天，法定工作日天数为250天。

根据以上资料，回答下列问题：

(1) 该基金9月2日应计提的管理费为（　　）元。

A. 29 200　　　　B. 7 300　　　　C. 20 000　　　　D. 7 320

[解析] 每日需计提的费用＝前一日的基金资产净值×年管理费率÷当年实际天数＝73 000×1.0%÷365＝20 000（元）。

(2) 关于该基金计提的基金管理费的说法，正确的是（　　）。

A. 属于基金管理过程中发生的费用
B. 属于基金销售过程中发生的费用
C. 可以直接从基金资产中列支
D. 该基金的规模越大、风险程度越高，费率会越低

[解析] B项错误，基金管理费属于基金管理过程中发生的费用。D项错误，基金规模越大、风险程度越低，基金管理费率越低。

(3) 通常情况下，各类证券投资基金的管理费率从高到低的排列顺序应该为（　　）。

A. 混合基金＞货币市场基金＞股票基金
B. 货币市场基金＞债券基金＞股票基金
C. 货币市场基金＞混合基金＞指数基金
D. 股票基金＞债券基金＞货币市场基金

[解析] 基金管理费率与基金规模成反比、与风险成正比。因此，基金管理费的排列顺序与基金风险的排列顺序一致。A、B两项错误，股票基金的风险最高，管理费率最高。C项错误，货币市场基金的风险最小，管理费率最低。D项正确，我国管理的指数基金和债券基金的年管理费率一般为0.3%～1.0%，年托管费率一般为0.1%～0.25%。我国管理的货币市场基金的年管理费率一般为0.15%～0.33%，年托管费率一般为0.05%～0.1%。所以各类证券投资基金的管理费率，从高到低的排列顺序为股票基金＞债券基金＞货币市场基金。

6. [案例分析题] 某基金招募说明书中申购、赎回费率的表述如下：

申购金额区间	申购费率
小于100万元	1.50%
大于等于100万元且小于500万元	1.00%

持有时间（T）	赎回费率	赎回费归入基金资产比例
T<7天	1.50%	100%
7天≤T<30天	0.75%	100%

续表

持有时间（T）	赎回费率	赎回费归入基金资产比例
30天<T<90天	0.50%	70%
90天<T<180天	0.50%	50%
180天<T<730天	0.25%	20%
T>730天	0	0

（1）2016年2月18日，该基金份额净值为1.05元，2016年7月18日，该基金份额净值为1.10元，2016年10月18日，该基金份额净值为1.15元。2016年2月18日，某投资者通过场外（某银行）申购该基金30 000元，则其申购费用和可得到的申购份额为（　　）。

A．450元和28 142.86份 B．443.35元和29 556.65份
C．450元和29 550份 D．443.35元和28 149.19份

[解析] 某投资者通过场外（某银行）申购该基金30 000元，不足100万元，适用1.50%的申购费率。净申购金额＝申购金额÷（1＋申购费率）＝30 000÷（1＋1.50%）≈29 556.65（元）；申购费用＝申购金额－净申购金额＝30 000－29 556.65＝443.35（元）；申购份额＝净申购金额/申购当日基金份额净值＝29 556.65÷1.05≈28 149.19（份）。

（2）2016年7月18日，该投资者赎回该基金份额10 000份，则其赎回手续费和可得到的赎回金额分别为（　　）。

A．50元和109 950元 B．54.73元和10 945.27元
C．49.75元和9 950.25元 D．55元和10 945元

[解析] 2016年7月18日赎回，该投资者持有5个月，适用0.50%的赎回费率。赎回总额＝赎回数量×赎回日基金份额净值＝10 000×1.10＝11 000（元）；赎回费用＝赎回总额×赎回费率＝11 000×0.50%＝55（元）；赎回金额＝赎回总额－赎回费用＝11 000－55＝10 945（元）。

（3）2016年10月18日，该投资者赎回该基金份额10 000份，则其可得净赎回金额为（　　）。

A．11 470.25元 B．10 000元
C．11 471.25元 D．11 492.81元

[解析] 2016年10月18日赎回，该投资者持有8个月，适用0.25%的赎回费率。赎回总额＝赎回数量×赎回日基金份额净值＝10 000×1.15＝11 500（元）；赎回费用＝赎回总额×赎回费率＝11 500×0.25%＝28.75（元）；赎回金额＝赎回总额－赎回费用＝11 500－28.75＝11 471.25（元）。

答案：1.B 2.A 3.C 4.B 5.C AC D 6.D D C

考点6　股票市场

一、普通股与优先股☆☆☆

根据股东权利的不同，可以将股票分为普通股与优先股，二者的具体区别见表1-14。

表 1-14 普通股与优先股的区别

项目	普通股	优先股
权利比较	(1) 有投票权 (2) 有决策权	(1) 优先权利：优先分配盈利、优先分配剩余财产 (2) 无投票权
收益比较	股利不固定，随公司盈余变化	不参与超过原定年红利之外的利润分配，优先股红利外的利润归属普通股股东
剩余财产分配权顺序	债权人＞优先股股东＞普通股股东	
风险比较	普通股股东＞优先股股东	

二、A 股与 B 股

A 股与 B 股的区别见表 1-15。

表 1-15 A 股与 B 股的区别

项目	A 股（人民币普通股票）	B 股（人民币特种股票）
股票发行或上市地	中国境内交易所发行	中国境内交易所上市
股票面值货币	人民币	人民币
认购股票货币	人民币	外币
投资主体	境内居民或法人	境外投资主体、境内居民（重要投资主体）

三、我国多层次资本市场☆☆☆

（一）多层次资本市场

多层次资本市场体系见图 1-4。

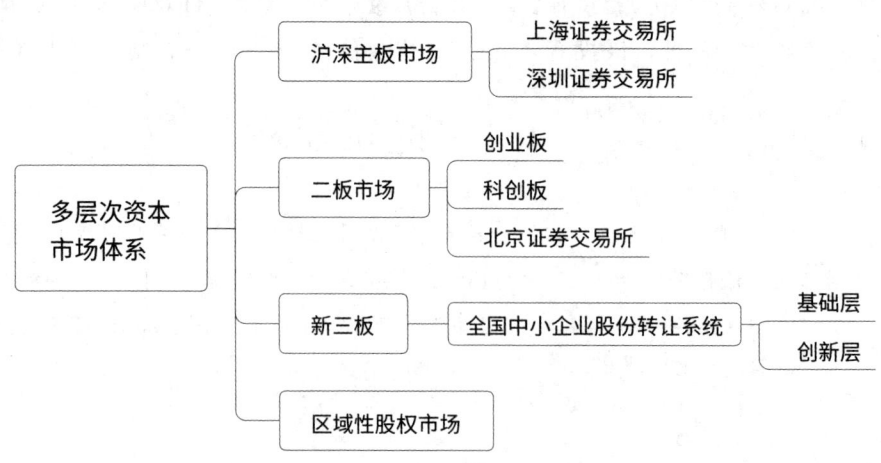

图 1-4 多层次资本市场体系

多层次资本市场的具体内容见表 1-16。

表1-16　多层次资本市场

项目		具体内容
股票交易所	交易所总述	我国股票交易所包括上海证券交易所、深圳证券交易所、北京证券交易所；上海证券交易所、深圳证券交易所是会员制，北京证券交易所是我国第一家公司制证券交易所
	北京证券交易所	成立时间：2021年9月3日
		成立目的：支持中小企业创新发展，深化新三板改革
		发展目标：培育一批"专精特新"的中小企业，构建一套契合创新型中小企业特点的涵盖发行上市、交易、退市、持续监管、投资者适当性管理等基础制度安排，补足多层次资本市场发展普惠金融的短板
		北京证券交易所第一批上市交易的股票主要由原新三板精选层企业构成
股票市场构成	主板市场	我国股票市场最重要的组成部分，以沪、深两市为代表
		企业类型：有发展前途的传统产业，具有较高资本规模、业绩回报相对稳定
		深圳证券交易所主板与中小企业板已经合并
	创业板市场	服务于高新技术或新兴经济企业
	科创板	设立科创板并试点注册制能够提升服务科技创新企业能力、增强市场包容性、强化市场功能
	全国中小企业股份转让系统	俗称新三板，是全国性的证券交易场所，属于场外市场
	区域性股权市场	主要服务于所在省级行政区域内中小微企业的私募股权市场，是地方政府扶持中小微企业政策措施的综合运用平台

（二）资本市场改革

（1）推出沪港通、深港通。

（2）股票发行机制改革——全面实行注册制。

>> 典型例题

1. [单项选择题] 人民币普通股账户又称（　　）。

A. 基金账户　　　　　　　　　　B. A股账户

C. B股账户　　　　　　　　　　D. 人民币特种股账户

[解析] A股是人民币普通股，B股是人民币特种股。

2. [单项选择题] 2009年，服务于我国高新技术和新兴经济企业的（　　）正式揭牌运营。

A. 中小板　　　　　　　　　　　B. 新三板

C. 战略新兴板　　　　　　　　　D. 创业板

[解析] 2009年10月30日，我国正式推出创业板，旨在服务于高新技术或新兴经济企业。

3. [多项选择题] 我国已建成的多层次股票市场包括（　　）。

A. 主板市场　　　　　　　　　　B. 全国中小企业股份转让系统

C. 创业板市场　　　　　　　　　　D. 科创板市场

E. 股指期货市场

[解析] 股指期货市场不属于股票市场，E项错误。

4. [多项选择题] 我国股票交易所包括（　　）。

A. 上交所　　　　　　　　　　　　B. 深交所

C. 北交所　　　　　　　　　　　　D. 武汉证券交易所

E. 大连商品交易所

[解析] 我国股票交易所包括上海证券交易所（上交所）、深圳证券交易所（深交所）、北京证券交易所（北交所）。

答案：1. B　2. D　3. ABCD　4. ABC

考点7　外汇市场

一、外汇市场的交易方式

（1）欧洲大陆式外汇市场：有形市场，在具体的交易场所和规定的交易时间进行交易。例如法兰克福、巴黎、阿姆斯特丹。

（2）英美式外汇市场（主要）：无形市场，没有具体的交易场所，参与者通过电话、电传以及其他通信工具组成的网络进行交易。例如伦敦、纽约、东京、苏黎世、新加坡、中国香港。

二、外汇市场的参与者

（1）外汇银行：外汇市场最主要的参与者，分为两个层级，层级一如花旗银行等，直接参与银行间市场，作为做市商提供买卖报价；层级二主要为一些中小银行，它们通过层级一银行进行交易，服务企业、机构客户。

外汇银行从事的外汇交易：

①代客买卖外汇，赚取买卖差价，同时从各种服务中收取一定的手续费。

②出于调整外币头寸和规避汇率风险的需要买卖外汇，并进行一定的外汇投机活动。

（2）外汇经纪人：外汇市场上经中央银行或有关外汇经营机构批准，经营代客买卖外汇业务的中介人。

（3）客户：

①交易性的外汇买卖者：进出口商、国际投资者和旅游者。

②保值性的外汇买卖者：套期保值者。

（4）中央银行：对外汇市场进行监督、管理和引导。

（5）国际支付公司与金融科技企业：处理跨境汇款、小额兑换，提供低成本零售外汇服务。

三、外汇交易方式

(一) 传统外汇交易方式

传统外汇交易方式的具体内容见表1-17。

表1-17 传统外汇交易方式

交易方式	具体内容
即期外汇交易	外汇买卖成交后,交易双方于当天或2个交易日内办理交割手续的一种交易行为
	市场容量大且交易活跃,报价容易、快捷且便于捕捉市场行情,买卖外汇入账快
远期外汇交易	外汇买卖成交后,不立即进行交割,而是在未来的某个约定日期(至少是成交后第3个营业日以后)进行交割的一种交易方式
	通过远期合同来完成,合约中的"三个固定"包括价格(远期汇率)固定、数量固定、交割期限固定
掉期交易	在外汇市场上,交易者在买进或卖出一种货币的同时,卖出或买入交割期限不同的、数额相同的、同币种货币的交易
	掉期交易实际上由两笔外汇交易组成,一笔即期外汇交易,一笔远期外汇交易,两笔外汇交易的币种相同、金额相等、买卖方向相反、交割期限不同

(二) 衍生外汇交易方式

衍生外汇交易方式的具体内容见表1-18。

表1-18 衍生外汇交易方式

交易方式	具体内容
外汇期货交易	交易双方通过标准化的合约形式,约定在将来的某一时日,按照事先确定的汇率交割一定数额外汇的交易
	(1) 合约内容标准化 (2) 交易价格具有竞争性 (3) 交易按照一定规则进行: ①外汇期货交易所实行会员制 ②外汇期货交易采用保证金制度。当保证金账户的余额低于维持保证金时,客户必须追缴保证金,否则就会被交易所强行平仓 ③外汇期货交易采用每日清算制度,也称逐日盯市制度,即每日营业结束时清算所对尚未平仓的合约按照清算价格进行结算,并据此调整客户的保证金账户金额 ④外汇期货交易采用价格限额制度 (4) 合约一般通过对冲完成交割,很少实际交割
外汇期权交易	外汇期权是指期权的购买者在支付给期权的出售者一笔权费后,获得的一种可以在合约到期日或期满前按预先确定的汇率购买或出售某种货币的权利
外汇互换交易	外汇互换是指两笔金额相同、期限相同、利率计算方法相同(通常都为固定利率),但币种不同的债务资金之间的调换,同时也进行不同利息额的外币调换
	外汇互换双方互换的是外币,它们之间各自的债权债务关系并没有改变

考点8 金融机构概述

一、金融机构的五大职能

（1）充当信用中介，促进资金融通。
（2）通过各种业务活动反映、调节经济活动，保持经济稳定。
（3）降低信息成本，减少信息不对称。
（4）提供金融服务，降低交易成本和交易风险。
（5）发挥支付中介职能，便利支付结算。

二、金融机构的种类

金融机构的种类见表1-19。

表1-19 金融机构的种类

划分标准	具体内容
按融资方式划分	直接金融机构：证券公司
	间接金融机构：商业银行
按业务特征划分	银行业金融机构、保险业金融机构、证券业金融机构
按是否承担政策性业务划分	政策性金融机构：不以营利为目的
	商业性金融机构：目标是利润最大化
按资金来源方式划分	存款类金融机构：接受个人和机构存款并可发放贷款的金融机构
	契约型储蓄机构：以契约方式在一定期限内从持约人手中吸收资金的金融机构
	投资性中介机构：以投资活动为主要目的的筹集资金中介

三、金融体系的组织架构

金融机构体系包括国际通行的体系和我国的金融机构体系。

（一）国际通行体系

国际通行金融机构体系见图1-5。

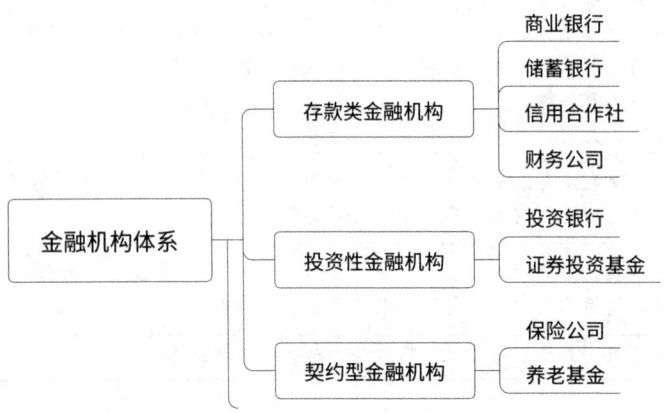

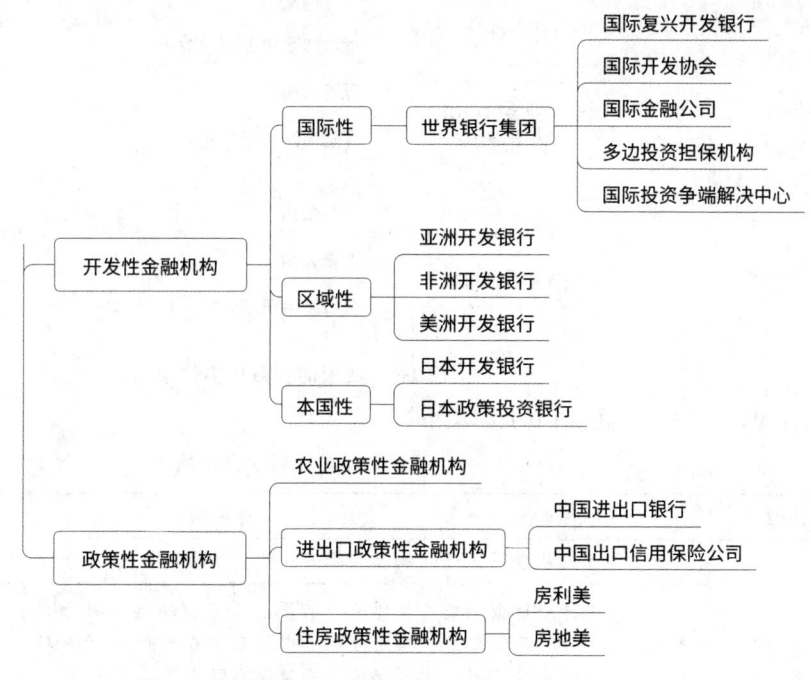

图1-5 国际通行金融机构体系

（二）我国的金融机构体系

我国的金融机构体系见图1-6。

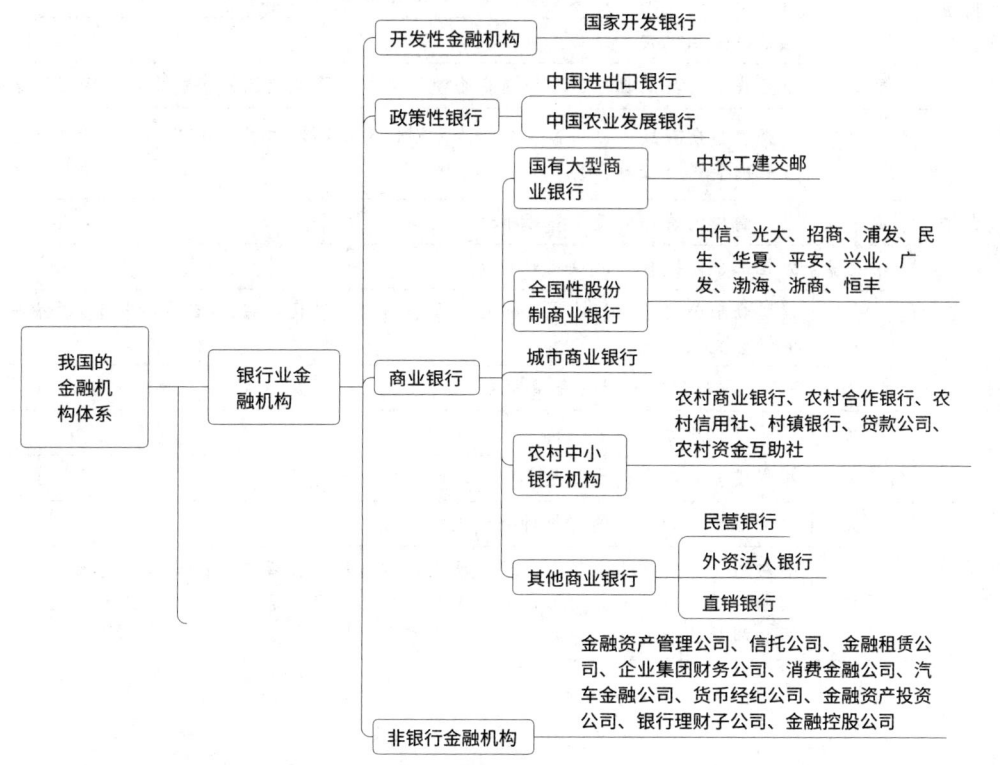

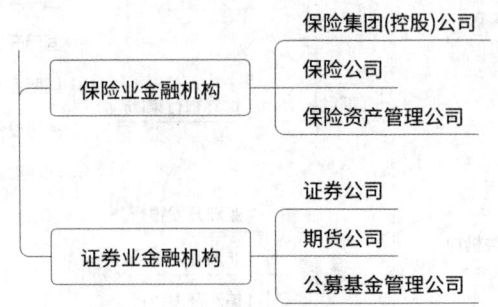

图 1-6 我国的金融机构体系

其中，非银行金融机构的具体内容见表 1-20。

表 1-20 非银行金融机构

类型		具体内容
金融资产管理公司	含义	专门从事不良资产承接、管理和处置的金融机构
	构成	中国中信金融资产管理股份有限公司（原中国华融资产管理股份有限公司）、中国长城资产管理股份有限公司、中国东方资产管理股份有限公司、中国信达资产管理股份有限公司、中国银河资产管理有限责任公司
	规定	纳入试点范围的银行业金融机构可以向金融资产管理公司和地方资产管理公司转让单户对公不良贷款和批量个人不良贷款
企业集团财务公司	含义	又称财务公司，以加强企业集团资金集中管理和提高企业集团资金使用效率为目的，依托企业集团、服务企业集团，为企业集团成员单位提供金融服务
	类别	非银行金融机构、存款类金融机构
	目的	服务集团及其成员单位，提高资金使用效率，降低集团财务成本，实现产融结合
消费金融公司	含义	不吸收公众存款，以小额、分散为原则，为中国境内居民个人提供以消费为目的的贷款的非银行金融机构
	贷款种类	个人耐用消费品贷款、一般用途个人消费贷款等
	贷款特点	无担保、无抵押、风险相对较高
	作用	消费金融公司与传统的商业银行、互联网消费机构，共同推动了我国消费金融市场的快速发展
汽车金融公司		专门提供汽车金融服务的非银行金融机构
信托公司	含义	经营信托业务的金融机构
	信托服务	根据委托人要求，为受益人利益，对信托财产进行管理、处分
金融租赁公司	含义	经营融资租赁业务的非银行金融机构
	融资租赁	金融租赁公司作为出租人，根据承租人对出卖人、租赁物的选择，向出卖人购买租赁物，提供给承租人使用，承租人支付租金的交易活动，特点是具有资金融通的性质和租赁物所有权由出卖人转移至出租人

续表

类型		具体内容
货币经纪公司	含义	专门从事促进金融机构间资金融通和外汇交易等经纪服务,并从中收取佣金的非银行金融机构
	作用	货币经纪公司是金融市场的"润滑剂",能够提高银行间市场交易效率、提升市场流动性,有效弥补中小金融机构信息获取渠道有限、议价能力弱、难以在市场找到交易对手的缺陷,有利于维护金融市场的公平、透明
金融资产投资公司	含义	主要从事银行债权转股权及配套支持业务的非银行金融机构
	作用	金融资产投资公司被称为"资管利器",有利于提高直接融资比例,推动金融机构与实体经济共存亡、共发展
银行理财子公司		自2023年起,银行理财子公司纳入"其他金融机构"和"银行业金融机构"口径
金融控股公司	监管规则	明确金融控股公司等金融集团的日常监管职责划入国家金融监督管理总局,金融控股公司由国家金融监督管理总局办理金融许可证,成为一类新的非银行业金融机构
	构成	(1) 由金融机构开展综合化经营而形成的金融控股集团 (2) 由非金融企业投资控股形成的金融控股集团

(三)"类金融机构"

影子银行与"类金融机构"的含义见图1-7。

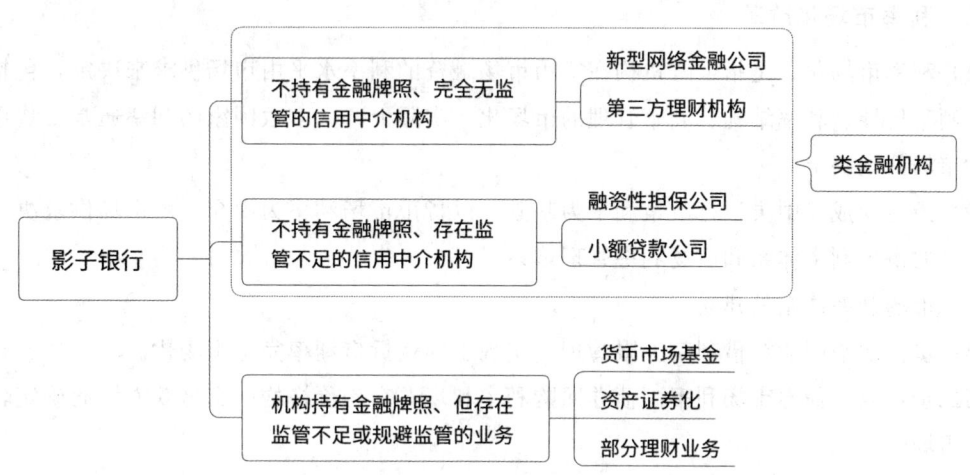

图1-7 影子银行与"类金融机构"的含义

"类金融机构"的类别见表1-21。

表1-21 "类金融机构"的类别

类别	具体内容
地方金融管理部门监管的"类金融机构"(7类)	小额贷款公司、融资担保公司、区域性股权市场、典当行、融资租赁公司、地方资产管理公司、商业保理公司

续表

类别	具体内容
地方金融管理部门参照监管的"类金融机构"（4类）	地方各类交易场所、开展信用互助的农民专业合作社、投资公司、社会众筹机构
其他"类金融机构"	私募基金管理人

考点9 金融热点

一、人民币汇率制度改革

（1）建立双层银行体系，引进市场经济金融体系基本结构，将中央银行和商业性金融体系分开。

（2）2005年汇改：实行以市场供求为基础、参考一篮子货币调节、有管理的浮动汇率制度。人民币汇率不再钉住单一美元，而是根据我国对外经济发展状况参考一篮子货币进行汇率调节。

（3）人民币对美元汇率中间价形成机制：

中间价＝上一交易日收盘价＋一篮子货币汇率变化＋逆周期因子

二、利率市场化改革

（1）利率市场化，是指金融机构在货币市场融资的利率水平由市场供求来决定，包括利率决定、利率传导、利率结构、利率管理的市场化。实际上，大多数国家的利率通常由货币当局和金融市场共同决定。

（2）最终形成以中央银行政策利率为基础、以货币市场利率为中介、由市场供求决定各种利率水平的市场利率体系和市场利率管理体系。

（3）市场利率体系的建立：

第一步：取消同业拆借利率上限管理，实现了同业拆借利率完全市场化。

第二步：放开债券市场利率。债券回购利率和现券交易价格均由交易双方协商确定，同步实现了市场化。

（4）健全市场化的利率形成、传导和调控机制：

①上海银行间同业拆放利率（Shibor）：中国人民银行尝试为金融市场提供1年以内产品的定价基准。

②中国国债收益率曲线。

③贷款市场报价利率（LPR）集中报价和发布机制：LPR集中报价和发布机制是市场基准利率报价从货币市场向信贷市场的进一步拓展，为金融机构信贷产品定价提供了重要参考。

④常备借贷便利（SLF）：通过SLF利率发挥利率走廊上限功能。

⑤中期借贷便利（MLF）：提供中期流动性，进一步完善公开市场操作机制。

⑥市场利率定价自律机制正式成立，对金融机构自主确定的金融市场利率进行自律管理。

(5) 利率市场化改革中的问题：

①存在存贷款基准利率和市场利率并存的"利率双轨"问题。

②金融机构贷款利率仍主要参考贷款基准利率定价，部分银行通过协同行为设定贷款利率隐性下限。

三、金融"五篇大文章"

(1) 科技金融：科技是第一生产力，创新是引领发展的第一动力，金融则是实体经济发展的血脉。

(2) 绿色金融：是促进绿色低碳发展的催化剂和加速器。

(3) 普惠金融：是指立足机会平等要求和商业可持续原则，以可负担的成本为有金融服务需求的社会各阶层和群体提供适当、有效的金融服务。

重点服务对象：小微企业、农民、城镇低收入人群、贫困人群和残疾人、老年人等特殊群体。

(4) 养老金融。具体内容如下：

①我国养老金的三个支柱：

第一支柱：基本养老金，包括城镇职工基本养老保险、城乡居民基本养老保险，由国家强制实施。

第二支柱：职业养老金，包括企业年金、职业年金。

第三支柱：个人养老金。

②养老金融的双重属性：营利性、普惠性。

③养老金融务求资本金的绝对安全，不可能纯粹追逐利润，本金安全性是养老金融的显性合同条款。

④养老金融的风险如下：

a. 与一般金融活动同样的风险：微观层面的市场风险、宏观层面的通货膨胀风险。

b. 独特风险：难以预测的寿命、平稳跨越经济长周期的风险。

(5) 数字金融。

【总结】

(1) 科技金融和绿色金融瞄准的是构建经济高质量发展的金融服务体系。

(2) 普惠金融和养老金融侧重的是提升民生福祉的金融服务体系。

(3) 数字金融是支撑科技金融、绿色金融、普惠金融和养老金融数字化赋能的硬件条件，是融合发展科技金融、绿色金融、普惠金融和养老金融的重要引擎。

第二章

商业银行

📖 **大纲再现**
1. 理解商业银行的经营,包括负债业务、资产业务、表外业务。
2. 理解商业银行的管理。

✏️ **大纲解读**

本章常以单项选择题、多项选择题、案例分析题的形式出题。

本章完整地介绍了金融体系的主体——商业银行,详细阐述了商业银行经营管理理论、商业银行三大业务以及商业银行资本金。高频考点包括资产负债管理理论、商业银行资本金。近年来的命题趋势呈现以下特点:

(1)案例分析题比重增加,侧重考查资产负债管理理论,考查方式侧重于计算、知识点理解,尤其注重知识点的活学活用。

(2)倾向于考查微小知识点,结合命题趋势,考生复习时需加强对知识点的理解而非死记硬背,做到灵活运用。

知识脉络 ▶

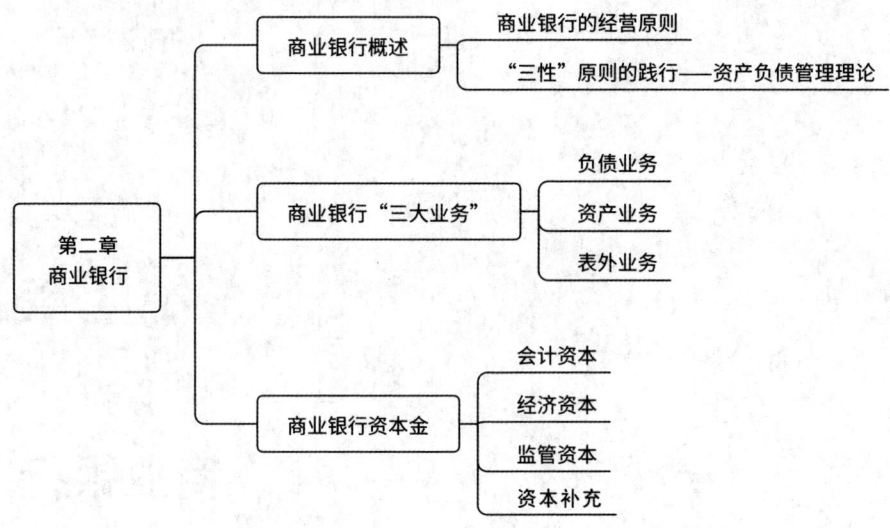

考点1　商业银行概述

一、商业银行的经营原则☆☆☆

（一）"三性"原则

1."三性"原则的含义

根据《中华人民共和国商业银行法》（以下简称《商业银行法》），商业银行应以安全性、流动性、效益性为经营原则。

（1）安全性：商业银行须保持清偿能力去应对风险和损失，满足客户随时提取的要求，减少银行的信用风险。

（2）效益性（盈利性）：在经营中，尽可能获得高的收益，追求利润最大化。

（3）流动性：商业银行需保持充足的现金或变现能力强的资产，以保证兑付储户的取款要求。

①资产的流动性：银行资产能够随时变现而不致遭受损失。

②负债的流动性：随时以较低成本获得资金。

2."三性"原则之间的关系

（1）"三性"原则既对立又统一，商业银行要寻求三者之间的平衡，在保证安全性和流动性的前提下，追求效益性。

（2）安全性是经营的前提，流动性是经营的条件，效益性是经营的目的。

（3）安全性与效益性成反比，与流动性成正比，流动性与效益性成反比。

（二）审慎经营规则

根据《中华人民共和国银行业监督管理法》（以下简称《银行业监管法》），银行业金融机构应当严格遵守审慎经营规则。

1.含义

审慎经营规则是指以审慎会计原则为基础，真实、客观、全面地反映金融机构的资产价值和资产风险、负债价值和负债成本、财务盈亏和资产净值，以及资本充足率等情况；真实、客观、全面地判断和评估金融机构的实际风险，及时监测、预警和控制金融机构的风险，从而有效地防范和化解金融风险，维护金融系统安全、稳定的经营模式。

2.内容

《银行业监管法》规定，审慎经营规则包括风险管理、内部控制、资本充足率、资产质量、损失准备金、风险集中、关联交易、资产流动性等内容。

（三）金融创新原则

根据原中国银行业监督管理委员会发布的《商业银行金融创新指引》，金融创新主要体现为银行风险管理能力的不断提高，以及为客户提供的服务产品和服务方式的创造与更新。

根据上述指引，金融创新原则具体包括以下内容：

（1）商业银行开展金融创新活动，应坚持合法合规原则，遵守法律、行政法规和规章的规定。商业银行不得以金融创新为名,违反法律规定或变相逃避监管。

(2) 商业银行开展金融创新活动,应坚持公平竞争原则,不得以排挤竞争对手为目的,进行低价倾销、恶性竞争或其他不正当竞争。

(3) 商业银行开展金融创新活动,应充分尊重他人的知识产权,不得侵犯他人的知识产权和商业秘密;商业银行应制定有效的知识产权保护战略,保护自主创新的金融产品和服务。

(4) 商业银行开展金融创新活动,应坚持成本可算、风险可控、信息充分披露原则。

(5) 应做到"认识你的业务""认识你的风险"。定期评估、审批金融创新活动的政策和各类新产品的风险限额。

(6) 应做到"认识你的客户"。充分了解客户的风险偏好、风险认知能力和承受能力。商业银行不得向客户提供与其真实需要和风险承受能力不相符合的产品与服务。

(7) 应做到"认识你的交易对手"。

(8) 应遵守职业道德标准和专业操守,充分维护金融消费者和投资者利益。

(四) 分业经营原则

我国商业银行实行分业经营原则。我国商业银行不得从事信托投资和证券经营业务,不得向非自用不动产投资或者向非银行金融机构和企业投资。

二、"三性"原则的践行——资产负债管理理论

(一) 资产负债管理理论概述

资产负债管理的目的是践行"三性"原则,通过资产负债管理实现安全性、流动性、效益性的统一。资产负债管理理论是现代商业银行管理的基础和核心,是现代商业银行的基本管理制度,其理论的演变依次经历了"资产管理理论→负债管理理论→资产负债管理理论"三个主要发展阶段,具体内容见图 2-1。

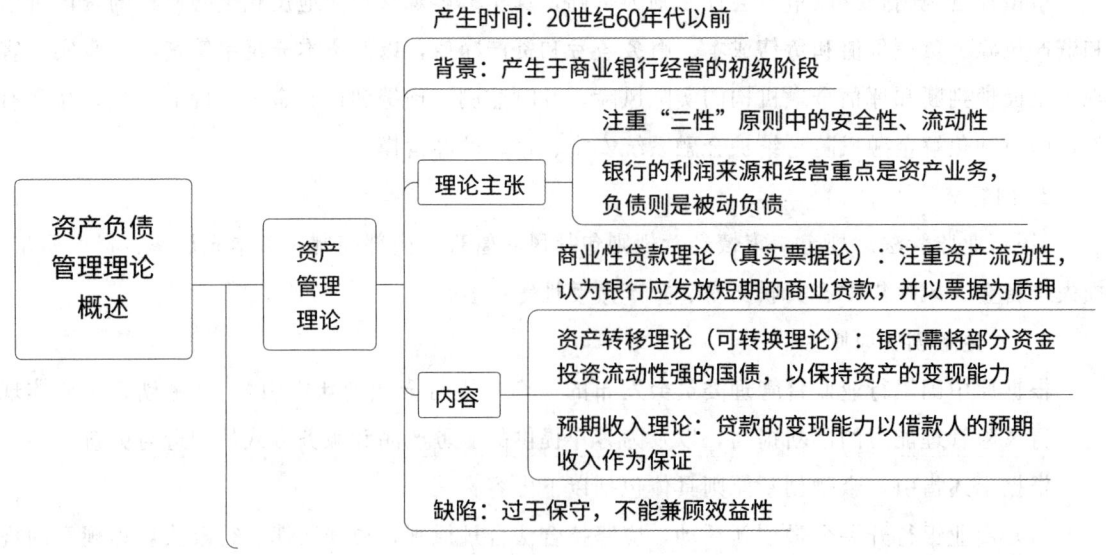

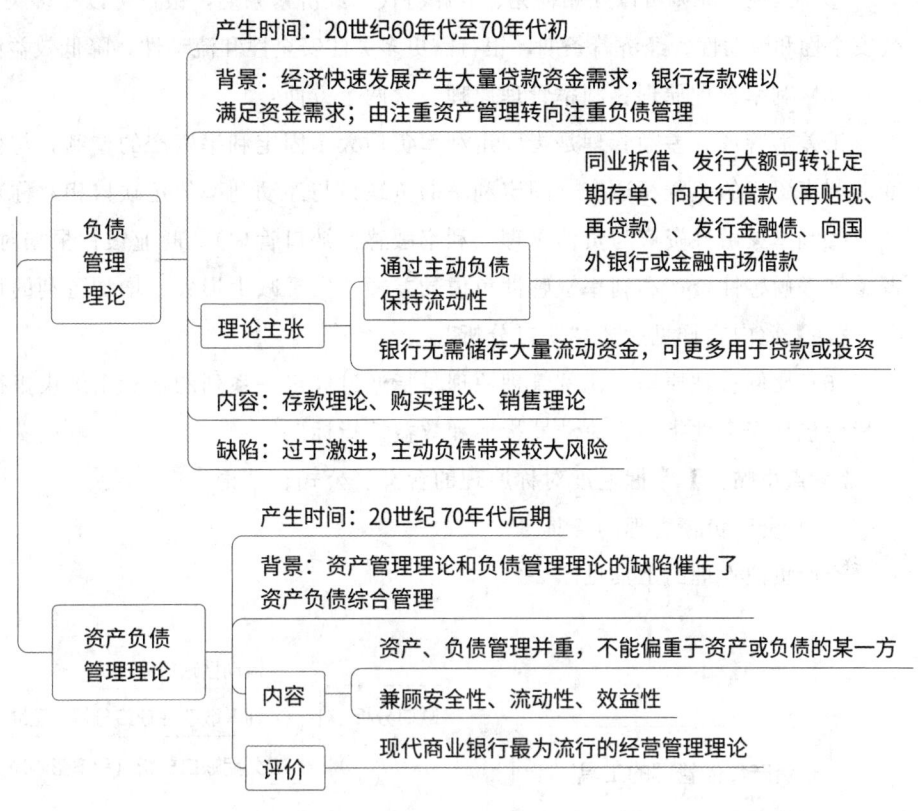

图 2-1 资产负债管理理论概述

（二）资产负债管理的基本原理☆☆☆

资产负债管理的目的是实现"三性"原则的统一，缓解三者之间的矛盾性。为实现这个目的，需要遵循六个基本原理：

（1）规模对称原理。规模对称原理是指资产规模与负债规模在总量上要对称，这种对称并非简单的数量上对等，而是动态平衡。

（2）结构对称原理。结构对称原理是指负债结构与资产结构要相互对称，此处的"结构"即资产与负债的用途、性质、利率等。例如，利率对称要求利率高的负债与利率高的资产对称；用途对称要求同业拆入资金要用于头寸的平衡，不能用于投资或长期贷款。

（3）速度对称原理（偿还期对称原理）。

①含义：速度对称原理是指资产与负债的偿还期要相互对称（资产分配要根据资金来源的流转速度决定）。

②衡量方法：平均流动率法，平均流动率＝资产的平均到期日/负债的平均到期日。

【结论】平均流动率＞1→资产平均到期日大于负债平均到期日→资产运用过度；平均流动率＜1→负债平均到期日大于资产平均到期日→资产运用不足。

（4）目标互补原理。

①在经营实践中，要达到安全性、流动性、效益性的综合平衡，而非绝对平衡。

②"三性"原则可以互相补充、互相替代：经济繁荣期，银行可以更多关注效益性，以此替代安全性和流动性；经济萧条期，银行需更多关注安全性和流动性，降低效益性要求。

(5) 利率管理原理。利率管理原理包含两个方面：

①差额管理。差额管理是指固定利率负债大于固定利率资产的差额，与变动利率负债小于变动利率资产的差额相适应（固定利率的负缺口与浮动利率的正缺口相对称）。

②利率灵敏性资产与负债管理（利率敏感性缺口管理）。商业银行根据对市场利率的预测，调整利率敏感性资产和利率敏感性负债的差额，实现减少损失、增加盈利的目的。

【注】此内容详见后述"缺口分析"。

(6) 比例管理原理。比例管理原理是指通过规定一系列的指标来约束银行的经营活动。比例指标包括安全性指标、流动性指标和效益性指标。

【考点小贴士】掌握速度对称原理的含义、公式、结论。

(三) 资产负债管理的工具

资产负债管理的工具见图 2-2。

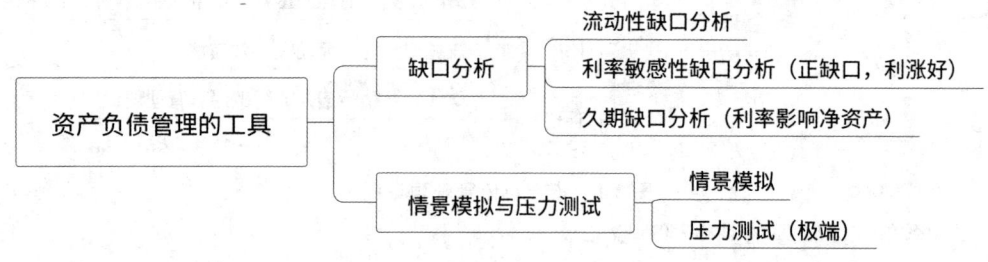

图 2-2　资产负债管理的工具

1. 缺口分析

(1) 缺口分析用于衡量银行在特定时间段内资产和负债的期限错配情况。通过分析不同时间段的资产和负债缺口，银行可以评估利率风险、流动性风险以及资本充足性，进而制定相应的管理策略。

(2) 缺口分析的方法见表 2-1。

表 2-1　缺口分析的方法

项目		具体内容
流动性缺口分析	用途	①用于衡量银行在特定时间段内现金流入与现金流出之间的差额 ②通过分析流动性缺口，银行可以评估未来一段时间内的流动性供需匹配情况，识别潜在的流动性风险，并制定相应的管理策略
	核心目标	确保银行在面临资金流出压力时，能够及时满足支付义务，避免流动性危机

续表

项目		具体内容
流动性缺口分析	计算公式	未来各个时间段的流动性缺口 = 未来各个时间段到期的表内外资产 − 未来各个时间段到期的表内外负债 ↓ 未来各个时间段到期的表内资产 + 未来各个时间段到期的表外收入 − 未来各个时间段到期的表内负债 + 未来各个时间段到期的表外支出
利率敏感性缺口分析	用途	①用于衡量利率风险的关键指标 ②反映了银行在特定时间段内利率敏感性资产与利率敏感性负债之间的差额。通过分析利率敏感性缺口，银行可以评估利率变动对其净利息收入的影响，从而制定相应的利率风险管理策略。当利率变动时，利率敏感性资产和负债的重新定价会导致净利息收入发生变化
	计算公式	利率敏感性缺口＝利率敏感性资产－利率敏感性负债
	相关概念	①利率敏感性资产是指在特定时间段内重新定价的资产，如浮动利率贷款、即将到期的固定利率债券 ②利率敏感性负债是指在特定时间段内重新定价的负债，如浮动利率存款、即将到期的固定利率债务
	缺口分析	利率敏感性缺口可以为正、负或零，分别表示银行对利率变动的不同敏感性。时间段可以是1个月、3个月、6个月、1年等，具体根据银行的管理需求确定 ①正利率缺口说明： a. 利率敏感性资产＞利率敏感性负债 b. 利率上升→资产收益增加幅度＞负债成本增加幅度→净利息收入增加 c. 利率下降→资产收益减少幅度＞负债成本减少幅度→净利息收入减少 ②负利率缺口说明： a. 利率敏感性负债＞利率敏感性资产 b. 利率上升→负债成本增加幅度＞资产收益增加幅度→净利息收入减少 c. 利率下降→负债成本减少幅度＞资产收益减少幅度→净利息收入增加 ③零利率缺口说明：利率变动对净利息收入的影响较小
久期缺口分析	用途	①用于衡量利率风险的重要指标 ②反映了银行资产和负债的市场价值对利率变动的敏感性差异。通过计算久期缺口，银行可以评估利率变动对其净资产价值的影响，从而制定相应的利率风险管理策略
	计算公式	久期缺口 $= DA - \dfrac{L}{A} \times DL$ 其中，DA 是资产的久期，DL 是负债的久期，L 是负债的市场价值，A 是资产的市场价值

续表

项目		具体内容
久期缺口分析	缺口分析	久期是衡量金融工具对利率变动敏感性的指标，表示现金流的加权平均期限。久期缺口可以为正、负或零，分别表示银行对利率变动的不同敏感性 ①正久期缺口说明： a. 资产对利率的敏感性＞负债 b. 利率上升→资产价值下降幅度＞负债价值下降幅度→净资产价值减少 c. 利率下降→资产价值上升幅度＞负债价值上升幅度→净资产价值增加 【思路】与利率敏感性缺口正相反 ②负久期缺口说明： a. 负债对利率的敏感性＞资产 b. 利率上升→负债价值下降幅度＞资产价值下降幅度→净资产价值增加 c. 利率下降→负债价值上升幅度＞资产价值上升幅度→净资产价值减少 ③零久期缺口：利率变动对净资产价值的影响较小

2. 情景模拟与压力测试

情景模拟与压力测试用于评估银行在特定情景或极端市场条件下的风险承受能力和潜在损失。银行通过模拟不同的经济、市场情景，可以识别潜在风险，制定应对策略，确保在危机中稳健运营。

情景模拟与压力测试的具体内容见表 2-2。

表 2-2　情景模拟与压力测试的具体内容

项目		具体内容
情景模拟	用途	情景模拟用于评估银行在不同经济和市场情景下的财务状况和风险暴露。通过构建模拟各种可能的情景，识别风险、制定策略，优化资产负债结构，最终实现"三性"的平衡
	应用场景	(1) 利率风险管理，模拟利率变动对银行净利息收入和净资产价值的影响，评估利率变动对贷款、债券等资产价值的影响 (2) 流动性风险管理，模拟存款流失、融资渠道中断等情景下的流动性缺口，评估银行在极端情景下是否拥有足够的优质流动性资产 (3) 信用风险管理，模拟经济衰退、失业率上升等场景下的贷款违约率变化，评估银行资本充足率和拨备覆盖率的变化 (4) 汇率风险管理，模拟汇率波动对银行外汇资产和负债的影响，评估外汇敞口的潜在损失 (5) 市场风险管理，模拟股市、债市波动对银行投资组合的影响，评估市场风险对银行资本和盈利能力的影响
	主要步骤	(1) 确定目标（如评估利率风险、流动性风险） (2) 构建情景，包括历史情景、假设情景和监管情景 (3) 数据输入，输入各类情景下的经济变量（如 GDP 增长率、失业率、利率、汇率） (4) 模型运行，使用资产负债管理模型（如现金流预测模型、利率敏感性模型）运行情景模拟 (5) 结果分析 (6) 制定策略，根据模拟结果，制定风险缓释措施（如调整资产负债结构、增加资本储备） (7) 监控与调整

续表

项目		具体内容
压力测试	用途	压力测试用于评估在极端但可能发生的条件下，银行的风险承受能力和潜在损失。通过模拟极端情景（如经济衰退、市场崩盘、利率大幅波动），帮助银行识别潜在脆弱点，制定应对策略，确保在危机中稳健运营
	应用场景	(1) 资本充足性管理，评估极端情景下银行的资本充足率是否达标，分析资本缓冲是否足以应对潜在损失 (2) 流动性风险管理，评估极端情景下银行的流动性缺口和融资能力，分析优质流动性资产是否足以应对资金流出 (3) 信用风险管理，评估极端情景下贷款违约率上升对银行资本和拨备的影响，分析不良贷款率和拨备覆盖率的变化 (4) 市场风险管理，评估极端情景下利率、汇率、股价波动对银行投资组合的影响，分析市场风险对净利息收入和净资产价值的影响 (5) 盈利能力管理，评估极端情景下银行的净利息收入和净利润变化，分析盈利能力是否能够覆盖运营成本和风险损失
	类型	(1) 敏感性分析：评估单一风险因素（如利率上升100个基点）对银行的影响，适用于快速评估特定风险的潜在影响 (2) 情景压力测试：评估多个风险因素（如经济衰退、市场波动）同时发生的影响，适用于全面评估银行在复杂情景下的抗风险能力 (3) 反向压力测试：从银行可能破产的假设出发，反向推导导致破产的情景，适用于识别银行的极限风险承受能力
	主要步骤	(1) 确定测试目标，明确测试的重点（如资本、流动性、盈利能力） (2) 构建极端情景（极端但可能发生），包括宏观经济情景、市场情景和银行特定情景 (3) 数据输入 (4) 模型运行，使用风险模型（如资本充足率模型、现金流预测模型）计算潜在损失和风险暴露 (5) 结果评估，识别潜在脆弱点和风险暴露 (6) 制定应对策略，根据测试结果，制定风险缓释措施（如增加资本、调整资产负债结构） (7) 监控与调整

（四）资产负债管理指标

2006年，建立了风险水平、风险迁徙和风险抵补三方面的指标体系。

2010年，中国银行监督管理委员会创立了"腕骨"（CARPALs）监管指标体系。

【考点小贴士】"腕骨"（CARPALs）监管指标由资本充足性（capital adequacy）、贷款质量（asset quality）、风险集中度（risk concentration）、拨备覆盖（provisioning coverage）、附属机构（affiliated institutions）、流动性（liquidity）、案件防控（swindle prevention and control）七大类十三项指标构成。将杠杆率、流动性覆盖率、净稳定融资比率等最新指标纳入监管，进一步丰富了资产负债管理的指标体系。

【记忆口诀】自带风波赴六安。

1. 流动性覆盖率（《巴塞尔协议Ⅲ》）

银行应具备充足的合格优质流动性资产，以便在规定的流动性压力情景下，通过变现来满足未来至少30天的流动性需求。

流动性覆盖率的最低监管标准为不低于100%，其计算公式如下：

流动性覆盖率＝合格优质流动性资产÷未来30天现金净流出量×100%

上述公式相关项目的具体内容见表2-3。

表2-3 流动性覆盖率计算公式相关项目的具体内容

项目	具体内容
合格优质流动性资产	(1) 概念：在相应压力情景下，能够以无损失或极小损失在金融市场快速变现的各类资产 (2) 合格优质流动性资产由一级资产和二级资产构成： 　一级资产——按照当前市场价值计入 　二级资产——2A资产——按85%的折扣系数计入 　　　　　　　2B资产——占比不得超过15% 　二级资产占比不得超过40%
现金净流出量	(1) 概念：未来30天现金净流出量是指在相应压力情景下，未来30天的预期现金流出总量与预期现金流入总量的差额 (2) 公式： 未来30天现金净流出量＝未来30天预期现金流出总额－min（预期现金流入总量，75%×预期现金流出总量） 【注意1】预期现金流出总量是相关负债和表外项目余额与其预计流失率或提取率的乘积之和 【注意2】预期现金流入总量是表内外相关契约性应收款项余额与其预计流入率的乘积之和，可计入的预期现金流入总量不得超过预期现金流出总量的75%，防止过度依赖
流动性覆盖率优缺点	(1) 优点：①提升短期抗风险能力，强制银行储备高流动性资产；②全球统一指标，增强银行体系稳定性；③优化资产结构，促使银行减少长期低流动性资产配置 (2) 缺点：①时间窗口短，忽视长期流动性风险；②可能导致银行偏好低收益优质流动性资产，压缩信贷空间；③优质流动性资产价值在市场动荡时可能缩水（如国债价格波动）；④复杂性高，计算需精细化数据支持，增加合规成本

2. 净稳定资金比例（《巴塞尔协议Ⅲ》）

净稳定资金比例用于衡量银行长期（>1年）的资金稳定性，以满足银行各类资产和表外风险敞口对稳定资金的需求。

净稳定资金比例的最低监管标准为不低于100%，其计算公式如下：

净稳定资金比例＝可用的稳定资金÷所需的稳定资金×100%

上述公式相关项目的具体内容见表2-4。

表2-4 净稳定资金比例计算公式相关项目的具体内容

项目	具体内容
可用的稳定资金	指资本与负债项目的账面价值与其对应的可用稳定资金系数的乘积之和 【注意1】账面价值指资本或负债项目在进行监管扣除或其他调整前的余额 【注意2】可用稳定资金系数的设定反映了负债的稳定性：①体现融资期限差异。通常假定长期负债较短期负债更为稳定。②体现融资类型和交易对手差异。通常假定短期（≤1年）零售客户存款和小企业客户融资较相同其他交易对手的批发融更为稳定

续表

项目	具体内容
所需的稳定资金	指资产项目的账面价值及表外风险敞口与其对应的所需稳定资金系数的乘积之和 【注意1】账面价值总体上应按照会计价值填报，即扣除相应的减值准备 【注意2】所需的稳定资金取决于银行所持各类资产以及表外风险敞口的流动性特征、剩余期限 【注意3】所需稳定资金系数的设定反映了银行资产和表外风险敞口的流动性特征，主要考虑：①稳定的信用创造。一部分对实体经济的贷款必须由稳定资金支持，以保证这类信用中介的连续性。②银行行为。假定银行需要对相当一部分到期贷款进行展期以维护其客户关系。③资产期限。假定一些短期资产（≤1年）需要的稳定资金较少，因为部分短期资产到期后无须展期。④资产质量和流动性价值。净稳定资金比例假定可被证券化或交易，因此可以作为抵（质）押品获得额外资金或在市场上出售的无变现障碍的高质量资产无须全部由稳定资金支持。此外，银行需要有额外的稳定资金来源，至少可用于支持部分由表外承诺业务和或有融资义务带来的潜在流动性需求
净稳定资金比例优缺点	(1) 优点：①提升银行长期流动性风险管理能力；②减少对短期融资的依赖，增强资金稳定性 (2) 缺点：①可能增加银行的融资成本（如发行长期债券）；②对资产配置的限制可能影响银行的盈利能力

3. 存贷比

存贷比反映银行通过吸收存款来支持贷款业务的能力，可用来评估银行流动性和风险水平。

存贷比的计算公式如下：

$$存贷比 = 调整后贷款余额 \div 调整后存款余额 \times 100\%$$

存贷比的优缺点见表2-5。

表2-5 存贷比的优缺点

项目	具体内容
优点	①简单直观，快速反映银行的资金运用情况；②作为流动性管理工具，可以评估存款与贷款的匹配程度，避免过度依赖外部融资；③高存贷比可能预示流动性风险，促使银行加强风险管理
缺点	①存贷比是静态指标，仅反映某一时点的存贷款比例，无法动态反映银行的流动性变化；②忽视资产质量，未考虑贷款的风险水平和回收能力；③限制信贷扩张，严格的存贷比限制可能抑制银行的信贷投放能力；④表外业务未覆盖，未纳入表外业务（如信用证、担保）的潜在流动性风险

4. 流动性缺口率

流动性缺口率反映银行在未来一段时间内现金流入与现金流出之间的差额，用于评估银行的短期流动性风险。

流动性缺口率的计算公式如下：

$$流动性缺口率 = 未来各个时间段的流动性缺口 \div 相应时间段到期的表内外资产 \times 100\%$$

$$相应时间段到期的表内外资产 = 相应时间段到期的表内资产 + 相应时间段到期的表外收入$$

流动性缺口率的优缺点见表2-6。

表 2-6 流动性缺口率的优缺点

项目	具体内容
优点	①动态反映流动性风险，能够评估未来特定时间段内的流动性供需情况；②时间维度灵活，可根据需要计算不同时间段（如1个月、3个月、1年）的缺口率；③可以帮助银行提前识别流动性风险，制定应对措施
缺点	①预测难度大，现金流入和流出的预测依赖于假设和模型，可能存在误差；②未考虑市场条件变化（如利率波动、经济衰退）对流动性的影响

》典型例题

1.[单项选择题] 关于商业银行资产负债管理理论的说法，错误的是（　　）。

A. 资产负债管理理论认为，商业银行在保持流动性方面，没有必要完全依赖建立分层次的流动性储备资产

B. 资产负债管理理论认为，在商业银行经营管理中，不能偏重资产和负债的某一方，高效的商业银行应该是资产和负债管理双方并重

C. 资产管理理论偏重安全性与流动性

D. 资产管理理论认为，商业银行的资产主要取决于客户的存款意愿

[解析] D项错误，商业银行资产管理理论认为，商业银行的负债主要取决于客户的存款意愿，商业银行只能被动接受。

2.[多项选择题] 在商业银行资产负债管理的基本原理中，利率管理原理包括（　　）。

A. 规模对称原理
B. 结构对称原理
C. 比例管理
D. 利率灵敏性资产与负债管理
E. 差额管理

[解析] 利率管理原理包括差额管理、利率灵敏性资产与负债管理。

3.[多项选择题] 关于资产负债管理中缺口分析的说法，正确的有（　　）。

A. 流动性缺口是衡量一定时期内需重新定价的资产与负债之间的差额

B. 如果某一时期内到期或需重新定价的负债大于资产，则为利率敏感性正缺口

C. 在利率下降的环境中，负缺口会减少利差，对商业银行是不利的

D. 在利率上升的环境中，保持正缺口对商业银行的利差是有利的

E. 缺口分析主要有利率敏感性缺口分析、流动性缺口分析、久期缺口分析

[解析] 流动性敏感性缺口是银行在特定时间段内现金流入与现金流出之间的差额，A项错误。如果某一时期内到期或需重新定价的资产大于负债，则为利率敏感性正缺口，B项错误。在利率下降时，正缺口会减少利差，对商业银行是不利的，负缺口的情况正好与此相反，C项错误。

4.[单项选择题] 按照速度对称原理，下列情况中，属于商业银行资产运用不足的是（　　）。

A. 银行资产和负债的平均到期日分别为 350 天和 300 天

B. 银行资产和负债的平均到期日分别为 300 天和 350 天

C. 银行需要重新定价的资产和负债分别是350亿元和300亿元

D. 银行需要重新定价的资产和负债分别是300亿元和350亿元

[解析] 速度对称原理是指银行资产和负债的偿还期要对称,通过计算平均流动率来衡量,即平均流动率＝资产的平均到期日÷负债的平均到期日。根据公式:A项,平均流动率＝350÷300＞1,代表资产运用过度;B项,平均流动率＝300÷350＜1,代表资产运用不足;C、D两项中的"重新定价的资产和负债"是用来计算利率敏感性缺口的,故排除。

5. [单项选择题] 关于商业银行金融创新的说法,错误的是( )。

A. 商业银行金融创新不得侵犯他人知识产权

B. 商业银行金融创新应遵循合法合规原则

C. 商业银行金融创新应当遵循公平竞争原则

D. 商业银行可通过金融创新实现监管套利

[解析] 商业银行开展金融创新活动,应当遵循合法合规原则,遵守法律、行政法规和规章的规定,不得以金融创新为名,违反法律规定或变相逃避监管,如通过金融创新实现监管套利。D项错误。

答案:1.D 2.DE 3.DE 4.B 5.D

考点2 商业银行"三大业务"

金融商业银行"三大业务"包括负债业务、资产业务、表外业务。

一、负债业务

负债是银行开展各项经营活动的重要基础,形成银行的资金来源。商业银行的负债包括存款(主要)和借款。

(一) 被动负债:存款

(1) 存款是银行最主要的资金来源。

(2) 存款经营——吸引存款。

①最关键的是:创新金融产品、拓展服务领域。

②影响因素:存款创造的调控、政府的监管措施、支付机制的创新。

③衍生服务:现金管理。

(3) 存款管理——管控存款风险。

①存款利率的管理:吸引储户的同时降低成本。

②管理吸收存款的方式:扩大存款来源、优化存款结构。

③建立存款保险制度:保护存款人利益。

(二) 主动负债:借款

1. 借款构成

(1) 短期借款(≤1年):同业拆借、证券回购、向中央银行借款。

(2) 长期借款(＞1年):发行金融债券。

2. 借款管理

(1) 控制规模和比例，以短期债券为主，增强流动性。

(2) 控制特定目的的借入款。

(3) 扩大渠道，保证资金来源。

(4) 分散偿还期和偿还金额，减少流动性风险。

二、资产业务

(一) 贷款

1. 企业贷款业务

企业贷款是商业银行最重要的资产业务之一，对实体经济发展起到至关重要的作用。企业贷款的分类见表2-7。

表2-7 企业贷款的分类

划分依据	具体类型
按自主程度划分	(1) 自营贷款：银行自主发放的贷款，风险由银行自身承担 (2) 委托贷款：由委托人（可能是政府部门、企事业单位、个人）提供资金，由银行作为受托人，根据委托人确定的贷款对象、用途、金额、期限、利率等代为发放、监督使用并协助收回的贷款。商业银行作为受托人，只收取手续费，不承担贷款风险
按贷款期限划分	(1) 短期贷款：贷款期限在1年以内（含1年） (2) 中期贷款：贷款期限在1年以上（不含1年）5年以下（含5年） (3) 长期贷款：贷款期限在5年以上（不含5年）
按担保方式划分	信用贷款、保证贷款、抵押贷款和质押贷款
按贷款币种划分	人民币贷款和外汇贷款
按借款人企业性质划分	生产企业贷款、流通企业贷款和房地产企业贷款等
按贷款利率划分	固定利率贷款和浮动利率贷款
按贷款质量状况划分	正常类、关注类、次级类、可疑类、损失类五类贷款，后三类合称不良信贷资产

(1) 流动资金贷款。流动资金贷款是指为了满足借款人在生产经营中的短期资金需求和保障生产经营活动的正常进行而发放的贷款，具有贷款期限短、手续简便、周转性较强、融资成本较低的特点。流动资金贷款的分类见表2-8。

表2-8 流动资金贷款的分类

划分依据	具体类型
按贷款期限划分	①短期流动资金贷款：贷款期限在1年以内（含1年） ②中期流动资金贷款：贷款期限在1年以上3年以下（含3年）
按贷款方式划分	担保贷款（保证、抵押和质押）和信用贷款

续表

划分依据	具体类型
按使用方式划分	短期流动资金贷款（逐笔申请、审贷）和流动资金贷款额度（在银行规定时间或限额内随借、随用、随还）
按贷款用途划分	①周转贷款：指对借款人当年生产经营计划产生的超过自有流动资金比例部分的正常合理资金需要而发放的短期贷款 ②临时贷款：为了满足企业临时性、季节性资金需求而发放的短期贷款

（2）固定资产贷款。固定资产贷款的特点有：①金额大；②期限长（大多中长期、分期偿还）；③除了提供必要的担保外，一般要求以项目新增固定资产作为抵押；④逐笔申请、逐笔审核；⑤收益高，风险大。固定资产贷款的分类见表2-9。

表2-9　固定资产贷款的分类

划分依据	具体类型
按项目运作方式和还款来源的不同划分	项目贷款和一般固定资产贷款
按用途不同划分	基本建设贷款、技术改造贷款、科技开发贷款和其他固定资产贷款

（3）房地产开发贷款。房地产开发贷款的种类包括商品住房开发贷款和商业用房开发贷款、保障房贷款等。其特点有：①政策性；②区域性（实施差异化的政策）；③非流动性。房地产开发属于全社会固定资产投资的范围，房地产开发贷款应属固定资产贷款。

（4）贸易融资。贸易融资指在商品交易中，商业银行运用结构性短期融资工具，基于商品交易中的存货、预付款、应收账款等资产的融资。该业务的本质是基于客户特定交易或资产项下的未来现金流而为其发放的贷款，又称结构融资、结算融资等。

贸易融资实现了从以企业信用为核心的主体准入控制转变为将交易风险和企业信用风险相结合，同时注重对贸易背景的分析、融资与交易的匹配以及对交易过程中物流、资金流的有效控制。

贸易融资可以分为国内贸易融资和国际贸易融资。国内贸易融资包括应收账款融资、应付/预付款融资、货权融资；国际贸易融资包括进口贸易融资、出口贸易融资。

（5）法人账户透支业务。法人账户透支业务是指由企业法人申请，银行核定其账户透支额度后，允许其在结算账户的存款不足以支付时，在核定的透支额度内直接透支并取得信贷资金的一种短期融资方式。

法人账户透支业务适用于存款余额或结算量较大，但融资较少，有间歇性、临时性融资需求或现金管理综合服务需求的企业法人。

（6）票据贴现。票据贴现是指票据持有人将未到期的银行承兑汇票或商业承兑汇票向银行申请贴现，银行按票面金额扣除贴现利息后将余款支付给持票人的一种资金融通方式。票据一经贴现，便归贴现银行所有，贴现银行在票据到期后可凭票直接向承兑人收取票款。

票据贴现的特点有：①更便捷，是安全有效的支付结算工具；②利率市场化程度高，定价灵活。票据贴现的分类见表2-10。

表 2-10　票据贴现的分类

划分依据	具体类型
根据利息支付人的不同	买方付息票据贴现和卖方付息票据贴现
根据票据承兑人的不同	银行承兑汇票票据贴现和商业承兑汇票票据贴现

（7）银团贷款。银团贷款是指由获准经营贷款业务的多家商业银行或非银行金融机构参加，基于相同的贷款条件，采用同一贷款协议，向同一借款人发放的贷款。

银团贷款业务包括银团贷款安排和相应的融资顾问服务两部分。银团贷款安排是指商业银行作为牵头行，筹建贷款银团，并采用同一贷款协议，按照相同的贷款条件向同一客户提供本外币贷款及其他授信。融资顾问服务是指根据客户的资金需求，分析融资的可行性，设计融资方案，提供与融资相关的各项咨询服务，并以此促进银团贷款业务的营销。

银团贷款业务适用于客户的大额融资需求，包括项目融资、企业并购、资产重组、进出口贸易、发行股票（债券）等过程中的过渡性融资需求及结构性融资需求等。

2. 个人贷款业务

个人贷款产品主要包括贷款对象、贷款利率、贷款期限、还款方式和担保方式五大要素，具体内容见表 2-11。

表 2-11　个人贷款产品五要素

要素	具体内容
贷款对象	符合一定条件具有完全民事行为能力的自然人，不包括法人
贷款利率	借款人为取得货币资金的使用权而支付给商业银行的价格
贷款期限	应从借款人的资信状况、还款能力和控制风险的角度科学合理地确定
还款方式	一次性还本付息法、按月付息到期还本法、等额本息还款法、等额本金还款法等
担保方式	抵押、质押和保证

个人贷款业务的分类见表 2-12。

表 2-12　个人贷款业务的分类

划分依据	具体类型
按照资金用途划分	个人住房贷款、个人消费贷款和个人经营贷款
按照贷款方式划分	信用贷款（包含信用卡贷款）、抵押贷款、质押贷款和循环贷款
按照还款方式划分	分期还款贷款和到期一次性还款贷款

（1）个人住房贷款。个人住房贷款是指向商业银行向借款人发放的用于购买住房的贷款，是一种典型的抵押贷款。

个人住房贷款金额大、期限长，借款人的还款面临诸多不确定性。通常要求借款人用购买的住房作为抵押品。分期偿还是个人住房贷款的典型特征。

（2）个人消费贷款。个人消费贷款是指商业银行向借款人提供的用于购车、装修、购买耐用消费品、教育、旅游和医疗等日常生活需求的贷款。

个人消费贷款用途广泛。装修、购买耐用消费品、助学、留学、医疗等个人消费贷款的期限较长、金额较大，大多使用分期还款方式。使用信用卡的日常消费贷款，基本上使用一次性偿还方式，也可以在每月支付最低还款额后分期偿还。

(3) 个人经营贷款。个人经营贷款是指商业银行向小微企业主发放的、用于满足其生产经营资金需求或置换生产经营过程中产生的债务的贷款。

个人经营贷款有特定的资金用途，贷款资金只能用于借款人的生产经营、购置或更新经营设备、支付租赁经营场所租金、购买装修商用房、购买商务车以及其他合法生产经营活动，不能用于购买股票、债券、期货以及发放贷款等金融活动（一旦违规，提前收回）。

（二）证券投资业务

1. 证券投资的主要功能

(1) 获取收益。

(2) 增强流动性。

(3) 管理风险。①使银行整体资产结构呈现多元化，收益可冲抵一部分贷款组合的信用风险。②使用证券组合及时调整资产和负债的利率敏感性。③采取分散化投资策略，实现收入多元化和风险分散化【注意不是万能的】。过多的证券投资容易让商业银行集直接融资与间接融资的风险于一身，从而放大风险；各类证券都有一定的市场风险，可能给商业银行的盈利带来波动，从而增加潜在的新风险。

(4) 降低资本占用。在计算资本充足率时，贷款的风险权重一般较高，而商业银行持有的大部分证券流动性较高、风险权重小，投资于证券可以实现资产增长幅度高于要求的资本增长幅度。

(5) 享受税收优惠（国债利息收入暂时对企业免税）。

2. 证券投资的种类

商业银行证券投资工具一般分为货币市场工具、资本市场工具和创新投资工具三大类，具体内容见表2-13。

表2-13 商业银行证券投资工具的具体内容

项目	具体内容
货币市场工具	(1) 特点：一年内到期，预期收益低，但风险低、易变现 (2) 包括：短期国库券、一年以内到期的中长期政府债券、公司债券、央行票据、回购协议、银行承兑票据、商业票据
资本市场工具	(1) 特点：到期日超过一年，预期收益较高，但风险大、不易变现 (2) 包括：到期日在一年以上的中长期政府债券、公司债券、股票等
创新投资工具	包括金融衍生工具、资产证券化债券、抵押支持证券等

在商业银行的证券投资组合中，绝大部分是信用等级高的债券和票据类金融工具。

(1) 政府债券。政府债券包括国债和地方政府债券。国债的优点有：①违约风险低（"金边债券"）；②流动性强；③抵押代用率高。

【注意】地方政府债券不如国债活跃。

(2) 金融债券。金融债券包括政策性银行金融债券、商业银行次级债券、商业银行混合资本债券、证券公司短期融资券和其他普通金融债券（企业集团财务公司及其他金融机构发行）。

(3) 非金融企业债券。非金融企业债券分为公司债券和其他非金融企业债券融资工具，具体内容见表2-14。

表 2-14 非金融企业债券的具体内容

项目	具体内容
公司债券	相较于国债，风险高、流动性差、没有税收优惠
其他非金融企业债券融资工具	是指具有法人资格的非金融企业在银行间市场发行的、约定在一定期限内还本付息的有价证券，主要包括短期融资券、中期票据、中小企业集合票据和超短期融资券等

(4) 创新金融工具，包括国债期货、银行间标准债券远期，以及信用类债券创新品种等。

3. 证券投资的组合管理

证券投资的组合管理一般遵循以下基本程序。

(1) 确定管理目标与标准（其管理目标应与商业银行的总体经营目标一致）。

(2) 预测宏观经济变量的走势。

(3) 确定预期收益率（利息支付、资本利得或资本损失）。

(4) 管理风险头寸（采取缺口管理、期限管理与市场价值模型等工具）。

(5) 确定担保要求。

(6) 评估税收状况。

(三) 现金资产

(1) 库存现金。

(2) 存放同业及其他金融机构款项。

(3) 存放中央银行的存款准备金（法定、超额）。

三、表外业务

表外业务是指商业银行从事的，按照现行企业会计准则不计入资产负债表内，不形成现实资产负债，但有可能引起损益变动的业务。

商业银行开展表外业务应遵循管理全覆盖、分类管理、风险为本原则。根据表外业务特征和法律关系，表外业务分为担保承诺类、代理投融资服务类、中介服务类和其他类，具体内容及关注对象见表2-15。

表 2-15 表外业务的具体内容及关注对象

项目	具体内容	关注对象
担保承诺类	包括担保、承诺等按照约定承担偿付责任或提供信用服务的业务	重点关注信用风险，关注统一授信执行、表外业务信用风险转换系数、表外业务垫款等情况
	(1) 担保类表外业务：指商业银行对第三方承担偿还责任的业务，如银行承兑汇票、保函、信用证、信用风险仍由银行承担的销售与购买协议等	
	(2) 承诺类表外业务：指商业银行在未来某一日期按照事先约定的条件向客户提供约定的信用业务，如贷款承诺等	

续表

项目	具体内容	关注对象
代理投融资服务类	指商业银行根据客户委托，按照约定为客户提供投融资服务，但不承担代偿责任、不承诺投资回报。如委托贷款、委托投资、代客理财、代理交易、代理发行和承销债券等	重点关注操作风险、声誉风险，关注业务操作规范、客户投诉、金融消费者保护等情况。应当实现表内外业务、自营业务与代理业务在资产、账务核算、人员等方面的隔离，不得以任何形式约定或者承诺承担信用风险
中介服务类	指商业银行根据客户委托，提供中介服务，并收取手续费的业务，如代理收付、代理代销、财务顾问、资产托管、各类保管业务等	
其他类	上述业务种类之外的其他表外业务	—

>> 典型例题

1. [单项选择题] 影响商业银行存款经营的因素不包括（　　）。

A. 政府的监管措施　　　　　　　　B. 支付机制的创新

C. 呆账核销政策　　　　　　　　　D. 存款创造的调控

[解析] 影响存款经营的因素包括存款创造的调控、政府的监管措施和支付机制的创新。

2. [多项选择题] 以下属于固定资产贷款特点的有（　　）。

A. 贷款金额较大　　　　　　　　　B. 贷款期限较长

C. 要求以项目新增固定资产作为抵押　D. 成本较低

E. 逐笔申请、逐笔审核

[解析] 固定资产贷款的特点包括：①贷款金额较大；②贷款期限较长，大多为中期或长期贷款且大部分采取分期偿还；③在贷款保障方式上，除了要求提供必要的担保外，一般要求以项目新增固定资产作为抵押；④在贷款方法上，一般采用逐笔申请、逐笔审核；⑤固定资产贷款收益高，但风险也较大。

3. [单项选择题] 以下属于金融债券的是（　　）。

A. 商业银行次级债券　　　　　　　B. 短期融资券

C. 中期票据　　　　　　　　　　　D. 公司债券

[解析] 金融债券是以政策性银行、商业银行、企业集团财务公司及其他金融机构为主体发行的债券，包括政策性银行金融债券、商业银行次级债券、商业银行混合资本债券、证券公司短期融资券和其他普通金融债券。

4. [多项选择题] 下列业务中，属于商业银行表外业务的有（　　）。

A. 银行承兑汇票　　　　　　　　　B. 保函

C. 委托贷款　　　　　　　　　　　D. 财务顾问

E. 项目贷款

[解析] E项属于商业银行的资产业务。

答案：1. C　2. ABCE　3. A　4. ABCD

考点3　商业银行资本金

商业银行资本的核心功能是吸收损失。从不同角度来理解，银行资本有不同的含义，具体可分为会计资本、经济资本和监管资本。

一、会计资本

（1）会计资本是银行资产负债表上资产减去负债后的所有者权益，代表银行真实拥有的资本金，也称账面资本。其是银行在财务报表中反映的自有资金和合格资本工具，可支持业务运用、吸收损失、维护债权人利益。

（2）主要的会计资本及其具体内容见表2-16。

表2-16　主要的会计资本及其具体内容

项目	具体内容
实收资本/普通股股本	①代表股东对银行的所有权 ②普通股股东享有投票权和分红权
资本公积	包括：股票发行溢价、资产重估增值、接受捐赠等
盈余公积	①包括：法定盈余公积和任意盈余公积。法定盈余公积指企业根据法律规定，从净利润中提取的一定比例的公积金；任意盈余公积指企业根据自身需要，从净利润中提取的公积金 ②用途：弥补亏损、转增资本等
未分配利润	是商业银行内部资本积累的重要来源
一般风险准备	为应对未来可能发生的风险和损失，商业银行从净利润中提取的专项准备金

二、经济资本

（一）对经济资本的理解

（1）经济资本是指在一定的置信水平下，商业银行为了应对非预期损失（超出预期损失的那部分）而应该持有的资本。

（2）经济资本并不是银行真实拥有的资本，而是一种虚拟资本，不在资产负债表中直接反映。

（3）经济资本能够衡量风险大小，也称风险资本。

（4）经济资本可能大于会计资本，也可能小于会计资本，两者不一定相等。

（二）经济资本管理

（1）经济资本计量：核心是对信用风险、操作风险、市场风险的量化。

（2）经济资本分配：将经济资本分解到各分支机构、业务部门和产品中。

（3）经济资本评价：经济资本评价的核心指标是风险调整后的资本回报率。

三、监管资本

（一）对监管资本的理解

监管资本是商业银行按照监管当局的要求应该持有的最低资本量。

> **知识拓展**
>
> 会计资本、经济资本、监管资本的区别:
> (1) 银行真实拥有的会计资本必须符合监管要求,因此会计资本应高于监管资本。
> (2) 经济资本和监管资本都是从覆盖风险和吸收损失的角度提出的概念,但经济资本具有更高的风险敏感性。
> (3) 从审慎经营的角度看,银行持有的会计资本要高于经济资本。

(二) 监管资本的要求

1. 监管资本的构成

监管资本的构成见表2-17。

表2-17 监管资本的构成

项目			具体内容
一级资本	核心一级资本	含义	在银行持续经营的条件下,无条件吸收损失的资本工具
		特点	永久性、清偿顺序在所有其他融资工具之后
		构成	实收资本或普通股、资本公积、盈余公积、一般风险准备、未分配利润、累计其他综合收益、少数股东资本可计入部分
	其他一级资本	含义	非累积性的、永久性的、不带有利率跳升和其他赎回条款,本金和收益在持续经营条件下,参与吸收损失的资本工具
		构成	其他一级资本工具及其溢价(如优先股及其溢价)、少数股东资本可计入部分
二级资本		含义	在破产清算条件下用于吸收损失的资本工具
		特点	受偿顺序在普通股之前、在一般债权人之后,不带赎回机制,不设利率跳升条款,收益不具有信用敏感性,必须含有减记或转股条款
		构成	二级资本工具及其溢价、超额贷款损失准备、少数股东资本可计入部分
资本扣除项			在计算资本充足率时,应当从核心一级资本中全额扣除以下项目:商誉、其他无形资产(土地使用权除外)、由经营亏损引起的净递延税资产、损失准备缺口、资产证券化销售得利、确定受益类的养老金资产净额、直接或间接持有本银行的股票、对资产负债表中未按公允价值计量的项目进行套期形成的现金流储备和商业银行自身信用风险变化导致其负债公允价值变化带来的未实现损益、审慎估值调整

【总结】

(1) 一般风险准备:核心一级资本。

(2) 超额贷款损失准备:二级资本。

(3) 损失准备缺口:资本扣除项。

2. 资本充足率

(1) 有关公式如下:

$$资本充足率 = \frac{总资本 - 对应资本扣除项}{风险加权资产} \times 100\%$$

$$一级资本充足率 = \frac{一级资本 - 对应资本扣除项}{风险加权资产} \times 100\%$$

$$核心一级资本充足率=\frac{核心一级资本-对应资本扣除项}{风险加权资产}\times100\%$$

式中，风险加权资产＝信用风险加权资产＋市场风险加权资产＋操作风险加权资产。其中，市场风险加权资产＝市场风险资本要求×12.5；操作风险加权资产＝操作风险资本要求×12.5。

（2）资本充足率要求如下：

①核心一级资本充足率不得低于5%、一级资本充足率不得低于6%、资本充足率不得低于8%。

②系统重要性银行分为五组，第一组到第五组的银行分别适用0.25%、0.5%、0.75%、1%、1.5%的附加资本要求。

3. 杠杆率

杠杆率的计算公式如下：

$$杠杆率=\frac{一级资本-一级资本扣除项}{调整后表内外资产余额}\times100\%$$

附加杠杆率要求为附加资本要求的50%，分别为0.125%、0.25%、0.375%、0.5%和0.75%。

四、资本补充

（一）资本补充的必要性

（1）满足监管要求（系统重要性银行有附加资本要求与附加杠杆率要求）。

（2）支持业务发展（资本是银行扩展业务，如发放贷款、投资的基础）。

（3）增强抗风险能力。

（4）维护市场信心。

（二）资本补充的策略

1. 内部补充（通过自身盈利积累与资本管理）

内部补充的途径、含义及优缺点见表2-18。

表2-18 内部补充的途径、含义及优缺点

途径	含义	优缺点
利润留存	保持适当的派息率，将部分净利润留存作为资本	(1) 优点：成本低，无须支付利息或股息 (2) 缺点：可能影响股东短期回报
资产优化	出售高风险资产或低收益资产释放资本	(1) 优点：改善资产质量，降低风险加权资产 (2) 缺点：短期内可能会影响业务规模和收入
资本节约	通过优化业务流程、降低运营成本，减少资本消耗	(1) 优点：提高资本使用效率 (2) 缺点：需要对业务流程进行全面梳理，影响范围广、实施难度较大

2. 外部补充（在资本市场或外部投资者筹集）

外部补充的途径及其优缺点见表2-19。

表 2-19　内部补充的途径及其优缺点

途径	优缺点
发行普通股	(1) 优点：增加核心一级资本，增强资本质量 (2) 缺点：稀释原股东的股权，可能影响股价。目前国内很多上市商业银行的市净率均低于1，新发行的普通股定价可能成为一个难题
发行优先股	(1) 优点：增加一级资本，不稀释普通股股东的投票权 (2) 缺点：需支付固定股息，增加财务负担
发行永续债	(1) 优点：增加一级资本，期限灵活 (2) 缺点：票面利率较高，增加财务成本
发行次级债	(1) 优点：增加二级资本，成本相对较低 (2) 缺点：在破产清算中受偿顺序较低
引入战略投资者	(1) 优点：增强资本实力，可能带来战略资源（如主权基金、私募基金） (2) 缺点：可能影响原股东的控制权。股权定价也将是一个难题

（三）资本补充的流程

(1) 资本规划（根据业务发展和风险状况，制订资本补充计划，定期评估资本充足率）。

(2) 选择合适的资本工具。

(3) 市场时机把握（在有利时机进行外部融资，降低融资成本）。

(4) 做好与股东的沟通（充分平衡股东短期回报和长期利益）。

(5) 监管合规。

> 典型例题

[案例分析题] 2021年年末，我国某商业银行主要经营数据如下：资产总额 1 548 亿元，负债总额 1 485 亿元，普通股 27 亿元，优先股 7 亿元，资本公积 9 亿元，盈余公积 4.5 亿元，一般风险准备 7.2 亿元，未分配利润 9 亿元，计提超额贷款损失准备 10 亿元，风险加权资产总额 1 260 亿元，资本扣减项假定为 0。

根据以上资料，回答下列问题：

(1) 2021年年末，该商业银行的核心一级资本充足率为（　　）。

A. 5.3%　　　　　　　　　　　　B. 4.5%

C. 4.3%　　　　　　　　　　　　D. 5.0%

[解析] 核心一级资本包括实收资本或普通股、资本公积、盈余公积、一般风险准备、未分配利润、少数股东资本可计入部分。该商业银行的核心一级资本＝27＋9＋4.5＋7.2＋9＝56.7（亿元）。核心一级资本充足率＝（核心一级资本－对应资本扣减项）/风险加权资本×100%＝（56.7－0）/1 260×100%＝4.5%。

(2) 2021年年末，该商业银行的一级资本充足率为（　　）。

A. 4.38%　　　　　　　　　　　　B. 5.06%

C. 5.82%　　　　　　　　　　　　D. 4.57%

[解析] 其他一级资本是指非累积性的、永久性的、不带有利率跳升及其他赎回条款，本

金和收益都应在银行持续经营条件下参与吸收损失的资本工具，包括其他一级资本工具及其溢价（如优先股及其溢价）、少数股东资本可计入部分。该商业银行一级资本＝核心一级资本＋其他一级资本＝56.7＋7＝63.7（亿元）。一级资本充足率＝（一级资本－对应资本扣减项）/风险加权资产×100％＝（63.7－0）/1 260×100％≈5.06％。

(3) 2021年年末，该商业银行的资本充足率为（　　）。

A. 5.63％　　　　　　　　　　　　B. 6.42％

C. 5.85％　　　　　　　　　　　　D. 5.36％

[解析] 二级资本包括二级资本工具及其溢价、超额损失准备、少数股东资本可计入部分。该商业银行总资本＝核心一级资本＋其他一级资本＋二级资本＝63.7＋10＝73.7（亿元），资本充足率＝（总资本－对应资本扣减项）/风险加权资产×100％＝（73.7－0）/1 260×100％≈5.85％。

(4) 为了提高一级资本充足率水平，该商业银行可以采取的方法有（　　）。

A. 扩大贷款投放规模　　　　　　　B. 增发普通股股票

C. 增加超额贷款损失准备　　　　　D. 增发优先股股票

[解析] B、D两项属于一级资本的内容；C项属于二级资本的内容；A项会增加风险加权资产，只会降低一级资本充足率。

答案：(1) B　(2) B　(3) C　(4) BD

第三章

证券公司

📖 **大纲再现**

1. 理解证券公司的性质、经营机制、功能。
2. 分析证券公司的主要业务。

大纲解读 ✏️

本章常以单项选择题、多项选择题形式出题，案例分析题也多有涉及。

本章属于实务部分，介绍了金融市场中的金融机构——证券公司，分别从证券公司的概念与功能、证券公司的主要业务两方面进行阐述；高频考点包括证券发行与承销、证券经纪业务。近年来的命题趋势呈现以下特点：注重概念性知识的考查、注重细微知识的考查、注重"数字类"知识点的考查。因此对于复杂的知识点，首先要结合思维导图梳理知识点逻辑，再去掌握导图中的核心考点；对于数字类的考点，要在考前集中性再记忆一遍，降低遗忘率。

知识脉络 ▶

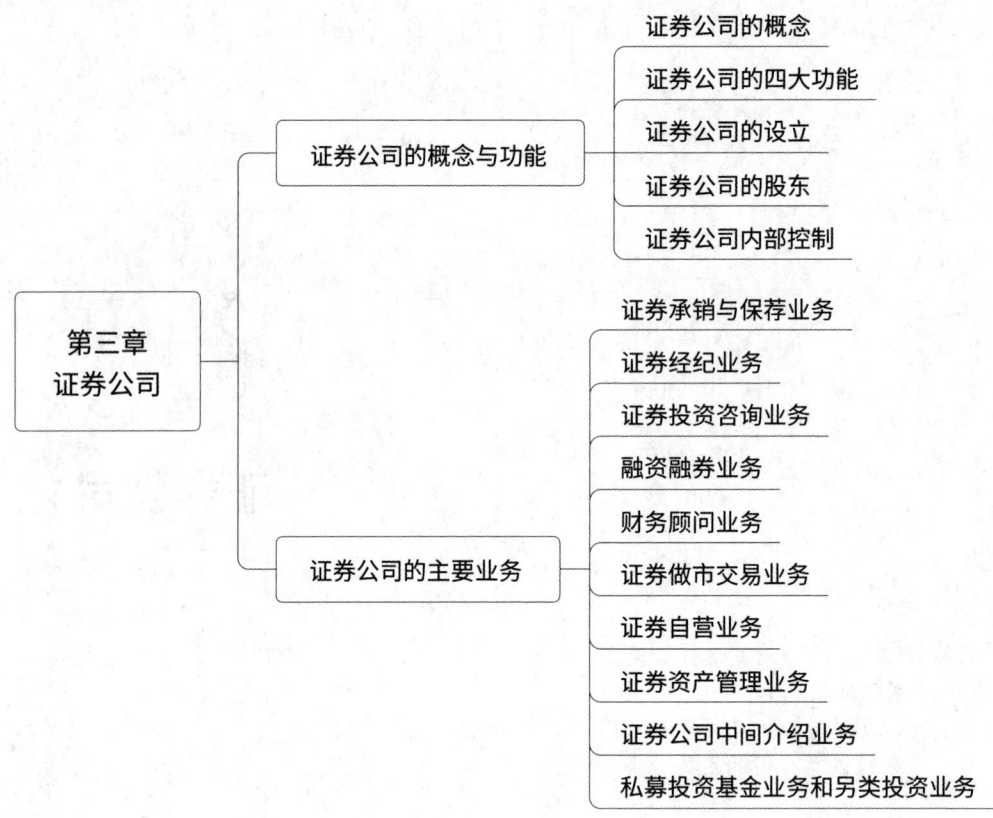

考点1 证券公司的概念与功能

一、证券公司的概念

（一）对证券公司的理解

(1) 证券公司是直接金融机构。

(2) 证券公司的业务领域是资本市场，为长期资金供给者和需求者提供金融服务。

(3) 证券公司从事与债券、股票等证券经济相关联的金融服务活动。

（二）证券公司与商业银行概念辨析

证券公司与商业银行的区别见表3-1。

表3-1 证券公司与商业银行的区别

项目	证券公司	商业银行
经营机制（根本区别）	直接金融机构	间接金融机构
中介类型	信息中介	信用中介
是否与供求双方发生债权债务关系	否	是
融资过程	融资方以证券公司为中介发行证券进行融资，证券公司通过提供交易机制和价格信号机制来解决资金供求矛盾；融资过程中有一次金融合约；融资双方直接建立债权债务关系	商业银行以债务人的身份从投资者处融入资金，再以债权人的身份将资金融出给融资者；融资过程中有两次金融合约；融资双方无直接的金融合同约束
利润来源	服务费和佣金	利息差

二、证券公司的四大功能

（一）证券市场的构造者

证券公司在证券发行市场和交易市场中充当不同的角色：

(1) 证券公司在证券发行市场中充当承销商，通过提供咨询、定价、信息披露、证券销售等业务，帮助融资方构建发行市场。

(2) 证券公司在交易市场中充当证券经纪商（代客买卖）、证券做市商（提高二级市场流动性）、证券自营商三重角色。

（二）资源配置的优化者

(1) 证券公司通过在一级市场设计证券发行价格、在二级市场形成合理的交易价格，促进价格信号的形成，提高社会资源配置效率。

(2) 证券公司通过兼并收购业务，提高存量资本的资源配置效率。

(3) 证券公司通过企业融资，促使企业分离所有权和经营权，提高企业资源配置效率。

（三）资金供求的媒介

证券公司充当中长期资金的媒介，具体体现在以下四个方面：

(1) 信息中介。为资金供需双方提供信息服务。

(2) 期限中介。证券公司通过对不同期限资金进行期限转换，充当了短期和长期资金的期限中介。

(3) 流动性中介。证券公司充当做市商，为客户提供金融工具与现金之间的互换。例如：购买投资人的股票，为股票持有者提供现金；接受客户的证券质押，为其提供贷款。

(4) 风险中介。证券公司为资金供求双方提供交易机制和价格机制，降低投融资的风险。

(四) 产业集中的促进者

证券公司通过对企业价值的评价机制，引导社会资本流入高效率企业，加快了产业集中的进程。

三、证券公司的设立

(1) 证券公司应当自领取营业执照之日起 15 日内，向国务院证券监督管理机构申请经营证券业务许可证。未取得经营证券业务许可证，证券公司不得经营证券业务。

(2) 股东出资要求：证券公司的股东应当用货币或者证券公司经营必需的非货币财产出资。非货币财产出资总额不得超过证券公司注册资本的 30%。

(3) 证券公司应当对分支机构实行集中统一管理，不得与他人合资、合作经营管理分支机构，也不得将分支机构承包、租赁或者委托给他人经营管理。

(4) 应事先告知、批准的事项：

①认购或者受让证券公司的股权后，其持股比例达到证券公司注册资本的 5%。

②以持有证券公司股东的股权或者其他方式，实际控制证券公司 5% 以上的股权。

四、证券公司的股东

(1) 控股股东：持有证券公司 50% 以上股权的股东或者虽然持股比例不足 50%，但其所享有的表决权足以对证券公司股东会的决议产生重大影响的股东。

(2) 主要股东：持有证券公司 5% 以上股权的股东。

(3) 持有证券公司 5% 以下股权的股东。

五、证券公司内部控制

(一) 内部控制管理原则

(1) 健全性：内部控制应当做到事前、事中、事后控制相统一，覆盖证券公司的所有业务、部门和人员，渗透到决策、执行、监督、反馈等各个环节，确保不存在内部控制的空白或漏洞。

(2) 合理性：内部控制应当符合国家有关法律法规和中国证券监督管理委员会的有关规定，与证券公司经营规模、业务范围、风险状况及证券公司所处的环境相适应，以合理的成本实现内部控制目标。

(3) 制衡性：证券公司部门和岗位的设置应当权责分明、相互牵制。前台业务运作与后台管理支持适当分离。

(4) 独立性：承担内部控制监督检查职能的部门应当独立于证券公司其他部门。

（二）内部控制管理要求

（1）不得与他人合资、合作经营管理分支机构，也不得将分支机构承包、租赁或者委托给他人经营管理。

（2）为客户开立证券账户，应当对客户申报的姓名或者名称、身份的真实性进行审查。证券公司不得将客户的资金账户、证券账户提供给他人使用。

（3）应当按照规定提取一般风险准备金，用于弥补经营亏损。

（4）杜绝挪用客户交易结算资金、客户委托管理的资产、客户托管的证券等行为。

（5）建立动态的净资本监控机制。

（6）建立健全证券公司治理结构。证券公司监事会和独立董事应充分发挥监督职能，防范大股东操纵和内部人控制的风险。

（三）三道业务监控防线

第一道防线：重要一线岗位双人、双职、双责为基础。

第二道防线：相关部门、相关岗位之间相互制衡、监督。

第三道防线：独立的监督检查部门对各项业务、各部门、各分支机构、各岗位全面实施监控、检查和反馈。

（四）规定

（1）证券公司主要业务部门之间应当建立健全隔离墙制度，具体为：

①确保经纪、自营、受托投资管理、投资银行、研究咨询等业务相对独立。

②电脑部门、财务部门、监督检查部门与业务部门的人员不得相互兼任。

③资金清算人员不得由电脑部门人员和交易部门人员兼任。

④证券经纪业务、承销业务、自营业务、做市业务和资产管理业务分开办理，不得混合操作。

（2）不得将客户的交易结算资金和证券归入其自有财产，客户的交易结算资金应当存放在商业银行，以每个客户的名义单独立户管理。

（3）加强资金额度控制和资金使用的日常监控，对资金异常变动和大额资金存取等行为重点监控。

> 典型例题

1.［单项选择题］证券公司通过对其接触的各种不同期限资金进行期限转换，实现了短期和长期资金之间的（　　）功能。

A. 风险中介　　　　　　　　　　B. 期限中介

C. 流动性中介　　　　　　　　　D. 信息中介

［解析］根据题干可知，本题考查证券公司作为期限中介的作用，B项正确。

2.［多项选择题］证券公司发挥其资金供求媒介的职能作用，主要体现为（　　）。

A. 风险中介　　　　　　　　　　B. 期限中介

C. 流动性中介　　　　　　　　　D. 流通中介

E. 信息中介

[解析] 证券公司充当中长期资金的媒介，具体体现在四个方面，即信息中介、期限中介、流动性中介和风险中介。

3. [单项选择题] 证券公司的主要股东是指持有证券公司（　　）股权的股东。

A. 5%以上　　　　　　　　　　　　B. 5%以下

C. 50%以上　　　　　　　　　　　 D. 10%以上

[解析] 主要股东是持有证券公司5%以上股权的股东。

4. [多项选择题] 证券公司内部控制管理原则包括（　　）。

A. 健全性　　　　　　　　　　　　B. 合理性

C. 制衡性　　　　　　　　　　　　D. 独立性

E. 有用性

[解析] 证券公司内部控制管理原则不包括有用性，E项错误。

答案：1. B　2. ABCE　3. A　4. ABCD

考点2　证券公司的主要业务

一、证券承销与保荐业务

（一）证券承销业务

根据《中华人民共和国证券法》（以下简称《证券法》）的规定，证券承销业务的相关内容见表3-2。

表3-2　证券承销业务

类型		具体内容
含义		证券公司接受发行人的委托，代理证券发行人发行证券
适用情况		(1) 发行人采用公募发行，即向不特定对象公开发行的证券，需进行承销 (2) 法律、行政法规规定应当由证券公司承销的证券，需进行承销
承销方式	证券包销	全额包销：证券公司按照协议，将发行人的证券全部购入 余额包销：在承销期结束时，证券公司将剩余证券全部自行购入
	证券代销	证券公司代发行人发售证券，在承销期结束时，将未售出的证券全部退还给发行人
承销团		证券公司可以自行选择是否组建承销团

（二）证券保荐业务

（1）根据《证券发行上市保荐业务管理办法》，发行人申请从事下列发行事项，依法采取承销方式的，应当聘请具有保荐业务资格的证券公司履行保荐职责：

①首次公开发行股票。

②上市公司发行新股、可转换公司债券。

③公开发行存托凭证。

④中国证监会认定的其他情形。

(2) 保荐机构的职责。根据《证券发行上市保荐业务管理办法》，保荐机构具有下列职责：
①证券发行的主承销可以由保荐机构负责。
②最近 5 年内具备 36 个月以上保荐相关业务经历、最近 12 个月持续从事保荐相关业务，最近 12 个月内未受到自律组织的重大纪律处分或中国证券监督管理委员会的重大监管措施，最近 36 个月内未受到中国证券监督管理委员会的行政处罚。
③保荐代表人及其配偶不得以任何名义或者方式持有发行人的股份。
④依法对发行人申请文件、证券发行募集文件进行核查。
⑤向中国证监会、证券交易所出具保荐意见。
⑥应当保证所出具的文件真实、准确、完整。
⑦按照中国证监会的要求，对发行人进行尽职调查。
⑧应当综合评估项目执行成本与风险责任，合理确定报价。

（三）我国证券发行制度的演变

我国证券发行制度的演变：审批制→核准制→注册制。

（1）审批制：股票发行通过行政计划分配指标和额度，再由地方或行业主管部门推荐企业发行股票。

（2）核准制：证券的发行不仅要以真实状况的充分公开为条件，而且必须符合证券管理机构制定的若干适用于发行的实质条件，其目的在于禁止质量差的证券公开发行。

（3）注册制：证券发行审核机构只对注册文件进行形式审查，不进行实质判断。

（四）定价规则

（1）根据《证券发行与承销管理办法》，首次公开发行证券可以通过询价或直接定价（发行人与主承销商自主协商）等方式确定发行价格。询价和直接定价的具体内容见表 3-3。

表 3-3　询价和直接定价的具体内容

项目	具体内容
询价	①首次公开发行证券通过询价方式确定发行价格的，可以初步询价后确定发行价格，也可以在初步询价确定发行价格区间后，通过累计投标询价确定发行价格 ②发行人尚未盈利的，应当通过向网下投资者（专业机构投资者等）询价方式确定发行价格，不得直接定价 ③网下投资者报价后，发行人和主承销商应剔除拟申购总量中报价最高的部分，然后根据剩余报价及拟申购数量协商确定发行价格。剔除部分的配售对象不得参与网下申购 ④公开发行证券数量在 4 亿股（份）以下的，有效报价投资者不少于 10 家；公开发行证券数量超过 4 亿股（份）的，有效报价投资者不少于 20 家 ⑤剔除最高报价部分后有效报价投资者数量不足的，应当中止发行
直接定价	①首次公开发行证券发行数量 2 000 万股（份）以下且无老股转让计划的，可以直接定价 ②直接定价确定的发行价格对应市盈率不得超过同行业上市公司二级市场平均市盈率；已经或同时境外发行的，直接定价确定的发行价格不得超过发行人境外市场价格

（2）首次公开发行证券实施战略配售的，参与战略配售的投资者的数量应当不超过 35 名，战略配售证券数量占本次公开发行证券数量的比例应当不超过 50%。

二、证券经纪业务

证券经纪业务的相关内容见表3-4。

表3-4 证券经纪业务

类型	具体内容
含义	(1) 证券经纪业务又称代理买卖证券业务,是指开展证券交易营销,接受投资者委托开立账户、处理交易指令、办理清算交收等经营性活动 (2) 经纪关系的建立并不意味着客户与证券公司之间建立了实质上的委托关系。只有当客户填写了委托单或自助委托及证券公司受理了委托,才建立了法律意义上的委托关系 (3) 客户与证券公司业务关系的建立表现为开户和委托
收入来源	佣金
经纪业务分类	(1) 主要类型:通过证交所代理买卖证券业务 (2) 其他类型:柜台代理买卖证券业务,即在代办股份转让系统进行交易
相关规定	根据《证券公司监督管理条例》和《证券法》,证券经纪业务的相关规定如下: (1) 证券公司从事证券经纪业务,可以委托证券公司以外的人员作为证券经纪人,代理其进行客户招揽、客户服务等活动 (2) 证券经纪人应当具有证券从业资格 (3) 证券公司应当与接受委托的证券经纪人签订委托合同,颁发证券经纪人证书、明确对证券经纪人的授权范围,并对证券经纪人的执业行为进行监督 (4) 证券经纪人应当在证券公司的授权范围内从事业务,并应当向客户出示证券经纪人证书 (5) 证券公司接受证券买卖的委托,应当按照交易规则代理买卖证券,如实进行交易记录买卖成交后,应当按照规定制作买卖成交报告单交付客户 (6) 证券交易中确认交易行为及其交易结果的对账单必须真实,保证账面证券余额与实际持有的证券相一致
禁止性规定	根据《证券法》,证券公司和证券从业人员不得有以下行为: (1) 证券公司不得接受客户的全权委托而决定证券买卖、选择证券种类、决定买卖数量或者买卖价格 (2) 证券公司不得允许他人以证券公司的名义直接参与证券的集中交易 (3) 证券公司不得对客户证券买卖的收益或者赔偿证券买卖的损失作出承诺 (4) 证券公司的从业人员在证券交易活动中,执行所属的证券公司的指令或者利用职务违反交易规则的,由所属的证券公司承担全部责任。证券公司的从业人员不得私下接受客户委托买卖证券

三、证券投资咨询业务

(一) 含义

证券公司为客户提供证券投资相关的预测与建议等有偿咨询服务的活动。

(1) 接受投资人或者客户委托,提供证券投资咨询服务。

(2) 举办有关证券投资咨询的讲座、报告会、分析会等。

(3) 在报刊上发表证券投资咨询的文章、评论、报告,以及通过电台、电视台等公众传播媒体提供证券投资咨询服务。

(4) 通过电话、传真、互联网等电信设备系统,提供证券投资咨询服务。

(二) 业务形式

证券投资咨询业务包括证券投资顾问业务和发布证券研究报告两种基本形式。证券投资顾问业务提供的投资建议服务内容包括投资的品种选择、投资组合以及理财规划建议等。证券研究报告主要包括涉及证券及证券相关产品的价值分析报告、行业研究报告、投资策略报告等（书面或者电子文件）。证券投资顾问业务和发布证券研究报告的主要区别见表3-5。

表 3-5 证券投资顾问业务和发布证券研究报告的主要区别

项目	主要区别		
	立场不同	服务方式与内容不同	服务对象不同
证券投资顾问业务	基于特定客户的立场，遵循忠实客户利益的原则	根据与客户的合同约定，提供相关建议	一般服务于普通投资者
发布证券研究报告	证券分析师基于独立、客观的立场，对证券及证券相关产品价值进行研究分析	一般针对不特定客户发布，关注证券定价而不关注买卖时机	主要服务于基金管理公司等专业投资者

（三）业务规则

（1）从事证券投资咨询业务的机构，应当有5名以上取得证券投资咨询从业资格的专职人员；同时从事证券和期货投资咨询业务的机构，有10名以上取得证券、期货投资咨询从业资格的专职人员；其高级管理人员中，至少有1名取得证券或者期货投资咨询从业资格。

（2）禁止性行为：

①代理投资人从事证券、期货买卖。

②向投资人承诺证券、期货投资收益。

③与投资人约定分享投资收益或者分担投资损失。

④为自己买卖股票及具有股票性质、功能的证券以及期货。

⑤利用咨询服务与他人合谋操纵市场或者进行内幕交易。

（3）证券投资咨询机构就同一问题向不同客户提供的投资分析、预测或者建议应当一致。

（4）提供证券投资顾问服务，应当忠实客户利益，不得为证券投资顾问人员及其利益相关者、公司及其关联方的利益损害客户利益。

（5）不得为特定客户利益损害其他客户利益。

（6）证券投资顾问不得同时注册为证券分析师。

（7）发布证券研究报告，应遵循独立、客观、公平、审慎原则，有效防范利益冲突，公平对待发布对象，禁止传播虚假、不实、误导性信息，禁止从事或参与内幕交易、操纵证券市场活动。

四、融资融券业务

（一）相关概念

（1）融资融券业务是指证券公司向客户出借资金供其买入证券，或者出借证券供其卖出，并收取担保物的经营活动。

（2）融资融券交易。

①融资交易：客户向证券公司借资金买证券。

②融券交易：客户向证券公司借证券卖出。

(二) 从业资格要求

根据《证券公司融资融券业务管理办法》，证券公司申请融资融券业务资格，应当具备下列条件：

(1) 具有证券经纪业务资格。

(2) 公司治理健全，内部控制有效，能有效识别、控制和防范业务经营风险和内部管理风险。

(3) 公司最近2年内不存在因涉嫌违法违规正被中国证监会立案调查或者正处于整改期间的情形。

(4) 财务状况良好，最近2年各项风险控制指标持续符合规定，注册资本和净资本符合增加融资融券业务后的规定。

(5) 客户资产安全、完整，客户交易结算资金第三方存管有效实施，客户资料完整真实。

(6) 已建立完善的客户投诉处理机制，能够及时、妥善处理与客户之间的纠纷。

(7) 已建立符合监管规定和自律要求的客户适当性制度，实现客户与产品的适当性匹配管理。

(8) 信息系统安全稳定运行，最近1年未发生因公司管理问题导致的重大事故，融资融券业务技术系统已通过证券交易所、证券登记结算机构组织的测试。

(9) 有拟负责融资融券业务的高级管理人员和适当数量的专业人员。

(10) 证监会规定的其他条件。

(三) 开展业务的相关规定

根据《证券公司融资融券业务管理办法》，证券公司开展业务的相关规定如下：

(1) 证券公司开展融资融券业务必须经中国证券监督管理委员会批准。

(2) 证券公司经营融资融券业务，应以自己的名义在证券登记结算结构和商业银行分别开立账户，见表3-6。

表3-6 证券公司经营融资融券业务应以自己名义开立的账户

项目	账户
在证券登记结算机构分别开立	融券专用证券账户、客户信用交易担保证券账户（放客户融资买入的全部证券）、信用交易证券交收账户、信用交易资金交收账户
在商业银行分别开立	融资专用资金账户、客户信用交易担保资金账户（放客户融券卖出所得全部价款）

(3) 证券公司在向客户融资融券前，应当办理客户征信，了解客户的身份、财产与收入状况、证券投资经验和风险偏好、诚信合规记录等情况。

(4) 证券公司向客户融资融券，应当向客户收取一定比例的保证金。保证金可以证券充抵。

(5) 证券公司应当将收取的保证金以及客户融资买入的全部证券和融券卖出所得全部价款，分别存放在客户信用交易担保证券账户和客户信用交易担保资金账户，作为对该客户融资融券所生债权的担保物。

(6) 逐日盯市制度：证券公司应当逐日计算客户交存的担保物价值与其所欠债务的比例。当该比例低于约定的维持担保比例时,应当通知客户在约定的期限内补交担保物(当日无负债制度)。客户未能按期交足担保物或者到期未偿还债务的,证券公司可以按照约定处分其担保物。

五、财务顾问业务

（一）业务范围

证券公司为企业提供咨询服务的业务范围有：上市公司投资者关系管理、构建法人治理结构、设计高管层股票期权、职工持股、并购、投资、资产重组、改组改制、关联交易、债务重组、资产重组、融资策划、路演设计。

（二）狭义并购与广义并购

狭义与广义并购的区别见表3-7。

表3-7 狭义与广义并购的区别

项目	具体内容
狭义并购	企业并购通常被称为兼并与收购,兼并与收购的<u>法律后果不同</u> (1) 兼并：取消被兼并企业法人资格,至少一家企业法人资格消失 (2) 收购：企业控制权的转移,两者之间只形成控制与被控制的关系,<u>两者仍然是各自独立的企业法人</u>
广义并购	所有权结构变更、售出、扩张、公司控制

（三）证券公司能力要求

证券公司参与企业并购应具备的能力如下：

(1) 研判能力,能敏锐判断政治、经济、社会的动向。

(2) 产业分析能力。

(3) 金融产品销售能力。

(4) 设计、执行投资计划的能力。

(5) 应变能力。

(6) 具备金融、会计、税务、法律知识。

六、证券做市交易业务

（一）做市商制度的含义

做市商制度是一种交易制度,由证券公司充当特许交易商,向市场交易者进行双向报价,同时报出买入价和卖出价,以促成证券交易。

（二）做市商制度的作用

(1) 对市场：有利于提高股票的流动性、活跃市场,实现证券市场平稳发展。

(2) 对证券公司：有利于从投资者的角度去推荐企业,实现与企业常规性合作、良性发展。

七、证券自营业务

（一）证券自营业务概述

(1) 账户性质：以自己名义开设证券账户。

(2) 资金来源：合法筹集的资金、自有资金。

(3) 获利来源：证券买卖差价。

(4) 交易目的：赚取买卖差价，为证券公司获取利润。

(5) 注册资本金不低于1亿元人民币、净资本不低于5 000万元人民币，并经中国证券监督管理委员会批准经营证券自营业务的证券公司才能从事证券自营业务。

（二）证券公司证券自营投资品种清单

根据《关于证券公司证券自营业务投资范围及有关事项的规定》，证券公司从事证券自营业务，可以买卖下列证券：

(1) 已经和依法可以在境内证券交易所上市交易和转让的证券。

(2) 已经和依法可以在境内银行间市场交易的证券。

(3) 已经在全国中小企业股份转让系统挂牌转让的证券。

(4) 已经和依法可以在符合规定的区域性股权交易市场挂牌转让的私募债券，已经在符合规定的区域性股权交易市场挂牌转让的股票。

(5) 经国家金融监管部门或者其授权机构依法批准或备案发行并在境内金融机构柜台交易的证券。

八、证券资产管理业务

（一）资产管理业务

证券公司可以接受投资者委托，对受托的投资者财产进行投资和管理。

证券公司为委托人利益履行诚实信用、勤勉尽责义务并收取相应的管理费用，杜绝"明股实债"等违规行为，委托人自担投资风险、获得收益。

（二）从事私募资产管理业务的相关规定

根据《证券期货经营机构私募资产管理业务管理办法》，证券期货经营机构从事私募资产管理业务应符合下列规定：

(1) 实行集中运营管理。

(2) 建立健全内部控制和合规管理制度。

(3) 采取有效措施，将私募资产管理业务与公司其他业务分开管理。

(4) 控制敏感信息的不当流动和使用。

(5) 防范内幕交易、利用未公开信息交易、利益冲突、利益输送。

（三）资产管理计划类别

根据《证券期货经营机构私募资产管理业务管理办法》，资产管理计划类别见表3-8。

表3-8 资产管理计划类别

类别	具体内容
单一资产管理计划、集合资产管理计划	(1) 单一资产管理计划：单一投资者；可以接受货币资金委托，或者接受投资者合法持有的股票、债券或中国证监会认可的其他金融资产委托 (2) 集合资产管理计划：多个投资者；投资者人数不少于2人，不得超过200人；原则上应当接受货币委托，中国证监会认可的情形除外

续表

类别	具体内容
开放式资产管理计划、封闭式资产管理计划	(1) 开放式资产管理计划：<u>存续期间办理参与、退出</u>。应当明确投资者参与、退出的时间、次数、程序及限制事项。开放式集合资产管理计划每<u>3个月至多开放1次</u>计划份额的参与、退出，中国证监会另有规定的除外 (2) 封闭式资产管理计划：<u>存续期间不办理参与和退出</u>
固定收益类、权益类、金融衍生品类、混合类	(1) 固定收益类：投资于<u>债权类资产（存款、债券）</u>的比例不低于资产管理计划总资产的80% (2) 权益类：投资于<u>股权类资产（股票、未上市企业股权）</u>的比例不低于资产管理计划总资产的80% (3) 金融衍生品类：投资于<u>商品及金融衍生品的持仓合约价值</u>的比例不低于资产管理计划总资产的80%，且衍生品账户权益超过资产管理计划总资产的<u>20%</u> (4) 混合类：投资于债权类、股权类、商品及金融衍生品类资产的比例未达到前3类产品标准

（四）募集方式

（1）资产管理计划应当以<u>非公开方式向合格投资者募集</u>。

（2）禁止性规定。

①证券期货经营机构、销售机构不得<u>公开或变相公开</u>募集资产管理计划。

②证券期货经营机构、销售机构不得通过报刊、电台、电视、互联网等传播媒体或者讲座、报告会、传单、布告、自媒体等方式向<u>不特定对象</u>宣传具体资产管理计划。

③证券经营机构不得<u>设立多个资产管理计划</u>，同时投资于同一非标准化资产，以变相突破投资者人数限制或者其他监管要求。

④任何单位和个人不得以拆分份额或者转让份额收（受）益权等方式，<u>变相突破合格投资者标准或人数限制</u>。

（五）资产管理计划可投资的资产

（1）<u>标准化资产</u>。

（2）<u>非标准化资产</u>。

九、证券公司中间介绍业务

根据《证券公司为期货公司提供中间介绍业务试行办法》，证券公司中间介绍业务的具体内容见表3-9。

表3-9 证券公司中间介绍业务

项目	具体内容
证券公司中间介绍业务（IB）	证券公司接受期货公司委托，为期货公司介绍客户参与期货交易并提供其他相关服务的业务活动
主管部门	中国证监会

续表

项目	具体内容
从业资格条件	(1) 申请日前6个月各项风险控制指标符合规定标准 (2) 已按规定建立客户交易结算资金第三方存管制度 (3) 全资拥有或者控股一家期货公司，或者与一家期货公司被同一机构控制，且该期货公司具有实行会员分级结算制度期货交易所的会员资格、申请日前2个月的风险监管指标持续符合规定的标准 (4) 配备必要的业务人员，公司总部至少有5名、拟开展中间介绍业务的营业部，至少有2名具有期货从业人员资格的业务人员 (5) 已按规定建立健全与中间介绍业务相关的业务规则、内部控制、风险隔离及合规检查等制度 (6) 具有满足业务需要的技术系统 (7) 中国证监会根据市场发展情况和审慎监管原则规定的其他条件
业务范围	(1) 协助办理开户手续 (2) 提供期货行情信息、交易设施
禁止性规定	(1) 证券公司不能直接代理客户进行期货买卖，但可以从事期货交易的中间介绍业务 (2) 证券公司不得代理客户进行期货交易、结算或者交割 (3) 证券公司不得代期货公司、客户收付期货保证金 (4) 证券公司不得利用证券资金账户为客户存取、划转期货保证金
业务规则	(1) 证券公司只能接受其全资拥有或者控股的，或者被同一机构控制的期货公司的委托从事中间介绍业务，不能接受其他期货公司的委托从事中间介绍业务 (2) 确保有效防范和隔离中间介绍业务与其他业务的风险 (3) 证券公司与期货公司应当独立经营，保持财务、人员、经营场所等分开隔离 (4) 证券公司为期货公司介绍客户时，应当向客户明示其与期货公司的中间介绍业务委托关系，解释期货交易的方式、流程及风险，不得作获利保证、共担风险等承诺，不得虚假宣传、误导客户 (5) 证券公司应当建立完备的协助开户制度，对客户的开户资料和身份真实性等进行审查，向客户充分揭示期货交易风险，解释期货公司、客户、证券公司三者之间的权利义务关系，告知期货保证金安全存管要求 (6) 证券公司不得代客户下达交易指令，不得利用客户的交易编码、资金账号或者期货结算账户进行期货交易，不得代客户接收、保管或者修改交易密码 (7) 证券公司不得直接或者间接为客户从事期货交易提供融资或者担保

十、私募投资基金业务和另类投资业务

（一）私募投资基金业务

(1) 私募投资基金子公司不得从事与私募投资基金无关的业务。

(2) 私募投资基金子公司及其下设特殊目的机构可以以现金管理为目的管理闲置资金，但应当坚持有效控制风险、保持流动性的原则。

(3) 只能投资于风险较低、流动性较强的证券，如依法公开发行的国债、央行票据、短期融资券、投资级公司债、货币市场基金及保本型银行理财产品。

(4) 不得对外提供担保和贷款，不得承担连带责任；不得从事或变相从事实体业务，财务投资的除外；不得以拟投资企业聘请母公司或母公司的承销保荐子公司担任保荐机构或主办券商作为对企业进行投资的前提。

（二）另类投资业务

证券公司另类投资子公司从事《证券公司证券自营投资品种清单》所列品种以外的金融产品、股权等另类投资业务，不得从事投资业务之外的业务。

> 典型例题

1. [单项选择题] 关于证券保荐业务的说法，错误的是（　　）。

A. 保荐机构负责证券发行的主承销工作，并根据市场情况与发行人协商确定发行价格

B. 证券公司履行保荐职责，应按规定注册登记为保荐机构

C. 公开发行募集文件的真实性由发行人负责，保荐机构不对文件的真实性负责

D. 发行人申请公开发行股票的，应当聘请具有保荐资格的机构担任保荐机构

[解析] C项错误，根据《证券发行上市保荐业务管理办法》，保荐机构依法对发行人申请文件、证券发行募集文件进行核查，应当保证所出具的文件真实、准确、完整。

2. [多项选择题] 证券公司参与企业并购工作需要良好的业务能力，一般包括（　　）。

A. 正确的设计及执行投资计划的能力

B. 强大的信息系统开发能力

C. 专业的会计、税务与法律方面的知识

D. 良好的产业分析能力

E. 敏锐的经济、社会与政治动向研判能力

[解析] 证券公司参与企业并购应具备的能力包括：①研判能力，能敏锐判断政治、经济、社会的动向；②产业分析能力；③金融产品销售能力；④设计、执行投资计划的能力；⑤应变能力；⑥具备金融、会计、税务、法律知识。

3. [单项选择题] 在证券经纪业务中，业务关系的建立表现为（　　）。

A. 投资者开立客户交易结算资金第三方存管协议中的资金账户

B. 开户和委托两个环节

C. 投资者与证券公司签署风险揭示书

D. 投资者与证券公司签订证券交易委托代理协议

[解析] 在证券经纪业务中，业务关系的建立表现为开户和委托两个环节。

4. [多项选择题] 证券公司可以经营证券投资咨询业务。2010年10月，中国证监会进一步确立的证券投资咨询两种基本业务形式包括（　　）。

A. 资产管理业务　　　　　　　　　B. 财务顾问业务

C. 保荐业务　　　　　　　　　　　D. 发布证券研究报告

E. 证券投资顾问业务

[解析] 证券公司可以经营证券投资咨询业务，包括发布证券研究报告、证券投资顾问业务。

5. [单项选择题] 根据《证券期货经营机构私募资产管理业务管理办法》，权益类资产管

理产品投资于股票、未上市企业股权等股权类资产的比例应不低于资产管理计划总资产的（　　）。

A. 80％
B. 20％
C. 40％
D. 60％

［解析］权益类资产管理产品投资于股票、未上市企业股权等股权类资产的比例应不低于资产管理计划总资产的80％。

6. ［单项选择题］关于证券公司自营业务的说法，错误的是（　　）。

A. 以赚取证券买卖差价为目的
B. 利润归属于客户，证券公司收取一定比例的佣金
C. 不具备证券自营业务资格的证券公司，其自有资金只能以套期保值为目的
D. 对已被股指期货、国债期货合约占用的交易保证金按100％比例扣减净资本

［解析］B项错误，证券自营业务交易目的是赚取买卖差价，为公司自身获取利润。

7. ［单项选择题］关于证券资产管理业务的说法，错误的是（　　）。

A. 集合资产管理计划的投资者人数不少于2人，不得超过200人
B. 开放式集合资产管理计划每3个月至多开放1次计划份额的参与、退出
C. 资产管理计划可以通过公募的方式募集资金
D. 不得设立多个资产管理计划，同时投资于同一非标准化资产

［解析］C项错误，不得公开或变相公开募集资产管理计划。

8. ［单项选择题］关于证券公司中间介绍业务的说法，错误的是（　　）。

A. 证券公司不能直接代理客户进行期货买卖
B. 证券公司不得代理客户进行期货交易、结算或者交割
C. 证券公司可以代期货公司、客户收付期货保证金
D. 证券公司不得代客户下达交易指令

［解析］C项错误，证券公司不得代期货公司、客户收付期货保证金。

9. ［单项选择题］关于证券公司私募投资基金业务和另类投资业务的说法，错误的是（　　）。

A. 证券公司设立私募投资基金子公司从事私募投资基金业务
B. 私募投资基金子公司不得从事与私募投资基金无关的业务
C. 私募投资基金子公司及其下设特殊目的机构可以以现金管理为目的管理闲置资金
D. 证券公司通过设立另类投资子公司可以从事《证券公司证券自营投资品种清单》内的投资业务

［解析］D项错误，证券公司另类投资子公司可以从事《证券公司证券自营投资品种清单》所列品种以外的金融产品、股权等另类投资业务，不得从事投资业务之外的业务。

答案：1.C　2.ACDE　3.B　4.DE　5.A　6.B　7.C　8.C　9.D

第四章

保险公司

📖 **大纲再现**
1. 理解保险的功能，运用保险的原则处理保险实务，了解保险市场的参与主体。
2. 理解保险营销的基本要素，熟悉承保人职能和续保。
3. 理解再保险的业务种类及安排方式。
4. 理解保险资金投资资产的具体分类。

大纲解读 ✏️

　　本章在2025年调整较大。本章知识点多但相对简单，知识点考查形式以案例分析题为主。本章以保险公司为主体，详细阐述了保险公司的保险经营原则、保险营销、保险承保、保险分保、保险理赔、保险资金运用等知识点。结合知识点特征来看，本章知识点较简单，以考查核心考点和细节性考点为主，要注意文中给出的例子，考试可能结合例子进行考查。

知识脉络 ▶

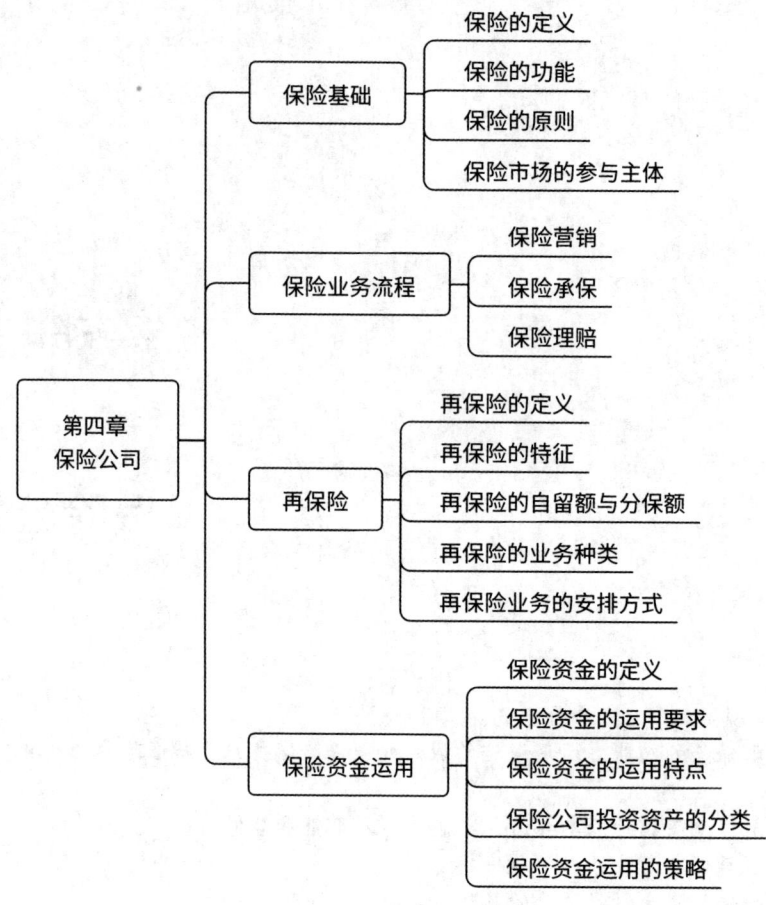

考点1 保险基础

一、保险的定义

(1) 保险合同：投保人与保险人约定保险权利义务关系的协议。

(2) 投保人：与保险人订立保险合同，并按照合同约定负有支付保险费义务的人。

(3) 保险人：与投保人订立保险合同，并按照合同约定承担赔偿或者给付保险金责任的保险公司。

(4) 保险经营活动均以实现保险保障为目标。保险人注重保险业务的特殊性、安全性、效益性。

(5) 不同角度下保险的含义。

①经济学角度：保险是一种可以分摊意外损失、提供经济保障的财务安排。

②风险管理角度：保险是一种风险管理方法，或一种风险转移机制。

③法学角度：保险是一种民事合同关系，投保人与保险人通过保险合同明确权利义务。

④社会学角度：保险是社会经济保障制度的重要部分，又称"精巧的稳定器"。

(6) 保险的分类见表4-1。

表4-1 保险的分类

划分标准	类型	具体内容
保险标的（保险对象）	人身保险	①标的：人的寿命和身体 ②人身保险包括人寿保险、健康保险、人身意外伤害保险 ③作为保险对象的人指自然人（一个人或者特定团体中的所有人） ④功能：当被保险人面临意外和疾病所带来的经济风险时，可为其提供生命和健康保障
	财产保险	①标的：财产及其相关利益 ②保险人承保各种标的因自然灾害、意外事故造成的物质或其他利益的损失 ③功能：补偿被保险人的财产损失 【狭义】其又称财产损失保险，包括企业财产保险、家庭财产保险、货物运输保险、运输工具保险、工程保险、农业保险等 【广义】上述＋责任保险、信用保险、保证保险等
被保险人	个人保险	标的：个人的寿命、健康和财产
	商务保险	标的：企业等经营单位的财产、责任等
实施形式	自愿保险	建立在自愿协商的基础上，需要当事人订立保险合同
	强制保险	也叫法定保险，一般由国家颁布法令强制被保险人参加，如机动车交通事故责任强制保险（我国首个强制保险）
是否以营利为目的	商业保险	由专门的保险企业经营，以营利为目的
	政策保险	由政府或特别成立的机构举办，目的是实现特定的社会经济目标，如出口信用保险
	社会保险	由政府举办，以社会保障为目的，如养老保险、医疗保险等

续表

划分标准	类型	具体内容
业务承保方式	原保险	保险人对被保险人的损失承担直接的、原始的赔偿责任
	再保险	原保险人以其所承保的风险，再向其他保险人进行投保，并与之共担风险的保险

二、保险的功能

（一）保障功能（最基本、最能体现保险业特点与核心竞争力）

财产保险的补偿和人身保险的给付的相关内容见表4-2。

表4-2　财产保险的补偿和人身保险的给付的相关内容

项目	相关内容
财产保险的补偿	保险标的发生保险事故造成损失时，保险人将根据合同的约定对所保标的的实际损失数额在保险金额范围内给予赔偿
人身保险的给付	(1) 人身保险的保险金额由投保人根据实际需要和缴费能力，在法律允许的范围内，与保险人协商确定。 (2) 发生合同约定的保险事故或约定的期限届满，保险人按照约定进行保险金给付。这种给付可以帮助被保险人弥补经济损失，维持正常生活水平

（二）资金融通功能

保险公司可以向被保险人提供借款服务，形式通常是保单质押。

保险费的收入与赔付支出存在时间滞差、数量滞差，保险公司可将资金投资于债券、股票、基础设施等，参与金融市场的资金融通。

（三）社会管理功能

保险可以通过风险管理和损失控制降低社会整体风险成本，如健康保险推动疾病预防管理，责任保险促进企业安全生产，农业保险帮助农民应对自然灾害。

保险的三大功能相互支撑，既保障个体利益，又促进社会资源优化配置。

三、保险的原则

（一）保险的基本原则

保险的基本原则及其具体内容见表4-3。

表4-3　保险的基本原则及其具体内容

基本原则	具体内容
最大诚信原则	(1) 目的：确保合同的公平性，防止由信息不对称导致的道德风险和逆向选择 (2) 包括：投保人的如实告知义务；保险人的说明义务；保证（投保人或被保险人如违反约定，保险人有权解除合同）；弃权和禁止反言

续表

基本原则		具体内容
保险利益原则		(1) 含义：保险利益又称可保利益，是指投保人或者被保险人对保险标的具有的法律上承认的利益，保险合同必须以保险利益的存在为前提 (2) 构成保险利益应具备的条件：合法；保险利益确定，是可以实现的利益（主观认定的不算）；经济上的利益（物权、债权）
	人身保险的保险利益	(1) 含义：指投保人对被保险人的寿命和身体所具有的利害关系 (2) 投保人具有保险利益的人员： ①本人 ②配偶、子女、父母 ③本人、配偶、子女、父母以外与投保人有抚养、赡养或者扶养关系的家庭其他成员、近亲属 ④与投保人有劳动关系的劳动者 (3) 被保险人同意投保人为其订立合同的，视为投保人对被保险人具有保险利益 (4) 人身保险不纯粹以经济上的利益为限
	财产保险的保险利益	(1) 财产保险的保险利益必须是可以用货币形式来计算和估值的利益，包括财产上的现有利益、期待利益和责任利益 (2) 投保人具有保险利益的情形： ①对财产享有物权 ②享有债权 ③负有法律上的责任，责任利益是指因民事赔偿责任（依据：合同行为和侵权行为）而产生的经济利益 (3) 保险事故发生时，被保险人对保险标的不具有保险利益的，不得向保险人请求赔偿保险金
近因原则		(1) 含义：指判断风险事件与保险标的的损害之间的因果关系时，仅考虑引起保险事故发生的最直接、最有效、起支配作用的原因。如果近因属于承保风险，保险人应负赔偿责任；如果近因属于除外风险或未保风险，保险人不承担赔偿责任 (2) 保险人收到赔偿或给付保险金请求后，及时作出核定→情形复杂的，应在30日内核定→将核定结果通知被保险人或受益人→对属于保险责任的，达成赔偿或给付保险金协议后10日内，履行赔偿或给付保险金义务 (3) 对于近因的分析和判断，应注意： ①一个原因。如果造成保险标的损害的原因只有一个，这个原因就是近因。该近因属于承保风险→保险人承担保险责任；该近因属于未保风险或除外风险→保险人不承担 ②多个原因。同时发生的多个原因均属于近因，且均属于承保风险，保险人负全部保险责任；多个原因中，既有承保风险，又有除外风险、未保风险，需进一步分析。保险人不承担未保险事故造成的损失 ③连续发生的多项原因。连续发生的多项原因都是承保风险，保险人承担全部保险责任。若前因是承保风险，后因是除外风险、未保风险，后因是前因的必然结果→保险人承担全部保险责任；若前因是除外风险、未保风险，后因是承保风险，后因是前因的必然结果→保险人不负保险责任 ④一项新的独立的原因。在一连串原因中，有一项新的独立的原因介入导致保险标的损害，若新的独立的原因是承保风险，保险人承担责任；反之，保险人不负保险责任

续表

基本原则	具体内容
损失补偿原则	(1) 含义： ①只有保险事故发生，且造成保险标的毁损致使被保险人遭受损失时，保险人才承担损失补偿的责任 ②被保险人可获得的补偿仅以其保险标的恢复到保险事故发生之前的经济状态为限，而不能使被保险人获得多于损失的补偿 (2)《中华人民共和国保险法》规定保险金额不得超过保险价值，超过保险价值的，超过部分无效。财产保险中，赔偿金额以实际损失为上限。 【举例】如果车辆实际价值10万元，全损时最高赔付10万元，即使保额为15万元。例外情况包括定值保险（如艺术品保险）和人身保险（给付型而非补偿型） (3) 目的：防止被保险人通过保险获利，确保合同公平性，防止不法之徒牟利

（二）保险经营的特殊原则

保险经营的特殊原则见表4-4。

表 4-4 保险经营的特殊原则

特殊原则	具体内容	
风险大量原则	保险人在可保风险的范围内，根据自己的承保能力，承保尽可能多的危险单位	
风险选择原则	选择风险的方式	事先风险选择，即保险人在承保前考虑决定是否接受投保，包括： (1) 对人的选择：对投保人或被保险人的评价与选择 (2) 对物的选择：对保险标的及其利益的评估与选择
		事后风险选择，即保险人对保险标的的风险超出核保标准的保险合同做出淘汰的选择，包括： (1) 等待保险合同期满后不再续保 (2) 按照保险合同约定的事项予以解除合同 (3) 保险人若发现被保险人有明显误告或欺诈行为，可以终止承保，解除保险合同
风险分散原则	核保时的风险分散	含义：保险人对将承保的风险责任加以适当控制。控制风险的目的是减少被保险人对保险的依赖性，防止因保险而可能产生的道德风险
		控制风险的方法： (1) 控制保险金额：按照每个危险单位的最大可能损失确定保险金额 (2) 规定免赔额或免赔率：在机动车辆保险中，对机动车辆每次事故规定免赔额，只有超过免赔额的部分才由保险人承担赔偿责任 (3) 实行比例承保：在农作物保险中，保险人通常按平均收获量的一定成数确定保险金额，如按正常年景平均收获量的60%承保，其余部分由被保险人自行承担责任
	承保后的风险分散	承保后的风险分散以再保险和共同保险为主要手段： (1) 再保险：保险人将其所承担的业务中超出自己承受能力之外的风险转移给再保险人承担 (2) 共同保险：由两个或两个以上保险人共同承保某个风险较大的保险标的

四、保险市场的参与主体

（一）保险人

保险人指与投保人订立保险合同，并按照合同约定承担赔偿或者给付保险金责任的保险公司。

保险人是保险市场的核心主体。它作为风险承担者，通过设计产品、收取保险费和投资运作实现盈利，经营状况也直接影响到保险市场的稳定性和发展。保险人的类型见图4-1。

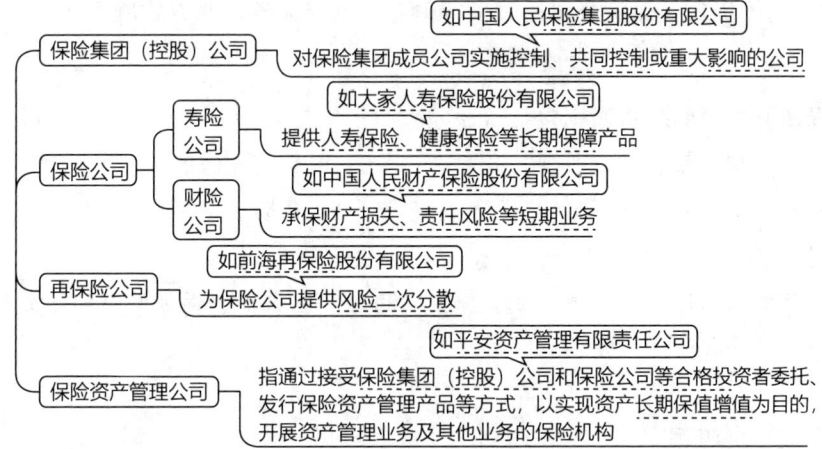

图4-1 保险人的类型

（二）保险中介机构

保险中介机构通过提供专业的服务，帮助投保人和保险公司更好地实现风险管理和保险销售。

（1）保险代理人：代表保险公司销售产品。

（2）保险经纪人：基于客户需求，从多家公司中筛选最优方案。

（3）公估机构：独立评估损失原因和金额，如车险中的查勘定损公司。

（三）保险消费者

保险消费者是指购买、使用保险产品或者服务的自然人，是保险市场的需求方。保险消费者见图4-2。

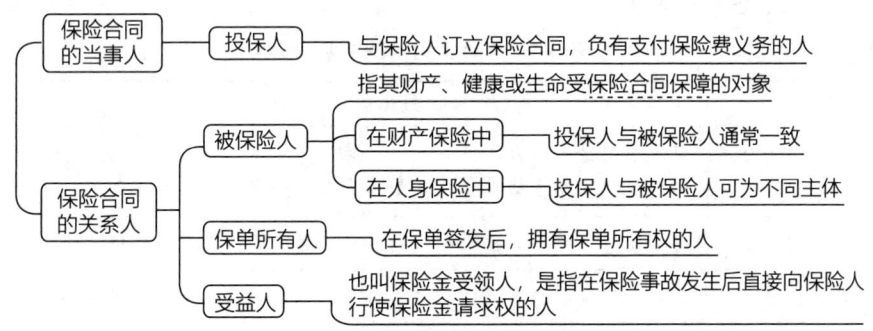

图4-2 保险消费者

前述四类主体，角色有时不是绝对的。可以均为一人，可以均为不同的对象。投保人和被保险人必须对保险标的具有保险利益，但受益人不必如此。

（四）保险行业自律组织

保险行业自律组织有国际保险监管官联合会、中国保险行业协会、中国保险资产管理业协会、中国精算师协会等，其作用是推动行业标准制定、自律维权、纠纷调解等。

（五）其他参与方

（1）第三方服务机构：包括医疗体检机构、大数据风控公司等，支撑保险服务链。

（2）资本市场投资者：保险公司通过发行债券、资产证券化等方式融资。

> **典型例题**

[多项选择题] 保险的基本原则包括（　　）。

A. 保本微利原则　　　　　　　　　　B. 最大诚信原则

C. 近因原则　　　　　　　　　　　　D. 风险分散原则

E. 保险利益原则

[解析] 保险的基本原则包括最大诚信原则、保险利益原则、近因原则和损失补偿原则。

答案：BCE

考点2　保险业务流程

一、保险营销

（一）保险营销的特点

（1）保险营销的服务性：保险商品从外在形式来看是一纸承诺，并且这种承诺的履行条件是约定的事件发生或约定的期限届满。对投保人而言，无法从保单中马上获得实质性的消费感受。

（2）保险营销的专业性。

（3）保险营销的竞争性：保险营销竞争主要表现为非价格竞争。

（4）保险营销的数字化。

（二）保险营销的基本要素

保险营销的基本要素见表4-5。

表4-5　保险营销的基本要素

基本要素	具体内容
主体	（1）保险公司：保险公司是承保人，设有营销职能部门 （2）保险中介公司：保险市场上的中介人，是客户与保险公司之间的业务联系纽带
客体	即保险商品，具体表现为保险公司提供的保险险种。保险商品是使用价值和价值的统一体
对象	即保险营销的指向者、实施营销的目标和对象，又称准投保人，包括各类自然人和法人

二、保险承保

（一）承保人的职能

承保人是指在保险合同上签署自己的名字，对风险做出接受、部分接受或拒绝等各种选择的人。承保的总目标是选择和保持能够使公司利润迅速增长的业务。承保人的职能见表4-6。

表 4-6 承保人的职能

职能		具体内容
确定保险供给规模	影响保险供给规模的因素	逆向选择：有很大可能遭受风险损失的人要比一般人更希望购买保险，这对投保人个体来说是有利的选择，但对保险公司来说是不利的选择。由于逆向选择的存在，保险人必须谨慎地对被保险人做出选择
		承保能力：是指在某个业务领域或某笔业务所能承受的最大风险金额。业务多→损失和费用超过净承保费→动用以前的盈余、资本金来偿还债务→增加经营风险→须在业务容量允许的范围内保持增长
	提高承保能力，扩大保险供给的方法	(1) 合理配置业务 (2) 充分利用现有资源 (3) 运用再保险
确定保险价格（保费）		(1) 对被保险人适当分类 (2) 根据保险标的和风险单位确定适当的保险费率
确定保单条件		(1) 标准保单：由权威机构制定 (2) 非标准保单：由保险公司自己制定
承保分析		(1) 对风险的定期回顾、检查和分析 (2) 对被保险人的重新归类：当被保险人的风险因素增加时，承保人要对被保险人重新归类 (3) 保费费率和损失率之间的取舍：一份选择标准很高的保单可能降低损失率（有利结果），但同时也可能减少保险费率（不利结果），而保险费本身又是获取投资收益和支付费用开支的基础；一份选择标准很低的保单将提高损失率，有时额外增加的保险费率也并不足以支付额外的损失和费用

（二）承保信息的来源

（1）中介人：包括保险代理人、保险经纪人等，其可以提供申请表内不包括的信息。

（2）地区销售经理：提供与投保人有关的信息。

（3）消费者调查报告：独立的消费者服务机构可以调查并提供有关未来或潜在被保险人的背景资料和信息。

（4）体检报告：主要用于人寿保险与健康保险。投保数额越大，体检项目就越细。

（5）被保险人的单据：如珠宝鉴定书的复印件、购买货物的账单。

（6）年度报告、财务报表。

（三）续保

（1）续保以特定的合同和特定的投保人为对象，有一定的优越性。

①从保险人角度：续保不仅可以稳定公司的业务量，而且利用与老客户建立起来的关系，可以减少许多展业工作量和费用。

②从投保人角度：通过及时续保，不仅可以从保险人那里得到连续不断的、可靠的保险保障与服务，而且作为公司的老客户，也可以在体检、服务项目及保险费率等方面得到保险公司的通融和优惠。

（2）续保的手续和程序比初次承保都要简便。

三、保险理赔

（1）需要特别强调保险利益。对保险标的已无保险利益的被保险人，不能获得保险人的赔偿，对保险标的有保险利益，所能获得赔偿的数额以被保险人的利益为限。

（2）丧失求偿权的情形：投保人或被保险人违背了保险合同中约定的事项，保险人可以以此为由拒绝赔偿。

①在保险标的的使用性质或其本身的危险性质有所改变，因而增加了所保风险发生可能性的情况下，投保人或被保险人对此未履行通知义务，或未获得保险人的同意。

②投保人或被保险人在保险事故发生时未尽力采取保全措施，以避免或减轻损害。

③对于损失发生后的现场，投保人或被保险人擅自破坏。

（3）估计损失金额：主要使用重置价值法和比例赔偿法计算应赔数额。

（4）赔偿给付：

①通常形式：货币。

②特殊形式：火灾保险的恢复原状、汽车保险的修复、玻璃保险的重置、意外伤害与疾病保险的负责医疗。

（5）损余处理和代位求偿：

①损余处理：在财产保险中，受灾的财物有时还具有一定的残余价值，保险人在完成全部赔付后，有权处理受损物资，也可将损余物资折价给被保险人，以充抵部分赔偿金。

②代位求偿：如果损失原因属于第三者责任，保险人进行赔偿后即可行使代位权向第三者求偿。

（6）保险理赔监管要求：

①保险公司在为客户办理索赔（申请保险金）手续时，对所需材料应一次性向客户书面告知，并按不同类型的案件明确赔付时限。若因实际情况不能一次性告知的，或不能在承诺的时限内办结的，保险机构应及时向保险消费者做好说明及解释工作。

②保险公司不得随意增加证明事项。按照保险合同约定确需理赔相关当事人提供但因客观原因无法出具的，保险公司应主动考虑要求其提供具有同等效力的证明资料替代，严禁刁难理赔相关当事人。

>> 典型例题

1. [单项选择题] 一个身体虚弱的人比一个身体健康的人对死亡保险的需求更为强烈。这对投保人个体来说是有利的选择，但对保险公司来说就是不利的选择。这种情况称为保险中的（　　）。

A. 逆向选择　　　　　　　　B. 道德风险
C. 潜在损失　　　　　　　　D. 承保能力

[解析] 逆向选择：有很大可能遭受风险损失的人要比一般人更希望购买保险，这对投保人个体来说是有利的选择，但对保险公司来说是不利的选择。由于逆向选择的存在，保险人必须谨慎地对被保险人做出选择。

2. [单项选择题] 保险事故发生后，赔偿给付形式通常是（   ）。

A. 实物　　　　　　　　　　　　B. 贷款

C. 货币　　　　　　　　　　　　D. 基金

[解析] 赔偿给付形式通常为货币。

3. [单项选择题] 下列关于续保的说法，错误的是（   ）。

A. 续保以特定的合同和特定的投保人为对象

B. 续保对投保人来说具有一定的优越性

C. 续保的手续和程序比初次承保要更复杂

D. 保险人应根据上一年经营和赔付情况，对承保条件与保险费率进行适当的调整

[解析] 续保的手续和程序比初次承保要更简单，C项错误。

答案：1. A　2. C　3. C

考点3　再保险

一、再保险的定义

（1）再保险又称保险分保，是指保险人将自己承担的风险和责任向其他保险人进行保险的一种保险。保险人为了分散自己承保的风险和责任，通过签订再保险合同，将其所承保的风险和责任的一部分转移给其他保险分公司或再保险公司。

（2）原保险人＝分出公司＝分保分出人＝分出业务的保险公司。

（3）再保险人＝分入公司＝分保接受人＝接受再保险业务的保险公司。

（4）转分保：指分保接受人将接受的再保险业务再分保出去。分出方为转分保分出人，接受方为转分保接受人。一个保险人既可以是分保分出人，又可以是分保接受人。

二、再保险的特征

再保险的基础是原保险，再保险的产生是基于原保险人经营中分散风险的需要。

（1）再保险是保险人之间的一种业务经营活动。

（2）再保险合同是一种独立的合同。

再保险与原保险的区别见表4-7。

4-7　再保险与原保险的区别

区别	原保险	再保险
合同当事人	投保人和保险人	均为保险人，分别是原保险人与再保险人，且与原保险的投保人无关
合同标的	被保险人的人身或财产	保险合同责任，即原保险人对被保险人承担的风险责任的一部分或全部
合同性质	分为人身保险的给付性、财产保险的补偿性	全部为补偿性合同，均适用损害补偿原则

续表

区别	原保险	再保险
费用支付方式	投保人向保险人单方支付保险费	原保险人向再保险人支付分保保险费，再保险人向原保险人支付分保手续费等费用

三、再保险的自留额与分保额

分保双方责任的分配与分担是通过确定自留额和分保额来体现的，分出公司根据偿付能力所确定的自行承担的责任限额称为自留额或自负责任额。经过分保由分入公司承担的责任限额称为分保额、分保责任额或接受额。

四、再保险的业务种类

（一）比例再保险

比例再保险以保险金额为基础来确定原保险人的自负责任和再保险人的分保责任。

在比例再保险中，分出公司的自负责任和分入公司的分保责任都表示为保险金额的一定比例，分出公司与分入公司要按这一比例分割保险金额、分配保险费和分摊赔款。

比例再保险的类型及其具体内容见表4-8。

表4-8 比例再保险的类型及其具体内容

类型	具体内容
成数再保险	（1）成数再保险是最典型的比例再保险 （2）分出公司与分入公司在合同中约定保险金额的分割比例，将每一危险单位的保险金额按照约定的比例在双方之间进行分割。只要该保险金额在合同约定的限额之内，双方都按合同约定的比例来分割保险金额、保险费、赔款
溢额再保险	分出公司与分入公司在合同中约定自留额和最高分保额，将每一危险单位的保险金额超过自留额的部分分给分入公司，并按实际形成的自留额与分保额的比例分配保险费和分摊赔款 【举例】某一溢额分保合同的自留额为50万元，现有三笔业务，保险金额分别为50万元、100万元和200万元。第一笔业务的保险金额在自留额之内，无须分保；第二笔、第三笔业务的保险金额超过自留额，需要分保，实际自留额均为50万元，分保额分别为50万元和150万元。第二笔业务的自留比例为50%，分保比例为50%；第三笔业务的自留比例为25%，分保比例为75%。每笔业务按照实际形成的分保比例分配保险费和分摊赔款

> **知识点拨**
>
> 溢额再保险与成数再保险的比较：溢额再保险的自留额是一个确定的数额，不随保险金额的大小而变动；而成数再保险的自留额表现为保险金额的固定百分比，随保险金额的大小而变动。

（二）非比例再保险

非比例再保险是以赔款为基础来确定再保险当事人双方责任的分保方式。当赔款超过一定额度或标准时，再保险人对超过部分的责任负责。双方保险责任和有关权益与保险金额之间没有固定的比例关系。

非比例再保险要注意两个限额：

（1）分出公司根据自身财力确定的自负责任额，即起赔点，也可以叫免赔额。
（2）分入公司承担的最高责任额。
两个限额需要在订立再保险合同时由双方当事人约定。
保险事故发生时，依照约定的限额进行赔付：
（1）如果损失额在自负责任额以内→赔款由分出公司负责。
（2）损失额超过自负责任额→分入公司负责其超过部分，但不超过约定的最高责任额。
（3）损失额超过分出公司的自负责任额和分入公司的最高责任额之和→超过部分由分出公司自行承担，或与其他分入公司签订新的再保险合同。
非比例再保险的类型及其具体内容见表4-9。

表4-9 非比例再保险的类型及其具体内容

类型	具体内容
超额赔款再保险	（1）原保险人与再保险人签订协议，对损失规定一个自负责任额，自负责任额以上至一定限度由再保险人负责。超额赔款再保险又分为险位超赔再保险和事故超赔再保险。 ①险位超赔再保险。这是以每一危险单位的赔款为基础确定分出公司自负责任额，超过自负责任额的赔款由分入公司负责。 ②事故超赔再保险。这是以一次巨灾保险事故中多数危险单位的累积责任为基础计算赔款，是险位超赔再保险在空间上的扩展。其目的是要确保分出公司在一次巨灾保险事故中的财务稳定性。 （2）分入公司可接受分出公司的全部分出责任，也可只接受部分分出责任。超过分入公司接受部分的保险责任，仍由分出公司自行负责
赔付率超赔再保险	（1）赔付率超赔再保险也称损失中止再保险，按年度赔款与保险费的比例来确定自负责任和再保险责任 （2）在约定年度内，当赔付率超过分出公司自负责任比例时，超过部分由分入公司负责 （3）责任划分并不以绝对量为基础，而是以一年中赔款的相对量即赔款与保险费的比例为基础 【实质】是对分出公司提供的财务损失的保障，以防止年度内某类业务的赔付率发生较大的波动而影响分出公司的经营稳定性 （4）通常在实收保险费中，营业费占25%，净保险费占75%。因此，划分分出公司和分入公司的责任可以以75%的赔付率为起点界限。当分出公司的赔付率在75%以下时→分出公司自行赔偿；当分出公司的赔付率超过75%时→超过部分由分入公司负责赔偿。分入公司赔偿也有一定的赔付率限制，一般为营业费用率的2倍，即已得保险费的50%。也就是说，分入公司仅对赔付率75%～125%的赔款负责。分入公司赔偿还有一定的金额限制，在两者中以低者为限

五、再保险业务的安排方式

（一）临时再保险

（1）临时再保险是指对于保险业务的分出和分入，分出公司和分入公司均无义务约束的一种再保险安排方式。

（2）特点：安排方式灵活，但业务要逐笔安排，因此手续烦琐，增加了营业费用开支。

（3）适用情形：一般适用于新开办的或不稳定的业务。

（二）合同再保险

（1）分出公司和分入公司对于约定范围内的业务有义务约束，双方均无权选择的一种再保险安排方式。

(2) 双方签订再保险合同约定双方的权利与义务、再保险条件和账务处理等事项，凡经分出公司和分入公司议定，并在合同中明确约定的业务，分出公司必须按照合同的约定向分入公司办理分保，分入公司必须接受，并承担相应的保险责任。

（三）预约再保险

预约再保险是指分出公司对合同约定的业务是否分出，可自由安排而无义务约束，而分入公司对合同约定的业务必须接受且无权选择的一种再保险安排方式。该方式是在临时再保险的基础上发展起来的，介于临时再保险与合同再保险之间。其对分出公司而言，具有临时再保险性质，对分入公司而言，具有合同再保险性质。

> 典型例题

1. [单项选择题]再保险业务的安排方式不包括（　　）。
   A. 代理再保险　　　　　　　　　B. 合同再保险
   C. 预约再保险　　　　　　　　　D. 临时再保险

[解析]再保险业务的安排方式包括临时再保险、合同再保险、预约再保险。

2. [多项选择题]关于再保险的特征，说法正确的有（　　）。
   A. 再保险可以不考虑原保险
   B. 再保险是保险人之间的一种业务经营活动
   C. 再保险合同是一种独立的合同
   D. 再保险合同不能独立于原保险合同
   E. 再保险的产生是基于原保险人营利的需要

[解析]再保险具有两个重要特征：一是再保险是保险人之间的一种业务经营活动；二是再保险合同是一种独立的合同。

答案：1. A　2. BC

考点4　保险资金运用

一、保险资金的定义

保险资金是指保险集团（控股）公司、保险公司以本外币计价的资本金、公积金、未分配利润、各项准备金及其他资金。

保险资金主要来源包括：

(1) 资本金，股东投入的资本，用于支持公司运营和承担风险。

(2) 保险费收入，是保险资金的主要来源。

(3) 投资收益，通过投资运作获得的收益。

二、保险资金的运用要求

要求稳健，遵循安全性原则，符合偿付能力监管要求，根据保险资金性质实行资产负债管理和全面风险管理，实现集约化、专业化、规范化、市场化。

三、保险资金的运用特点

（1）资金来源有一部分是资本金，大部分是保险费收入，而保险费收入是预收资金，具有负债性质。

（2）保险公司的资金流动方向是收入在先，支出在后，基本不需要垫付资金来保证成本和费用的支出。

（3）保险公司的资金运用不存在循环往复、周而复始的状况。

以财产保险为例，保险事故发生后，保险公司给付赔款完毕，保险责任就终止了。即便没有保险事故发生，保单到期了，保险责任同样终止，并不退还保险费。如果再次投保，必须重新交纳保险费。某些具有返还性质的人身保险略有不同，但是保单到期，保险费返还，保险责任也就终止了；再次投保，依然必须再交纳保险费。

（4）保险资金具有的特点：流入的确定性、流出的不确定性。保险公司是先获得保险费收入，后发生成本和费用。保险公司只能根据经验数据，通过精算方式预先提取一部分准备金，以备支付的需要。

（5）保险费率（保险产品的价格）的制定具有一定的预测性。保险费率主要是依以前年度的平均保险事故发生率、平均费用率的统计数据以及利率和资金运用收益率的预测来制定的。

四、保险公司投资资产的分类

（1）流动性资产：库存现金和可以随时用于支付的存款，以及期限短、流动性强、易于转换为确定金额现金，且价值变动风险较小的资产。

（2）固定收益类资产：具有明确存续到期时间、按照预定的利率和形式偿付利息和本金等特征的资产，以及主要价值依赖于上述资产价值变动的资产。

（3）权益类资产，具体有：

①上市权益类资产：在证券交易所或符合国家法律法规规定的金融资产交易场所公开上市交易的、代表企业股权或者其他剩余收益权的权属证明，以及主要价值依赖于上述资产价值变动的资产。

②未上市权益类资产：依法设立和注册登记，且未在交易所公开上市交易的企业股权或者其他剩余收益权，以及主要价值依赖于上述资产价值变动的资产。

（4）不动产类资产：购买或投资的土地、建筑物及其他依附于土地上的定着物等，以及主要价值依赖于上述资产价值变动的资产。

五、保险资金运用的策略

保险资金运用的策略见表4-10。

表 4-10　保险资金运用的策略

项目	策略
在股权投资方面	（1）直接股权投资：应聘请第三方专业机构（资质符合监管要求）提供尽职调查等服务 （2）间接股权投资：应对股权投资管理机构的投资管理能力及其发行的投资基金进行评估
在不动产投资方面	尽职调查应重点关注影响交易安全和保险资金投资安全的要素，如： （1）拟投资的不动产项目的产权状况、区位状况、管理权状况、土地使用年限等 （2）以物权方式投资不动产的，重点关注拟投资标的权证状况、权证限制状况等 （3）以项目公司股权方式投资不动产的，重点关注项目公司产权归属、资产抵押状况、负债状况、经营范围、不动产用途、法律诉讼状况等 （4）投资不动产金融产品的，重点关注投资机构的投资管理能力、产品的合法合规性、基础资产的可靠性和充分性，以及投资策略和投资方案的可行性等
在金融产品投资方面	（1）保险公司要关注涉及投资者权益保护的事项 （2）为实现保险资金的安全、稳健和高效运用，保险资金运用要做到： ①积极应对低利率趋势，多方面拓展投资渠道 ②创新投资方式，如不动产投资信托基金、绿色金融、养老金融等 ③加强投资研究团队建设，提升市场分析和投资决策能力 ④加强风险管理，如使用多元化投资、风险限额管理等方式

>> 典型例题

1. [单项选择题] 在保险合同签订、保险费收取后即可基本确定资金流入量，但是未来资金的流出则具有不确定性，说明保险资金具有（　　）。

A. 流入的确定性和流出的不确定性的特点

B. 流入的确定性和流出的确定性的特点

C. 流入的不确定性和流出的不确定性的特点

D. 流入的不确定性和流出的确定性的特点

[解析] 保险资金具有流入的确定性和流出的不确定性的特点。保险公司是先获得保险费收入，后发生成本和费用。在保险合同签订、保险费收取后即可基本确定资金流入量，但是未来资金的流出则具有不确定性。

2. [多项选择题] 保险机构制定保险费率的主要依据包括（　　）。

A. 利率的预测　　　　　　　　　　B. 以前年度的平均保险事故发生率

C. 资产负债率的预测　　　　　　　D. 以前年度的平均费用率的统计数据

E. 资金运用收益率的预测

[解析] 保险费率主要是依据以前年度的平均保险事故发生率、平均费用率的统计数据以及利率和资金运用收益率的预测来制定的。

答案：1. A　2. ABDE

第五章

金融资产定价

大纲再现

1. 掌握利率的分类,计算单利与复利、现值与终值,理解货币的时间价值,掌握利率决定理论、利率的风险结构和期限结构。
2. 计算金融资产和投资组合的收益率,测度金融资产和投资组合的风险,理解资产配置,掌握夏普比率的计算。
3. 理解资本资产定价模型、因素模型和套利定价理论,掌握债券和股票的估值理论、模型及计算。
4. 掌握金融远期、期货、期权的定价方法。

大纲解读

本章分值占比较大,常以单项选择题、多项选择题、案例分析题形式出题,其中案例分析题涉及最多。

本章属于教材的理论部分,系统介绍了利率、资产定价理论、金融衍生品等内容,高频考点包括利率的计算、金融产品的定价、金融互换和金融期权。近年来,本章命题趋势呈现以下特点:一是案例分析题中倾向于考查收益与风险、单利与复利的计算,以及债券定价的计算;二是主要以计算题的形式考查;三是"深入浅出",本章知识点难度高,但题目形式简单,所考查的计算题目基本为知识点中的基础部分,且以直接的方式发问,并无高难度的考查形式。学习本章时,尤其应注意对每个公式进行理解,注意知识点之间的逻辑性,在理解公式的基础上大量练习,提高做题的准确度。

知识脉络 ▶

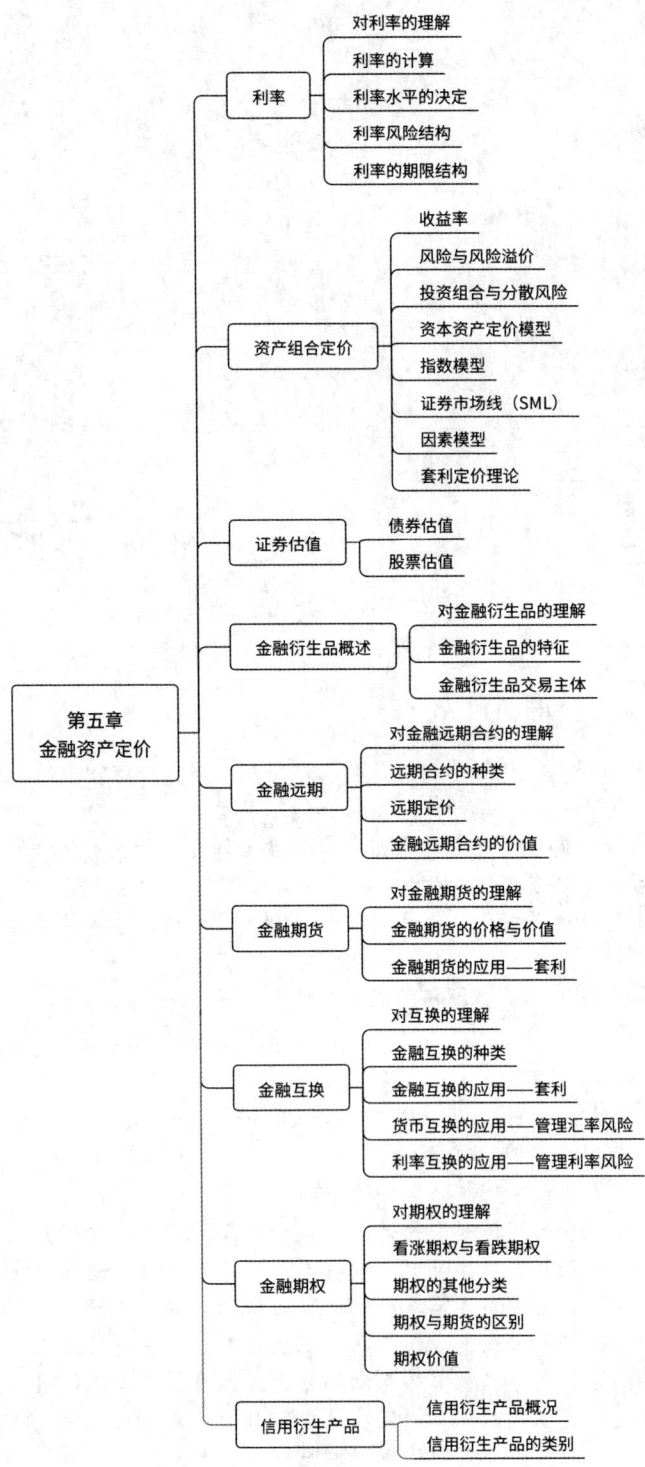

考点1 利率

一、对利率的理解

(一) 狭义的利率

狭义的利率是指一定时期内利息与借贷资金的比率。利率的高低反映了资金借贷成本以及风险溢价水平。

【考点小贴士】利率定义中的分子、分母不要混淆。

(二) 广义的利率

广义的利率是各种利率的统称,包括国债收益率、伦敦同业拆借利率、联邦基金利率等。

(三) 利率的分类

利率种类繁多,可以按不同标准进行分类,具体见表5-1。

表5-1 利率的分类

划分标准	类别
利率的真实水平	名义利率与实际利率
利率的决定方式	固定利率与浮动利率
计算利率的期限单位	年利率、月利率、日利率

【注】年利率=日利率×360=月利率×12。

【考点小贴士】考试常以多项选择题的形式针对本知识出题,要记住划分标准和具体类别。

二、利率的计算

(一) 单利 ☆☆☆

单利是指在计算利息时,只有本金产生利息,利息不产生利息。

【注】在我国,只有活期储蓄存款计算复利,每季度计息一次;其他存款按照单利计息。

$$利息 = 本金 \times 利率 \times 计息期数$$

[案例] 某公司从银行贷款100万元,年利率为5%,借款期限为3个月,按单利计息,则到期应付的利息是多少?

[答案] 到期应付利息=100×5%×3÷12=1.25(万元)。

知识点拨

计算时,利率与计息期数要统一,利用"1年=12个月=360天"进行换算。

(二) 复利

复利也称利滚利、利生利,是指将本期利息转为下期本金一并计算下期的利息。(利息也能产生利息)

1. 复利的一般公式

$$本息和 = 本金 \times (1 + 实际计息期利率)^{计息次数}$$

(1) 该公式只能求本息和,利息=本息和-本金。

（2）将报价利率转换为实际计息期利率：报价利率通常是年利率，如果每年计息 n 次，实际计息期利率＝报价利率÷n。

[案例] 某人从银行借款 10 万元，年利率为 8%，按复利计算，每半年支付一次利息，则半年后应偿还本息和为多少？

[答案] 半年后的本息和＝$10 \times (1+8\% \div 2)^1 \approx 10.4$（万元）。

2. 连续复利公式

当 1 年内计息的次数趋向于无穷大，即出现连续复利。

$$连续复利的本息和＝本金 \times e^{名义年利率 \times 时间}$$

$$FV_n = P \cdot e^{rn}$$

【注】e 为自然对数的底，e≈2.718 28。

[案例] 王某用 20 万元购买银行理财产品，名义年利率为 15%，采用连续复利的形式，3 年后能收回多少钱？

[答案] $20 \times e^{0.15 \times 3} = 31.366\ 2$（万元）。

【结论】

（1）计息间隔缩短→1 年内计息次数越多→本息和越大。

（2）本息和以递减速度增加，最后等于连续复利的本息和。

（三）货币的时间价值

1. 货币的时间价值概述

货币的时间价值概述见表 5-2。

表 5-2　货币的时间价值概述

项目	具体内容
含义	货币的时间价值缘于因资金运用而实现的利息、利润或投资收益，其是货币经过一定时间的投资和再投资所增加的价值，也称为资金的时间价值。货币的时间价值不产生于生产与制造领域，而产生于社会资金的流通领域
存在原因	（1）货币可以满足当前的消费或用于投资产生回报，货币占用具有机会成本 （2）通货膨胀会使货币贬值 （3）投资有风险，需要提供风险补偿
影响因素	（1）利率：利率较高→未来现金流的价值较高；利率较低→未来现金流的价值较低 （2）通货膨胀率：通货膨胀率高→未来的现金流的价值相对较低→当前的现金流相对更有价值 （3）风险：如果未来的现金流相对不稳定，这种风险就会导致未来的现金流的价值相应降低，意味着货币的时间价值降低了 （4）投资机会：如果未来存在更好的投资机会，那么当前持有的现金流的时间价值就会降低。因为人们会选择将现金投入更有利可图的投资机会中，而不是留在手中等待

2. 对现值、终值的理解

（1）现值（PV）：未来某一时点上的现金流折合到现在的价值。（未来的一笔钱现在值多少）

（2）终值（FV）：现在的现金流在未来某一时点上的价值。（现在一笔钱未来值多少）

3. 终值的计算

终值的计算等同于本息和的计算，因此，单利终值的计算公式为：终值＝现值×（1＋利息×计息期数）；复利终值的计算公式为：终值＝现值×（1＋实际计息期利率）^{计息次数}。

4. 现值的计算

➢ 单笔现金流的现值

（1）复利现值的一般公式：

$$现值 = \frac{未来现金流}{(1+实际贴现率)^{计息次数}}$$

①未来现金流：终值。

②实际贴现率：实际计息期利率。要将题中给出的年贴现率（报价利率）转换为实际贴现率。

[例题] 若某公司希望所投项目2年后有200万元现金，年贴现率为6％，按一季度计息一次计算，则现在需投入多少万元？

[答案] 需投入金额（现值）＝ $\dfrac{200}{(1+\dfrac{6\%}{4})^{4\times2}} \approx 177.54$（万元）。

（2）连续复利的公式：

$$现值 = \frac{未来现金流}{e^{年贴现率\times时间}}$$

$$PV = \frac{A_n}{e^{rn}}$$

①未来现金流：终值。

②e：自然对数的底；e≈2.718 28。

③年贴现率：名义年利率。

[例题] 若某公司希望所投项目2年后有200万元现金，年贴现率为6％，且以连续复利计算，则现在需投入多少万元？

[答案] 需投入金额（现值）＝ $\dfrac{200}{e^{0.06\times2}} \approx 177.38$（万元）。

【结论】

①计息间隔缩短→每年计息次数越多→现值越小。

②现值以递减速度减小，最后等于连续复利下的现值。

【总结】

计息次数增加、间隔缩短 → 终值增加 → 以递减的速度增加
　　　　　　　　　　　 → 现值减少 → 以递减的速度减少

➢ 系列现金流的现值

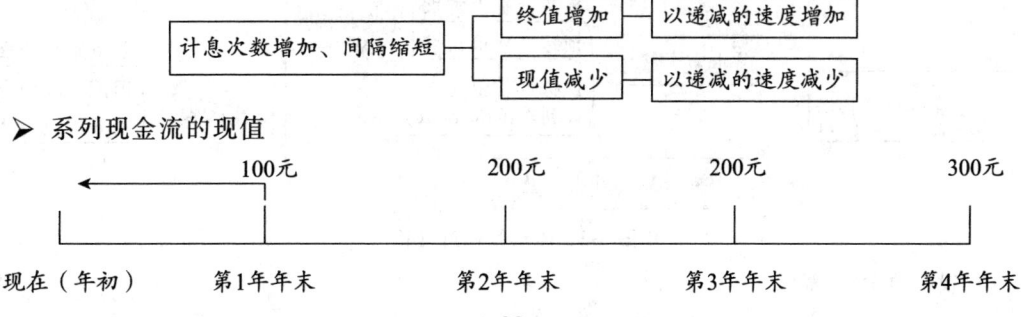

第 1 年年末的 100 元折到现在：$\dfrac{100}{(1+r)}$

第 2 年年末的 200 元折到现在：$\dfrac{200}{(1+r)^2}$

第 3 年年末的 200 元折到现在：$\dfrac{200}{(1+r)^3}$

第 4 年年末的 300 元折到现在：$\dfrac{300}{(1+r)^4}$

……

系列现金流的现值公式：

$$现值 = \dfrac{第1年年末现金流}{(1+实际贴现率)^1} + \dfrac{第2年年末现金流}{(1+实际贴现率)^2} + \cdots + \dfrac{第n年年末现金流}{(1+实际贴现率)^n}$$

三、利率水平的决定 ☆☆☆

（一）古典利率理论

1. 理论内容

关于古典利率理论的内容，见图 5-1。

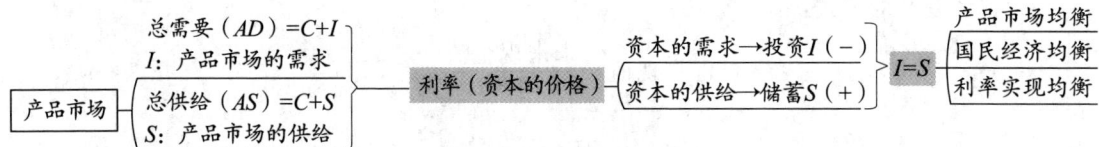

图 5-1　古典利率理论

2. 结论

（1）古典利率理论立足于产品市场，属于纯实物分析，又称实际利率理论、真实利率理论。

（2）利率是资本的价格，取决于投资、储蓄。投资（I）是利率的减函数，储蓄（S）是利率的增函数。

（3）均衡利率取决于 $S=I$。

（4）均衡利率的变动：$S>I$，利率下降；$S<I$，利率上涨。

（二）流动性偏好理论

1. 理论内容

关于流动性偏好理论的内容，见图 5-2。

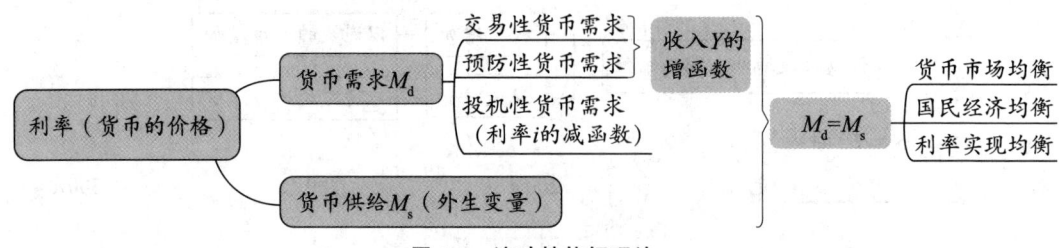

图 5-2　流动性偏好理论

（1）投机性货币需求。

①含义：为了投资债券、伺机而动持有的那部分货币。

②投机性货币需求与利率的关系。当前利率低→预计未来利率上涨→预计未来债券价格下降→抛售债券、持有货币→货币需求增加；当前利率高→预计未来利率降低→预计未来债券价格上升→用货币购买债券→货币需求减少。

(2) 流动性偏好陷阱。作用机制：利率极低→预测利率上涨→预计债券价格下降→抛售债券、持有货币→货币需求无穷大→货币供给增加并不会降低利率→货币需求线为平行于横轴的水平线→扩张性货币政策失效。

2. 结论

(1) 流动性偏好理论立足于货币市场，属于纯货币分析，认为货币市场均衡时国民经济均衡。

(2) 利率是货币的价格，取决于货币需求（M_d）和货币供给（M_s）。货币需求是利率的减函数，货币供给是外生变量，取决于央行，与利率无关。

(3) 均衡利率取决于 $M_d = M_s$。

(4) 均衡利率的变动：M_s 增加，利率下降；M_d 增加，利率上涨。

(三) 可贷资金理论

1. 理论内容

关于可贷资金理论的内容，见图 5-3。

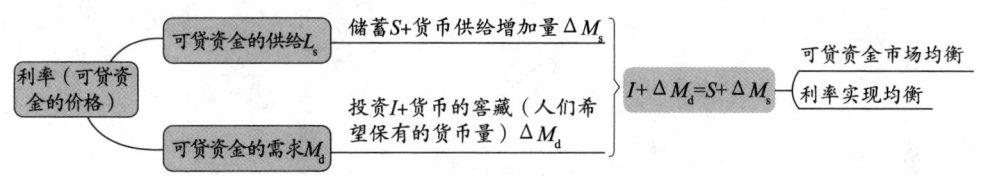

图 5-3 可贷资金理论

2. 结论

(1) 可贷资金利率理论融合了古典利率理论和流动性偏好利率理论，属于新古典学派。

(2) 均衡利率发生于商品市场和货币市场共同均衡时。

四、利率风险结构

(一) 含义

利率的风险结构是指债券工具的到期期限相同但利率不相同的现象。

(二) 影响因素

影响债券利率的因素有违约风险、流动性和所得税。

1. 违约风险

(1) 债务人无法按期付息或偿还本金，会产生违约风险。

(2) 违约风险排序：政府债＜高信用等级公司债＜低信用等级公司债。

(3) 结论：违约风险大→利率高。

2. 流动性

(1) 国债的流动性强于公司债，短期债券的流动性强于中长期债券。

(2) 影响流动性的因素：交易费用；偿还期限；是否可转换。
(3) 结论：期限长→流动性差→风险大→利率高。

3. 所得税

免税→利率低。

五、利率的期限结构

（一）含义

利率的期限结构是指到期期限不同的债券，其利率有所差异的现象。

（二）收益率曲线

收益率曲线是描述债券的到期期限与到期收益率之间关系的曲线。

【注】收益率曲线用来表示利率的期限结构。

(1) 正向收益率曲线：长期利率高于短期利率，见图5-4。

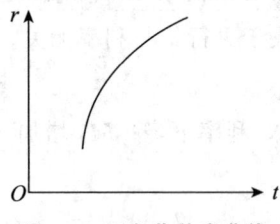

图 5-4　正向收益率曲线

(2) 反向收益率曲线：短期利率高于长期利率，见图5-5。

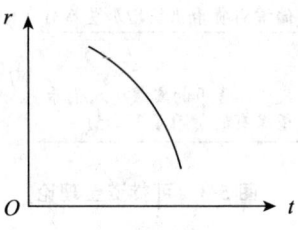

图 5-5　反向收益率曲线

(3) 水平收益率曲线：长期利率等于短期利率，见图5-6。

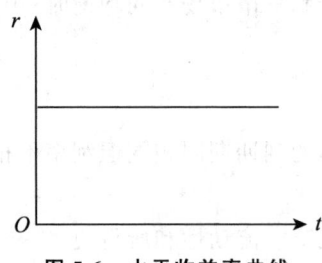

图 5-6　水平收益率曲线

（三）三种假说☆☆☆

1. 预期理论

(1) 假设。

①债券市场是统一的。

②不同期限债券可以完全替代。

③投资者无任何特殊偏好。

(2) 理论。

①长期利率等于人们预期的短期利率的平均值。

②到期期限不同的债券，其利率不同的原因：人们对短期利率的预期值不同。

当前短期利率较高→预测短期利率未来降低→短期利率平均值降低→长期利率低→短期利率大于长期利率→反向收益率曲线。

当前短期利率较低→预测短期利率未来升高→短期利率平均值升高→长期利率高→短期利率小于长期利率→正向收益率曲线。

③各期限债券的利率往往同向波动。

④长期利率的波动低于短期利率的波动。

(3) 缺陷：无法解释收益率曲线为何通常向上倾斜（为何长期利率往往高于短期利率）。

2. 分割市场理论

(1) 假设。

①债券市场完全独立、分割，各期限债券之间毫无替代性。

②债券利率仅取决于自身的供求，与其他债券利率无关。

(2) 理论。

①投资者偏好短期债券→短期债券发行者以低利率融资→短期利率低→长期利率高→正向收益率曲线。

②投资者偏好长期债券→长期债券发行者以低利率融资→长期利率低→短期利率高→反向收益率曲线。

(3) 缺陷。无法解释以下问题：

①由于市场不会绝对分割，长期利率与短期利率之间有联系，倾向于同向波动。

②短期利率较高时，收益率曲线为何向下倾斜；短期利率较低时，收益率曲线为何向上倾斜。

3. 流动性溢价理论

(1) 假设。不同期限的债券可以替代，但不能完全替代。

(2) 理论。长期利率＝预期短期利率的平均值＋流动性溢价。

(3) 理论的修正——期限优先理论。期限优先理论：投资者偏好短期债券→只有长期债券利率足够高，才愿意持有长期债券。

(4) 结论。

①收益率曲线通常向上倾斜。

②不同期限债券利率同向运动。

③短期利率较低，收益率曲线以陡峭形态向上倾斜。

④短期利率较高，收益率曲线呈向下倾斜趋势。

【考点小贴士】三种假说中的"假设""理论""结论"为每年常考点，须理解掌握。

> 典型例题

1. [多项选择题] 按照利率的真实水平，可以将利率划分为（　　）。

A. 固定利率   B. 浮动利率

C. 名义利率   D. 实际利率

E. 真实利率

[解析] 按照利率的真实水平，可以将利率划分为名义利率与实际利率。

2. [单项选择题] 假定某投资者用 10 000 元进行投资，已知年利率为 8%，按复利每半年计算一次利息，则 1 年后该投资者的本息和为（　　）元。

A. 10 400   B. 10 800

C. 10 816   D. 11 664

[解析] 根据复利计算公式，$FV=10\ 000×(1+8\%÷2)^2=10\ 816$（元）。

3. [多项选择题] 根据利率的风险结构理论，到期期限相同的债券工具，其利率水平不同的原因在于（　　）不同。

A. 违约风险   B. 流动性

C. 所得税   D. 期限结构

E. 收益率曲线

[解析] 根据利率的风险结构理论，到期期限相同的债券工具，其利率水平不同的原因在于不同债券的违约风险、流动性、所得税不同。

4. [单项选择题] 根据凯恩斯流动性偏好理论，发生"流动性陷阱"时，货币需求曲线是（　　）。

A. 一条平行于纵轴的直线

B. 一条向下倾斜的直线

C. 一条向上倾斜的直线

D. 一条平行于横轴的直线

[解析] "流动性陷阱"发生后，货币需求无穷大，因此货币需求曲线的形状是一条平行于横轴的直线。在"流动性陷阱"区间，货币政策是完全无效的，此时只能依靠财政政策。

5. [单项选择题] 长期债券的利率等于长期债券到期日之前各时间段内人们所预期的短期利率的平均值，该理论是（　　）。

A. 分割市场理论

B. 流动性溢价理论

C. 流动性偏好理论

D. 预期理论

[解析] 预期理论认为，长期债券的利率等于长期债券到期日之前各时间段内人们所预期的短期利率的平均值。

6. [单项选择题] 某户外休闲用品厂属于小微企业，2021 年从某银行获得一笔 3 年期贷款，用途为对其生产的半自动户外遮阳伞进行技术改造。该项目投资为期 3 年，预计第 3 年年末可以收回 100 万元，假定年折现率为 7%。如果按年折现，则该笔项目投资收回的 100 万元现金流的现值为（　　）万元。

A. 83.32　　　　　　　　　　　　B. 85.53

C. 81.63　　　　　　　　　　　　D. 82.54

[解析] 单笔现金流现值 = $100 \div (1+7\%)^3 \approx 81.63$（万元）。

答案：1. CD　2. C　3. ABC　4. D　5. D　6. C

考点2　资产组合定价

一、收益率

（一）收益的构成

（1）现金流收益：利息、股息、红利。

（2）资产买卖价差收益，又称资本利得。

（二）收益率计算公式

1. 简化的收益率计算公式

$$收益率 = \frac{现金流收益 + （期末价格 - 期初价格）}{期初价格}$$

2. 年化利率

（1）单利方法计算：

$$年化利率 = 每个时间段利率 \times 每年包含的时间段个数$$

【举例】如果季度利率为 1%，单利方法计算的年化利率 = 1% × 4 = 4%。

（2）复利方法计算：

$$年化利率 = (1 + 每个时间段利率)^{每年包含的时间段个数} - 1$$

【举例】如果季度利率为 1%，年化利率 = $(1+1\%)^4 - 1 \approx 4.06\%$。

3. 通货膨胀率与实际收益率

（1）名义收益率：包含物价变动因素的利率。

（2）实际收益率：剔除通货膨胀或通货紧缩的利率。

（3）公式：

$$精确的实际收益率 = \frac{名义收益率 - 通货膨胀率}{1 + 通货膨胀率}$$

$$近似的实际收益率 \approx 名义收益率 - 通货膨胀率$$

二、风险与风险溢价

（一）风险的衡量

1. 方差 $Var(R)$ 和标准差 $SD(R)$

方差和标准差衡量了收益率与期望收益率之间的偏离情况，当值越大时，偏离期望收益率的幅度越大，表明对应金融资产的风险越大。

2. 变异系数 CV

$$CV = \frac{SD(R)}{E(R)}$$

上式中，$E(R)$ 为金融资产的期望收益率（又称预期收益率）。另，变异系数也可由"标准差÷均值"得到。

3. 下行风险的衡量指标

（1）收益率阈值 MARR：如果实际收益率超过收益率阈值，不视为风险。如果投资者对价格下行的风险厌恶程度较高，MARR 可设为 0。

（2）最大回撤：在某一投资组合的特定时间段内，从高点到低点的最大跌幅。

（二）风险溢价

（1）风险资产的预期收益率与无风险利率之间的差值被称为风险溢价。

（2）无风险利率：国库券的收益率、Shibor。

（3）投资者都是厌恶风险的，如果没有正的风险溢价，投资者会更加愿意投资无风险资产。

（4）夏普比率——单位风险报酬，计算公式：

$$夏普比率 = \frac{预期收益率 - 无风险利率}{标准差}$$

三、投资组合与分散风险

（一）两种风险资产之间的资产配置

所有可行的投资组合的"收益—风险"集合被称为可行集。两种风险资产配置下的可行集是一条弓形曲线，见图 5-7。需要指出的是，当两种风险资产的相关系数为 1 或 -1 时，可行集将分别变为一条直线和一条折线。

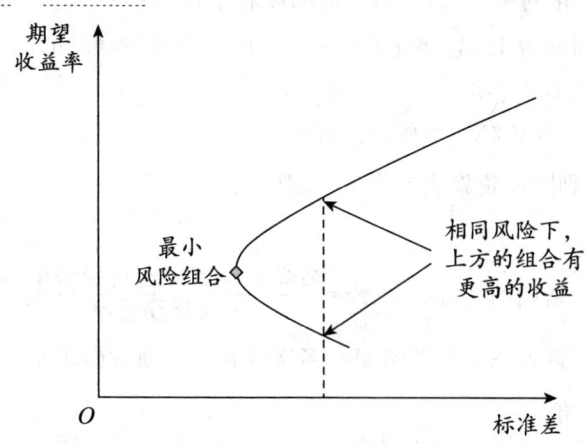

图 5-7 两种风险资产配置下的可行集

（二）多种风险资产的资产配置

多种风险资产配置下的可行集见图 5-8。

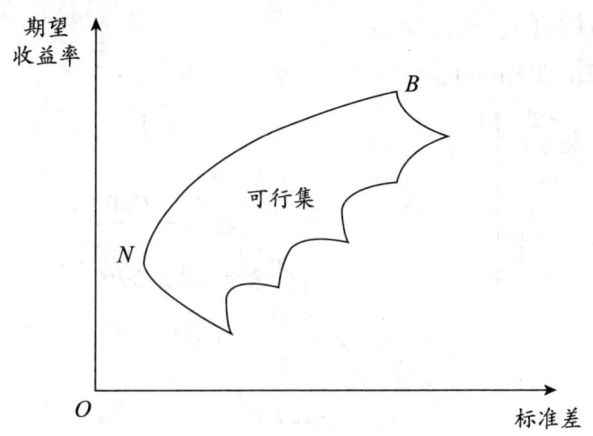

图 5-8 多种风险资产配置下的可行集

(1) 投资者是厌恶风险的,会在风险水平相同的情形下选择预期收益率最高的投资组合,或在相同的预期收益率下选择风险最小的组合。

(2) 有效投资组合:投资者的投资区域是可行集区域左上方的曲线,即 N 点到 B 点的曲线,这条曲线被称为有效边界,处于有效边界上的组合称为有效组合。N 点:最小方差组合。

(3) 有效边界的特点:

①有效边界是一条向右上方倾斜的曲线,反映了"高风险、高收益"的原则。

②有效边界是一条向上凸的曲线。

③有效边界曲线上不可能有凹陷的地方。

(三) 无风险资产与风险资产的资产配置

➢ 投资组合的预期收益率与风险的关系

1. 公式

$$E(r_C) = r_f + \frac{E(r_P) - r_f}{\sigma_P} \times \sigma(r_C)$$

即:

投资组合预期收益率 = 无风险利率 + $\frac{\text{风险资产的预期收益率} - \text{无风险利率}}{\text{风险资产的标准差}}$ × 投资组合标准差

2. 图形表示——资本配置线 CAL

(1) 投资组合的预期收益率与风险呈直线关系,该直线被称为资本配置线 (CAL)。

(2) 资本配置线的特征:

①该直线经过 $(0, r_f)$ 这一点。

②该直线的斜率为风险资产的夏普比率:$\frac{E(r_P) - r_f}{\sigma_P}$。

(3) 由于有效边界上的每一个点都是一种风险资产组合,因此,无风险资产可以与有效边界上的任一点进行投资组合,并相应地形成一条资本配置线。

(4) 投资者在风险相同的情形下,总是会选择预期收益率更高的资产。CAL 斜率越大,其对应的风险资产组合就会使投资者的效用越高,该风险资产组合被称为最优风险组合。

(5) 资本市场线（CML）。

资本市场线（CML）见图5-9。

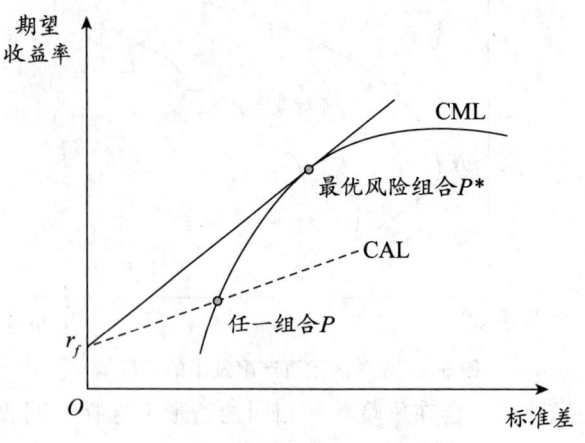

图 5-9 资本市场线（CML）

①由（0，r_f）这一点射出的、与有效边界相切的直线被称为资本市场线。

②切点的含义：切点是与无风险资产组合的风险资产组合，无风险资产与该点对应的风险资产组合进行配置，能够在同等风险水平下获取更高的预期收益率，因此，该点对应的风险资产组合就是最优风险组合。

③资本市场线最偏向左上方、斜率最大，即对应于最优风险组合的夏普比率最大。

④通常资本市场线向上倾斜，说明随着风险的增加，预期收益率将成比例地增加。

⑤风险资产组成的最优风险组合的确定与投资者的风险偏好无关。无论投资者对风险的厌恶程度和对风险的偏好程度如何，其所选择的风险资产的构成都是一样的，即最优风险组合。

⑥投资者的风险厌恶程度会决定其资产如何在风险资产组合与无风险资产之间进行配置，风险厌恶程度较高的投资者会持有更高比例的无风险资产，而风险厌恶程度较低的投资者则会持有更高比例的最优风险组合。

四、资本资产定价模型

(1) 所有投资者的预期相同→有效边界一样、无风险利率一样→最优风险组合是所有投资者的最优风险组合→最优风险组合等于市场组合。

(2) 市场组合：

①市场组合包含了市场上流通的所有证券，每一个证券的投资比例等于它们的相对市场价值，即该证券的市场价值除以所有证券的市场价值总和。

②理论上，市场组合包含所有风险资产。

③市场组合是资本配置线与风险资产有效边界的切点，或者说是资本市场线与有效边界相交的地方。

④资本市场线的斜率是有效证券组合的风险市场价格，度量了增加单位风险需增加的预期收益率。

(3) 证券组合的预期收益率 $E(r_P)$ 和标准差 $\sigma(r_P)$ 的关系：
$$E(r_P)=r_f+\beta_P\times[E(r_M)-r_f]$$
即：

<u>证券组合的预期收益率＝无风险收益＋贝塔系数×市场组合的风险溢价</u>

①β_P 被称为证券组合 P 的贝塔系数。
②市场组合的风险溢价 $E(r_M)-r_f$ 是正数。
③资产的风险溢价 $E(r_P)-r_f$ 等于该资产贝塔系数乘以市场组合的风险溢价。

五、指数模型

相关公式如下：
$$E(R_i)=\alpha_i+\beta_i\times E(R_M)$$

（1）相比于 CAPM 而言，指数模型仅相差一个阿尔法系数 a。
（2）阿尔法系数也被称为<u>詹森指数</u>，代表投资者的<u>投资能力</u>。

【注意】三个最为经典的风险调整后的收益指标：<u>詹森指数、夏普比率、特雷诺指数</u>。其中，特雷诺指数的计算公式如下，即投资组合 P 的特雷诺指数（T_P）等于投资组合 P 的风险溢价除以投资组合 P 的贝塔系数。

$$T_P=\frac{E(r_P)-r_f}{\beta_P}$$

> **知识点拨**
>
> 注意和夏普比率公式进行区分。夏普比率的计算公式如下：
> $$SR_i=\frac{E(r_i)-r_f}{\sigma_i}$$

（3）结论：
①每个证券收益率的总体波动可以分为两个部分，分别为<u>整个市场的风险和公司特定的风险</u>。
②市场部分的风险被称为<u>系统风险</u>，该部分风险<u>无法通过分散投资消除</u>。<u>贝塔系数衡量了不同证券或不同投资组合的系统风险程度</u>。
③公司特定的风险被称为<u>个体风险</u>，该部分风险<u>可以通过分散投资消除</u>。

六、证券市场线（SML）

（1）"预期收益率—贝塔系数"的关系：
①公式表示——CAPM 模型。
②图形表示——证券市场线，见图 5-10。

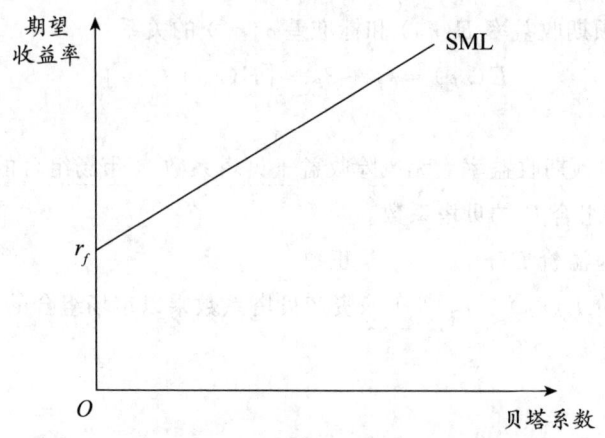

图 5-10　证券市场线

（2）证券市场线：刻画"预期收益率—贝塔系数"关系的直线。

（3）证券市场线在纵轴上的截距为无风险利率，斜率为市场的风险溢价。

（4）证券市场线（SML）和资本市场线（CML）的关系见表 5-3。

表 5-3　证券市场线和资本市场线的关系

项目	具体内容
相同点	都是刻画"收益—风险"关系的图形
区别	风险的代理指标不一样：CML 采用标准差作为风险的代理，刻画了组合的整体风险；SML 采用证券或投资组合的贝塔系数作为风险的代理，仅刻画了系统风险
区别	CML 刻画的是有效投资组合的风险溢价与有效投资组合标准差之间的关系，其中，有效投资组合是指由市场组合（最优风险组合）和无风险资产所构成的整个投资组合，而 SML 可以用于单个风险资产，也可用于投资组合

七、因素模型

（一）单因素模型

（1）基本思想：证券收益率只与一个影响因素有关，除这个因素外，证券收益率的所有剩余不确定性是公司特有的，证券之间的相关性除这一因素外没有其他来源了。

（2）单因素模型下证券 i 的收益率：

$$r_{it} = a_i + b_i \times F_t + \varepsilon_{it}$$

式中，r_{it}：证券 i 在时期 t 的收益率；F_t：因素值；b_i：证券 i 对因素的敏感度；ε_{it}：随机扰动；a_i：常数，表示因素值为 0 时证券 i 的预期收益率。

（二）多因素模型

（1）多因素模型认为，证券 i 的收益率取决于多个因素。

（2）表达式：

$$r_{it} = a_i + b_{i1} \times F_{1t} + b_{i2} \times F_{2t} + \cdots + b_{ik} \times F_{kt} + \varepsilon_{it}$$

【举例】假设影响各个公司运营情况的两个重要经济变量是国内生产总值（GDP）和利率（R）：

$$r_{it}=a_i+b_{i1}\times GDP_t+b_{i2}\times R_t+\varepsilon_{it}$$

假设 $a_i=1\%$，$b_{i1}=0.8$，$b_{i2}=-0.4$，如果某一季度的国内生产总值为 5%，利率为 3%，那么证券 i 在该季度的预期收益率为：$1\%+0.8\times5\%-0.4\times3\%=3.8\%$。

（三）Fama-French 三因子模型（尤金·法玛和肯尼斯·弗伦奇）

（1）三个因子因素：市场因子、市值因子、账面市值比因子。

（2）模型解释：证券的超额回报率可由 3 个因子来解释，市场资产组合（$r_{Mt}-r_{ft}$）、市值因子（r_{SMB}）、账面市值比因子（r_{HML}）。

（3）表达式：

$$r_{it}-r_{ft}=\alpha_i+\beta_M\times(r_{Mt}-r_{ft})+\beta_{HML}\times r_{HML,t}+\beta_{SMB}\times r_{SMB,t}+\varepsilon_{it}$$

账面市值比＝账面价值÷市场价值＝股东权益÷市场价值＝每股净资产÷每股股价

（4）账面市值比高的公司是相对成熟的公司，这类公司的股票通常被称为价值型股票。账面市值比低的公司被视为成长型公司，其市值来自现金流的预期增长，而非现有资产。

（5）三因子模型并不认为公司规模或者账面市值比直接决定了公司的风险溢价，而是这些因素可以被视为更基本的风险来源的代理，这些风险并没完全被 CAPM 中的 β 值所捕获。

八、套利定价理论

（一）套利及套利组合

套利的概念：利用一个或多个市场或不同时间存在的各种价格差异，构造套利组合，在不承担风险的情况下赚取较高收益的交易活动。套利定价理论认为通过套利行为，市场将达到均衡，可以推导出均衡状态下的资本资产定价模型。

套利组合需要满足三个条件：

条件一：套利组合要求投资者不追加资金，即套利组合属于自融资组合，如果用 $x_i(i=1,2,\cdots,n)$ 表示投资者持有证券 i 的比例变化，则该条件可以表示为：

$$x_1+x_2+\cdots+x_n=0$$

条件二：套利组合对任何因素的敏感度为 0，即套利组合没有因素风险，在单因素模型下，该条件可以表示为：

$$b_1x_1+b_2x_2+\cdots+b_nx_n=0$$

条件三：套利组合的预期收益率应大于 0，即：

$$x_1\times E(r_1)+x_2\times E(r_2)+\cdots+x_n\times E(r_n)>0$$

（二）构建套利组合

假设某投资者拥有一个 3 种股票组成的投资组合，3 种股票的市值均为 500 万元，投资组合的总价值为 1 500 万元。假定这 3 种股票均符合单因素模型，其预期收益率分别为 16%、20% 和 13%，其对因素的敏感度分别为 0.9、3.1 和 1.9。

问：该投资者能否修改其投资组合，以便在不增加风险的情况下提高预期收益率？

令 3 种股票市值比例的变化分别为 x_1、x_2 和 x_3，根据套利组合构建的条件，需满足以下两个等式：

$$x_1 + x_2 + x_3 = 0$$

$$0.9x_1 + 3.1x_2 + 1.9x_3 = 0$$

作为其中一个解，令 $x_1 = 0.1$，即可解出 $x_2 = 0.083$，$x_3 = -0.183$。

代入公式：$0.1 \times 16\% + 0.083 \times 20\% - 0.183 \times 13\% = 0.881\% > 0$

套利方式：卖出 274.5 万元（0.183×1 500）的第三种股票，买入 150 万元（0.1×1 500）的第一种股票和 124.5 万元（0.083×1 500）的第二种股票，使投资组合的预期收益率提高。

（三）APT 资产定价线

APT 资产定价线见图 5-11。

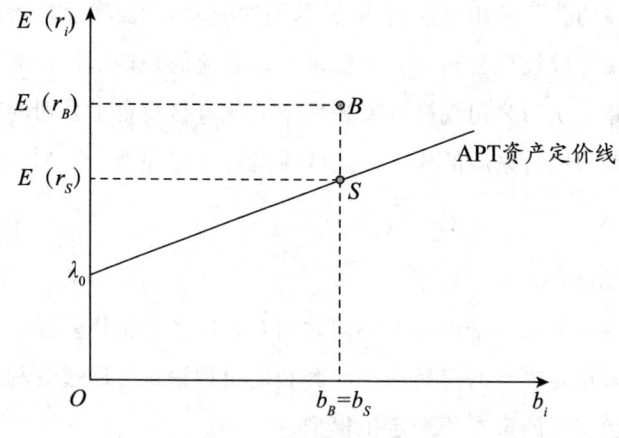

图 5-11　APT 资产定价线

（1）根据套利定价理论，任何偏离 APT 资产定价线的证券，其定价都是错误的，会给投资者套利机会。

（2）以 B 点代表的证券为例：B 点位于 APT 资产定价线上方→$r_B > r_S$→收益率和价格成反比→$P_B < P_S$→B 点证券价格被低估→买 B 卖 S→投资者卖出 S 点的证券、同时买入相同金额的 B 点证券→形成套利组合→由于投资者买入→B 点的证券价格上升→B 点证券预期收益率下降→直到回到 APT 资产定价线为止→证券价格处于均衡状态。

>> 典型例题

1. [单项选择题] 下列关于资本市场线（CML）的说法，错误的是（　　）。

A. 资本市场线是一条与有效边界相切的直线

B. 资本市场线最偏向左上方、斜率最大

C. 通常资本市场线向上倾斜

D. 最优风险组合的确定取决于投资者的风险偏好

[解析] 风险资产组成的最优风险组合的确定与投资者的风险偏好无关。

2. [单项选择题] 下列各项中,属于下行风险的衡量指标的是( )。

A. 方差   B. 标准差

C. 变异系数   D. 最大回撤

[解析] 下行风险的衡量指标:收益率阈值 $MARR$、最大回撤。

3. [单项选择题] 某1年期债券的年利息为10元,投资者期初以100元买入,期末以102元卖出。按照简化的收益率计算公式,其收益率为( )。

A. 12%   B. 10%

C. 5%   D. 8%

[解析] 收益率 $= \dfrac{10+(102-100)}{100} = 12\%$。

4. [单项选择题] 构建套利组合需要满足的条件不包括( )。

A. 套利组合要求投资者不追加资金   B. 套利组合没有因素风险

C. 套利组合的预期收益率应大于0   D. 假设市场处于均衡状态

[解析] 套利定价理论假设市场处于均衡状态时将不存在套利机会。

5. [单项选择题] Fama-French三因子模型中所涉及的因子因素不包括( )。

A. 市场因子   B. 市值因子

C. 账面市值比因子   D. 盈余因子

[解析] Fama-French三个因子因素包括市场因子、市值因子、账面市值比因子。

6. [单项选择题] 下列关于资本资产定价模型,说法错误的是( )。

A. 市场组合是资本配置线与风险资产有效边界的切点

B. 贝塔系数也被称为詹森指数,代表投资者的投资能力

C. 证券市场线在纵轴上的截距为无风险利率

D. SML采用贝塔系数作为风险的代理,仅刻画了系统风险

[解析] 阿尔法系数也被称为詹森指数,代表投资者的投资能力。

答案: 1.D 2.D 3.A 4.D 5.D 6.B

考点3 证券估值

一、债券估值

(一)收入资本化法

收入资本化法认为,任何资产的内在价值均取决于该资产预期的未来现金流的现值。投资者使用一个合适的贴现率将未来的现金流贴现到当前时刻得到其现值(这个贴现过程被称为资本化),使用合适贴现率计算出来的债券未来现金收益的现值,称为债券的内在价值。根据债券的内在价值和市场价值是否一致,可以判断该债券是否被低估或高估,从而帮助投资者进行正确的投资决策。该方法的公式:

$$P = \sum_{t=1}^{T} \frac{C_t}{(1+i)^t}$$

即：

$$债券的价格 = \sum_{t=1}^{期数} \frac{债券未来现金流}{(1+贴现率)^t}$$

计算内在价值时使用的贴现率被称为资本化率，也称必要收益率。

（二）债券的内在价值

1. 零息债券

零息债券（贴现债券）是一种以低于面值的贴现方式发行，<u>不支付利息</u>，到期按面值偿还的债券。债券发行价格与面值之间的差额就是投资者的利息收入。<u>面值是唯一现金流</u>。内在价值公式：

$$V = \frac{F}{(1+i)^T}$$

即：

$$内在价值 = \frac{债券的面值}{(1+贴现率)^{债券投资年限}}$$

【举例】假设某零息债券，期限为10年，债券面值为1 000元，贴现率为7%，则其内在价值 $= \frac{1\,000}{(1+7\%)^{10}} \approx 508.35$（元）。

2. 固定利息债券

固定利息债券又被称为直接债券或定息债券。投资者不仅可以在期满时收回<u>本金</u>，而且可定期获得固定的<u>利息</u>收入。固定利息债券内在价值公式：

$$V = \frac{c}{1+i} + \frac{c}{(1+i)^2} + \cdots + \frac{c}{(1+i)^T} + \frac{F}{(1+i)^T}$$

即：

$$内在价值 = \frac{第1期利息}{1+贴现率} + \frac{第2期利息}{(1+贴现率)^2} + \cdots + \frac{第T期利息}{(1+贴现率)^T} + \frac{面值}{(1+贴现率)^T}$$

3. 永续债券

<u>永续债券</u>没有<u>到期日</u>，债券发行人不需要偿付债券的面值，但是要永久地向债券持有人定期支付利息。只有信用良好的发行人才可能发行永续债券。永续债券内在价值公式：

$$V = \frac{c}{1+i} + \frac{c}{(1+i)^2} + \cdots = \frac{c}{i}$$

即：

$$内在价值 = \frac{利息}{贴现率}$$

【举例】某永续债券的面值为10 000元，息票率为2%，假设贴现率为4%。那么，该永续债券每一期需要支付300元的利息，其对应的内在价值为：200÷4%＝5 000（元）。

（三）债券价值的影响因素

债券价值的影响因素见表 5-4。

表 5-4 债券价值的影响因素

影响因素	具体内容
贴现率	债券内在价值和贴现率之间呈负相关关系：贴现率上升导致债券内在价值降低
	市场利率升高→投资者要求的债券贴现率提高→债券内在价值降低→债券估值水平下降
	债券的内在价值随着贴现率升高而降低，但是内在价值随贴现率的变化率并非一成不变
	债券内在价值与面值的关系： (1) 贴现率等于息票率→内在价值等于面值 (2) 贴现率小于息票率→内在价值大于面值 (3) 贴现率大于息票率→内在价值小于面值
信用等级	信用评级将债券划分的类别： (1) 投资级债券：信誉较高、违约风险较小 (2) 投机级债券：信誉较低、违约风险较高
	信用等级与债券估值的关系：信用等级差的债券→投资者承担的违约风险高→要求更高的收益率→使用更高的贴现率→估值低
息票率	息票率高→现金流高→债券内在价值高
	债券的息票率与到期时间是构成债券内在价值的极其重要的因素，在其他因素都不变的情况下，甚至是债券内在价值的决定因素
剩余期限	零息债券：剩余期限与债券内在价值负相关
	永续债券：没有剩余期限的概念
	固定利息债券：剩余期限与债券内在价值的关系又受到贴现率与息票率的相互大小关系影响
税收待遇	其他条件相同的债券中，免税或付税较少的债券，投资者可以获得更高的最终收益（税后收益），具有更高的价值
含权条款	含义：给债券附加权利的条款是含权条款，有含权条款的债券被称为含权债券或复合债券
	债券持有人权利： (1) 可转换权：债券持有人享有在约定期间，以约定的转换价格将持有的债券转换成发行公司股份的权利，附加了可转换权的债券被称为可转换债券 (2) 可交换权：债券持有人有权在约定期间将债券交换成其他上市公司的股份，而不是发行公司的股份 (3) 可回售权：债券持有人在约定期间，可以选择按照事先约定的价格将债券卖回给发行人的权利
	债券发行人权利：是指债券发行人在约定期间内以事先约定的赎回价格从投资者手中买回债券的权利，利于债券发行人 【举例】当市场利率大幅下降到低于债券的息票率时，债券发行人可赎回债券，再以更低的利率发行新债券，降低融资成本
	结论：在其他条件相同的情形下，包含债券持有人权利的债券的价值更高，包含债券发行人权利的债券的价值更低

续表

影响因素	具体内容
流动性	含义：债券持有人在不遭受损失的情况下，将债券迅速变现的能力
	买卖价差小说明债券流动性强，债券容易变现；买卖价差大说明债券流动性差，债券变现困难
	与内在价值的关系：流动性高的债券的内在价值较高，流动性低的债券的内在价值较低
通货膨胀	通货膨胀能引起货币贬值，从而影响现金的实际购买力，以现金流表示的债券实际收益率随着通货膨胀的变化发生改变

二、股票估值

（一）基本面分析法

使用基本面分析方法获得股票的内在价值之后，投资者将内在价值与市场价格进行比较：

(1) 市场价格低于内在价值→股价被低估→买入。

(2) 市场价格高于内在价值→股价被高估→卖出。

(3) 股票内在价值评估方法：

①现值估值模型（现金流折现模型）：预测未来预期收益→使用合理的机会成本作为贴现率→计算未来预期收益的现值→现值即内在价值。

②财务倍数模型（财务乘数模型）：计算价值与某个财务指标的比值来进行估值。财务倍数包括市盈率、市净率、市现率、市销率等；以每股价格作为分子的价格倍数，分母是财务报表中的财务指标（每股）。

（二）股息贴现模型

(1) 股息贴现模型认为，股票内在价值由无穷期限内预期股息收益的现值决定。内在价值公式：

$$V = \sum_{t=1}^{\infty} \frac{D_t}{(1+i)^t}$$

式中，V 表示普通股内在价值；D_t 表示普通股在 t 期的股息；i 表示贴现率。

(2) 零增长模型假定股息固定不变，即股息增长率为 0，则股票内在价值公式：

$$V = \frac{D_0}{i}$$

式中，D_0 表示第 0 期支付的股息。

【举例】假设投资者预期某公司每期支付的股息将永久地固定为 5 元/股，并且贴现率为 10%，那么，公司股票的内在价值 = 5÷10% = 50（元/股），如果此时公司的股票价格低于 50 元/股，投资者可选择买入。

(3) 不变增长模型（戈登模型）。内在价值公式：

$$V = \frac{D_0 \cdot (1+g)}{i-g} = \frac{D_1}{i-g}$$

式中，D_0、D_1 表示第 0 期和第 1 期支付的股息；i 表示贴现率；g 表示股息增长率。

【举例】假设某公司当期的股息为 2 元/股，经预测，该公司股票未来的股息增长率将永久地保持在 5% 的水平，贴现率为 10%。那么，该公司股票的内在价值为：2×（1+5%）÷

（10%－5%）＝42（元/股）。

（三）公司自由现金流模型

（1）公司自由现金流的含义：衡量公司产生的，扣除了营运费用（包括税收），投资了营运资本及固定资产之后，归属于所有资本提供者（债权人和股权人）的现金流。

（2）自由现金流的计算可以从损益表中的净利润开始，用净利润加减其他报表中的会计项目得到自由现金流。

（四）资本成本的计算

（1）资本成本的含义：由于公司自由现金流是归属公司所有的资本提供者的，因此公司自由现金流对应的贴现率应该等于公司资本的总体成本，称为公司的资本成本。

（2）公司资本提供者分为三类：债权人、优先股股东、普通股股东。公司资本的总体成本应该是所有资本的平均成本，因此，公司的资本成本应该为三类资本提供者的必要收益率的加权平均值：

资本成本＝债务占比×债券必要收益率×（1－所得税税率）＋优先股占比×优先股必要收益率＋普通股占比×普通股必要收益率

【注】使用"债券必要收益率×（1－所得税税率）"的原因是债务利息的税盾效应实际上减少了债务的成本，计算成本时使用税后的债务成本。

【举例】某公司通过发行债券、优先股和普通股来筹集资本。其中，债券市场价值为25亿元，优先股市场价值为25亿元，普通股市场价值为50亿元，三类资本的占比分别为25%、25%和50%，三类资本的必要收益率分别为8%、10%和15%，公司所得税税率为10%，那么该公司的资本成本为：25%×8%×（1－10%）＋25%×10%＋50%×15%＝11.8%。

（五）财务倍数模型

1. 市盈率

$$市盈率 = \frac{每股价格}{每股净收益}$$

2. 市净率

$$市净率 = \frac{每股价格}{每股净资产}$$

3. 市现率

$$市现率 = \frac{每股价格}{每股现金流}$$

4. 市销率

$$市销率 = \frac{每股价格}{每股销售额}$$

典型例题

1. [单项选择题] 某股票每股价格为10元，每股净收益为0.5元，则市盈率为（　　）。

A. 20　　　　　　　　　　　　　　　　　　B. 5

C. 2   D. 10

[解析] 市盈率 = $\dfrac{每股价格}{每股净收益}$ = 10÷0.5 = 20。

2. [单项选择题] 下列关于债券价值的影响因素，说法错误的是（　　）。

A. 债券内在价值和贴现率之间呈正相关关系

B. 信用等级差的债券估值低

C. 其他条件相同，免税的债券具有更高的价值

D. 流动性高的债券的内在价值较高

[解析] 债券内在价值和贴现率之间呈负相关关系。

答案：1. A　2. A

考点4　金融衍生品概述

一、对金融衍生品的理解

（一）金融衍生品的含义

金融衍生品是指以金融基础产品或基础变量为"母体"的产品，经过演变而产生的一种新型金融产品。其价格依赖于基础产品价格的变动。衍生品的含义可以从以下两个角度去理解：

（1）数学角度：在 $Y=5X$ 的函数中，Y 的数值取决于 X 的大小，Y 即为衍生品，X 为基础产品。

（2）金融角度：以股票期权来说，期权价值取决于股票（基础产品），股票的价值取决于公司价值（变量）。

（二）金融衍生品的表现形式

金融衍生品的表现形式为各种金融合约，合约中一般需要载明交易价格、交割时间及地点、交易品种、交易数量等。

（三）金融衍生品的种类

一般意义上的金融衍生品包括远期、期货、互换、期权。（记忆口诀"三期一互换"）此外，还包括信用衍生产品。

【考点小贴士】本知识点经常考查衍生品的构成。

（四）基础产品

股票相对于股票期权，属于基础产品，而相对于公司价值，股票又是衍生品。因此，基础产品是一个相对的概念，能决定别人价值的产品即为基础产品。基础产品可以分为两类：

（1）现货金融产品：如股票、债券、存单和货币等。

（2）金融衍生工具：在期货期权中，期货合约能够决定期权价值，因此期货合约相对于期货期权即为基础产品。

金融衍生工具的基础变量主要包括各类资产价格、价格指数、信用等级、利率、汇率、通货膨胀率等，甚至天气指数也成为基础变量。

二、金融衍生品的特征 ☆☆

(1) 杠杆性。衍生品一般采取保证金交易，支付少量保证金即可进行大额交易，以小博大。

(2) 高风险性。高杠杆扩大收益的同时也扩大了风险，衍生品的投机属性导致其风险高于基础产品。

(3) 跨期性。衍生品的成交和交割不同时进行，现金流发生在未来。

(4) 联动性。衍生品的价值与基础产品之间关系密切。

(5) 零和性。交易双方的盈亏完全负相关，且净损益为零。

三、金融衍生品交易主体

(一) 投机者

投机者是指通过判断市场价格走向，行情看涨时买入，行情看跌时卖出，以获取利润的投资者。

【举例】当前美元与人民币的比价为 \$1＝¥6，投资者预期未来汇率上涨，以 1∶6 的比价买入 \$1 000 000 期货合约。若 3 个月后汇率为 1∶7，投资者以 1∶7 卖出 \$1 000 000 期货合约平仓，从中获利 ¥1 000 000；若 3 个月后汇率比价为 1∶5，投资者以 1∶5 卖出平仓，亏损 ¥1 000 000。

结论如下：

(1) 投机是单向行为，要么买入，要么卖出。

(2) 投机有风险，可能有收益，也可能有损失。

(二) 套利者

套利者利用两个市场定价的差异获取无风险利润。

【举例】

(1) 芒果市场：在产地广西，芒果 3 元/斤，同样的芒果在北京 12 元/斤，套利者可以在广西买入，在北京卖出，获取无风险利润 9 元（忽略其他交易费用）。

(2) 股票市场：假设当前英镑与美元的比价为 £1＝\$1.53，某股票在纽约的价格为 \$150，在伦敦的价格为 £100，套利者可以 \$150 从纽约市场买入，再以 £100 在伦敦市场卖出，并按照 1∶1.53 将 £100 兑换为 \$153，获得无风险利润 \$3。

【结论】

(1) 正是有套利行为的存在，才导致无套利空间（套利空间会随着套利行为而结束）。

(2) 套利是无风险获利：套利的结果一定有收益、一定无风险。

(三) 套期保值者（风险对冲者）

套期保值的目的是减少未来的不确定性，降低甚至消除风险。

【举例】投资者以 30 元/股买入股票，为了规避股价下跌带来的风险，可以同时买入该股票的看跌期权，二者的收益负相关，因此股价无论涨跌，均可以将风险冲销。

(四) 经纪人

经纪人在金融衍生品市场上充当交易双方的中介，其主要目的是促成交易、收取佣金。

知识点拨

套期保值、投机和套利三种交易方式的区别见表5-5。

表5-5 套期保值、投机和套利三种交易方式的区别

区别	套期保值	投机	套利
交易目的	减少、消除风险	获利	无风险获利
操作方式	利用期货、期权对冲风险	通过对未来价格走势的判断下赌注,是单向行为	利用不同市场定价错误,在不同市场买卖
操作结果	完全对冲掉风险、部分对冲掉风险、亏损;冲销风险的同时也放弃获利机会	有风险;可能获利、可能损失	无风险,一定获利

【注】金融衍生品市场是资本市场的重要组成部分;场外交易逐渐成为金融衍生品交易的主要形式。

典型例题

[单项选择题] 作为交易的中介,以促成交易、收取佣金为目的的衍生品市场交易主体是( )。

A. 套期保值者 B. 投机者

C. 套利者 D. 经纪人

[解析] 经纪人是交易中介,以促成交易、收取佣金为目的。

答案:D

考点5 金融远期

一、对金融远期合约的理解

(一)远期合约出现的目的

远期合约的出现是为了规避现货交易的风险。

(二)远期交易的形式

远期交易是以合约的形式进行,例如:甲、乙双方于3月1日签订合约,约定甲在9月1日以15元/斤的价格卖出5 000斤猪肉。通过这个例子可知:

(1)该合约中的现金流在未来发生→远期。

(2)合约中有确定的时间→到期日、交割日。

(3)合约中有确定的价格→交割价格、最后的买卖价格。

(4)该笔交易以合约的形式予以规定→远期合约。

(三)远期合约的含义

远期合约是指双方约定在未来某一确定时间,按照确定的价格买卖一定数量的金融资产的合约。多方是承诺买入资产的一方,空方是承诺卖出资产的一方。

(四) 远期合约的交易机制

(1) 分散的场外交易。

(2) 合约非标准化。

(五) 远期合约的特点

(1) 违约风险高：场外交易，无保证金。

(2) 流动性差：非标准化合约，个性化定制；交易者信用未知，难以转让。

(3) 交割麻烦：异地实物交割，手续费贵。

(4) 信息不畅：当时合约价格并不一定是最优价格。

(5) 不受交易所规则约束，双方自行决定，自由灵活。

二、远期合约的种类

(一) 远期利率协议 ☆☆☆

远期利率协议（FRA）是指买卖双方从商定时间开始，在特定一段时期内，按协议利率借贷一笔数额确定、以特定货币表示的名义本金的协议。

理解：FRA相当于一笔远期贷款，但并未发生实际借贷，只是通过该名义贷款去锁定利率。

【案例】甲在3个月后需要借入\$1 000 000，借款期限6个月，希望利率不超过6.5%；乙在3个月后要借出\$1 000 000，期限6个月，希望利率不低于6%。甲、乙于1月1日签订FRA，约定合同利率6.25%，名义本金\$1 000 000，协议期6个月，从现在起3个月内有效。若参照利率$r > 6.25\%$，甲有损失，乙向甲赔偿多支付利息部分；若参照利率$r < 6.25\%$，乙有损失，甲向乙赔偿少赚利息部分。关于FRA的重要时间点，见图5-12。

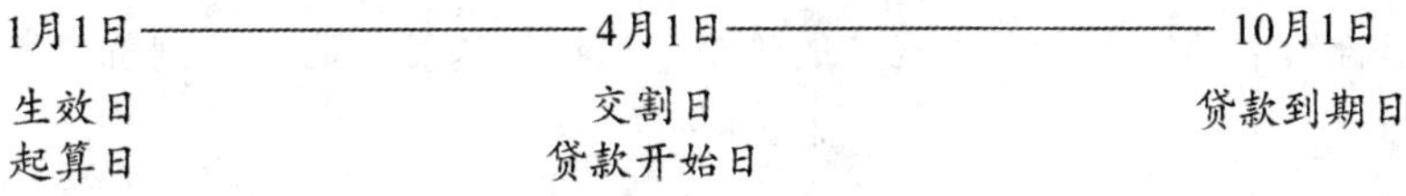

```
1月1日─────────────4月1日──────────────────10月1日
生效日              交割日                  贷款到期日
起算日              贷款开始日
```

图5-12　FRA重要时间点

(1) 远期利率协议（FRA）中的三个时间点：协议生效日、名义贷款起息日（交割日）、名义贷款到期日。

(2) 买方：名义借款人，目的是规避利率上升的风险。卖方：名义贷款人，目的是规避利率下降的风险。

(3) 借贷双方不交换本金，不发生实际上的借贷行为。

(4) 表示方式：交割日×到期日。

【提示】4×8远期利率协议：4个月之后执行一份期限为4个月的远期利率协议。（贷款开始日距起算日间隔4个月，贷款到期日距起算日间隔8个月）

(5) 在交割日交割利息差的折现值（根据协议利率和参考利率之间的差额计算）。

(6) 交割额是指交割日结算的利息差的现值。

$$交割额 = \frac{协议本金数额 \times (参考利率 - 协议利率) \times \frac{协议期限天数}{年基准天数}}{1 + (参考利率 \times \frac{协议期限天数}{年基准天数})}$$

①美元的年基准天数为 360 天，英镑的年基准天数为 365 天。

②参考利率：美国采用伦敦银行同业拆放利率（Libor），我国采用上海银行间同业拆放利率（Shibor）。

【结论】

(1) 若参考利率＞协议利率，则交割额为正，买方有损失，卖方向买方支付交割额。

(2) 若参考利率＜协议利率，则交割额为负，卖方有损失，买方向卖方支付交割额。

（二）远期外汇合约

远期外汇合约是指双方约定在将来某一时间按约定的远期汇率买卖一定金额的某种外汇的合约。交易双方在签订合同时，就确定好将来进行交割的远期汇率，合同签订后，无论汇价如何变化，都按照约定汇率交割。在交割时，名义本金并未进行交割，只交割合同中规定的远期汇率与当时的即期汇率之间的差额。

（三）远期股票合约

远期股票合约是指在未来特定日期，以特定价格交付一定数量单个股票或一篮子股票的协议。

三、远期定价

（一）交割价、远期价值、远期价格

1. 交割价

交割价是指合约中约定未来买卖资产的价格，远期合约签订后，交割价格不再改变。

2. 远期价值

远期价值是远期合约本身的价值，即合约的内在价值、合约未来产生的现金流的折现值，并非合约中标的资产的价值。

(1) 在签订合约时，双方并未进行实质交割，也没有签约费用（如期权费），因此签约时并未产生现金流，即签订合约时合约价值为零。

【注】远期价值为零并不是标的资产价格为零，而是合约本身价值为零。

(2) 签订合约后，由于标的资产的交割价不变，合约价值取决于标的资产的价值。

3. 远期价格

远期价格 = 合理的交割价格 = 公平的交割价格（签约时不需类似期权费的成本）→签约时无现金流→签约时远期合约价值为零。

由此可知，远期价格是使得远期价值为零的交割价格。

知识点拨

（1）远期价格和交割价格的区别：远期价格是合理的交割价格；而交割价是未来买卖标的资产的价格，交割价未必合理。

（2）远期价格和远期价值：远期价格对应标的资产，远期价值对应合约本身。

（3）远期价值和交割价格：远期价值是合约本身的内在价值，交割价格是合约中标的资产的未来买卖价格。

（二）远期定价的目的和计算

远期定价的目的是找到合理的交割价格，也就是确定远期价格。远期定价的核心思想：远期价格是现货价格的无风险终值；适用公式：连续复利终值＝现值·e^{rn}。

远期价格计算公式总结：

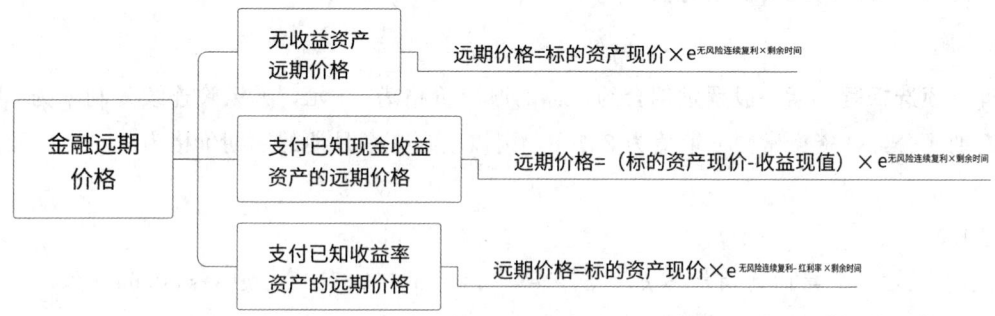

[例题1] 假设一种无红利股票目前的市场价为 30 元/股，无风险连续复利年利率为 5%，求该股票 1 年期的远期价格。

[答案] 远期价格＝股票当前价格×$e^{\text{无风险连续复利}\times\text{剩余时间}}$＝$30\times e^{5\%\times 1}\approx 31.54$（元）。

[例题2] 假设某付息债当前价格为 100 美元，每年付息 10 美元；美元 1 年期无风险利率为 4%。求 1 年期债券期货的理论价格。

[答案] 现金收益为 10 美元，因此现金收益的现值＝$10\times e^{-4\%\times 1}\approx 9.608$（美元）；远期价格＝（当前价格－收益现值）×$e^{\text{无风险连续复利}\times\text{剩余时间}}$＝$(100-9.608)\times e^{4\%\times 1}\approx 94.08$（美元）。

[例题3] 2015 年 9 月 2 日，假设 6.5 个月期的无风险年利率为 3.5%，中证 500 指数预期红利收益率为 1.5%。中证 500 指数收盘价为 6 122.55 点，求剩余期限为 6.5 个月的中证 500 指数期货 IC1603 的理论价格。

[答案] 远期价格＝股票当前价格×$e^{(\text{无风险连续复利}-\text{红利率})\times\text{剩余时间}}$＝$6\,122.55\times e^{(3.5\%-1.5\%)\times(6.5\div 12)}\approx 6\,189.24$（点）。

【总结】远期价格公式表明，远期价格仅与标的资产当前的现货价格有关，与未来的资产价格（期货价格）无关，因此远期价格并不是对未来资产价格的预期。

四、金融远期合约的价值

（一）金融远期合约的价值

交易双方在交易远期合约时买方应该向卖方支付的现金，是产品本身的价值。

（二）金融远期合约的价值公式

远期合约价值＝（远期价格－交割价格）$\times e^{-无风险连续复利\times 剩余时间}$

【结论】

(1) 标的资产价格增加→远期价格变大→远期合约价值变大，即 S_t 变大→F_t 变大→f_t 变大。

(2) 标的资产价格减少→远期价格变小→远期合约价值变小，即 S_t 变小→F_t 变小→f_t 变小。

（三）金融远期合约的价值状态

(1) 合约签订时：合约价值为零。

(2) 合约签订后，有效期间内：可正可负。

（四）远期价值与远期价格

远期价值与远期交割价格、远期理论价格有关，由二者的差额决定；远期价格是合理的交割价格，与标的资产的现货价格有关。

> **典型例题**

1. [单项选择题] 某一股票远期合约，标的股票价格为 50 元，无风险连续复利率为 5%，假设持有期无分红，资产常数 e 取值为 2.718，则该股票 3 个月期的远期价格为（　　）元。

A. 50.63　　　　　　　　　　　B. 58.09

C. 54.33　　　　　　　　　　　D. 52.56

[解析] 无红利股票的远期价格 $F_t = S_t \cdot e^{r(T-t)} = 50 \times 2.718^{5\% \times 3 \div 12} \approx 50.63$（元）。

2. [单项选择题] 关于金融远期合约的说法，正确的是（　　）。

A. 远期价格就是期货价格

B. 远期价格就是股票价格

C. 远期合约签订时，其价值为零

D. 远期价格是对未来资产价格的预期

[解析] 远期价格与期货价格并不完全相等，A 项错误。远期价格是合理的交割价格，并不是股票价格，B 项错误。远期价格并不是对未来资产价格的预期，D 项错误。

3. [单项选择题] 买卖双方在交易远期合约时买方应向卖方支付的现金是（　　）。

A. 远期合约价值　　　　　　　B. 远期价格

C. 期货价格　　　　　　　　　D. 期权价格

[解析] 远期合约价值是指买卖双方在交易远期合约时买方应向卖方支付的现金，即产品本身的价值。

4. [单项选择题] 在远期合约中，若标的资产在合约期间产生收益（如现金分红），远期价格会（　　）。

A. 不变　　　　　　　　　　　B. 上升

C. 下降　　　　　　　　　　　D. 无法确定

[解析] 现金分红降低标的物的现货价格，从而使远期价格降低。

答案：1. A　2. C　3. A　4. C

考点6 金融期货

一、对金融期货的理解

（一）金融期货合约的含义

期货合约是指合约双方约定在未来某一日期，按约定的条件买入或卖出一定数量金融资产的标准化合约。

【考点小贴士】 注意远期与期货含义的区别，即是否为标准化合约。

（二）金融期货合约的种类

(1) 货币期货：货币期货是指以货币（外汇或本币）为标的资产的期货合约。

(2) 利率期货：利率期货是指标的资产的价格依赖于债务证券的期货合约，标的资产主要是国债。

(3) 股指期货：股指期货是指以特定的股票价格指数为标的资产的期货合约。

（三）金融期货合约的功能

(1) 投机：投机者通过预测期货价格进行期货交易，从而获取利润。

(2) 对冲价格波动风险：套期保值者通过期货交易规避风险。

（四）金融期货合约的交易机制

远期合约属于非标准化合约，存在违约风险，而期货合约的出现改善了远期合约不合理的交易机制。

期货合约的交易机制＝交易所集中交易＋合约标准化。

1. 交易所集中交易

(1) 由交易所充当所有买方的卖方、所有卖方的买方，杜绝交易对手的违约行为。

(2) 保证金制度、盯市制度、当日无负债制度。

在期货交易中，每天以结算价（交易所确定）确定买卖双方的盈亏，进而变动保证金账户，若保证金账户不能在限期内补足，则交易所进行强行平仓，以保证当日无负债。

由此可见，期货的实际结算价格每天都会变动，期货交易每天均要计算浮动盈亏。

2. 合约标准化

期货合约在交易所内进行，因此交易单位、到期时间等均由交易所规定，只有价格是唯一变量。

3. 开立期货头寸的方式

(1) 买入建仓。

(2) 卖出建仓。

4. 结束期货头寸的方式

(1) 实物交割、现金结算：占比较小。

(2) 平仓：占比较大。

（五）远期合约与期货合约的区别

远期合约与期货合约的区别见表5-6。

表 5-6　远期合约与期货合约的区别

项目	远期合约	期货合约
盯市制度	只在到期日计算盈亏，不盯市	盯市；每天以结算价确定浮动盈亏，变动保证金
是否在交易所内	否	是
合约特点	非标准化、灵活、流动性差	标准化合约、流动性强
违约风险	无保证金，违约风险高	有保证金，违约风险低
合约双方关系	双方直接签订合约	双方分别同交易所交易
价格确定方式	双方协议确定	公平竞价
结算方式	一次性到期交割	每日结算一次
合约了结方式	实物交割、现金交割	平仓（大多数）、实物交割或现金交割

二、金融期货的价格与价值

（一）金融期货的价格

可以从远期与期货的定义看出，二者除标准化这一核心差异，在内容上具有高度相似性，定价也有高度的关联性。

理想情况下，无风险利率恒定时，交割日相同的远期价格和期货价格应该相等。但当利率变化无法预测时，远期价格和期货价格则不相等。标的资产价格与利率的相关关系见表 5-7。

表 5-7　标的资产价格与利率的相关关系

项目	内容
标的资产价格与利率正相关	期货价格高于远期价格，具体原因为： (1) 标的资产价格上升→期货价格随之升高→期货合约多头将因逐日盯市制度而立即获利→并可按高于平均利率的利率将所获利润进行再投资 (2) 标的资产价格下跌→期货合约多头将立即亏损→但其可按低于平均利率的利率从市场融资以补充保证金 相比之下，远期合约的多头将不会因利率的变动而受到上述影响。因此，期货多头比远期多头更具吸引力，期货价格自然就大于远期价格
标的资产与利率负相关	远期价格就会高于期货价格

【注意】此外，远期价格和期货价格还会受到合约有效期的长短、税收、交易费用、保证金的处理方式、违约风险、流动性等方面的影响。不过在现实中，二者的差异往往可以忽略不计。

（二）金融期货的价值

理论上，金融期货的价值是指期货合约本身的价值，即合约在未来产生的现金流的现值，但由于期货合约价值为零，在现实中通常无此概念。

由于期货特有的交易机制，期货采取盯市制度，每天根据结算价格计算浮动盈亏，此可以理解为：期货是一个每天以结算价格平仓、又以结算价格重新开立的合约。所以，在每天结算后期货的价值都归零，由此可知，金融期货合约在任何时点的价值均为零。

三、金融期货的应用——套利

（一）跨市场套利

（1）含义：利用同一种期货合约在不同交易所的定价差异应在合理范围，超出合理范围即出现套利空间。

（2）操作：在 A 交易所买入某期货合约的同时，在 B 交易所卖出相同数量、同一到期期限的同一期货合约。

【提示】交易所不同、交割月份相同、品种相同。

（二）期现套利

1. 原理

期现套利是指利用期货价格与标的资产现货价格的差异进行套利。当期货价格与现货价格的偏离程度超过理论值时，即存在套利空间。

2. 操作方式——股指期货的套利

（1）若 $F_t > S_t \cdot e^{(r-q)(T-t)}$：当前价格＞合理期货价格→期货价格被高估→卖出期货、买入现货。

（2）若 $F_t < S_t \cdot e^{(r-q)(T-t)}$：当前价格＜合理期货价格→期货价格被低估→买入期货、卖出现货。

【提示】现货市场与期货市场标的资产相同、数量相同、方向相反。

（三）跨期套利

1. 原理

相同标的资产、不同到期期限的期货合约，价差超出合理范围，即可进行套利操作。跨期套利利用两个不同到期期限的期货价格进行套利，即基差套利。

2. 操作

买入（卖出）短期限期货合约的同时，卖出（买入）长期限的期货合约。

【案例】当前市场供给不足、需求旺盛，远期供给充足，较近月份合约上涨幅度大于较远月份上涨幅度：买入较近月份、卖出较远月份，套期保值结果见表5-8。

表 5-8 套期保值结果

项目	现货市场	期货市场	基差
10月	买入 50 手 5 月棉花期货，价格 12 075 元/吨	卖出 50 手 9 月棉花期货，价格 12 725 元/吨	基差 650 元/吨
12月	卖出 50 手 5 月棉花期货合约，价格 12 555 元/吨	买入 50 手 9 月棉花期货，价格 13 060 元/吨	基差 505 元/吨
盈利	盈利 480 元/吨	亏损 335 元/吨	价差缩小 145 元/吨
最终结果	盈利 145 元/吨		

【提示】相同标的资产、不同交割月份、相同数量、相反方向。

【考点小贴士】本知识点经常考查套利方式的概念，需要掌握关键词。

【总结】三种套利方式的比较见表5-9。

表5-9 三种套利方式的比较

套利方式	适用情形	适用类型
期现套利	现货市场与期货市场标的资产相同、数量相同、方向相反	利率期货市场、股指期货市场
跨期套利	同种标的资产、不同交割月份、数量相同、方向相反	同一期货品种、不同到期期限的期货
跨市场套利	交易所不同、交割月份相同、品种相同	货币期货

>> 典型例题

1. [单项选择题] 利率期货是依赖于（　　）的金融期货合约。

A. 外汇　　　　　　　　　　B. 本币

C. 债务证券　　　　　　　　D. 股票价格指数

[解析] 利率期货是依赖于债务证券的金融期货合约，标的资产主要为国债，如中期国债、长期国债等。

2. [单项选择题] 关于期货交易的说法，正确的是（　　）。

A. 期货交易是场内标准化交易　　　B. 期货交易是场外柜台交易

C. 期货交易是场外零售交易　　　　D. 期货交易是场内个性化交易

[解析] 期货交易是在场内进行的标准化交易。

3. [多项选择题] 关于金融远期与金融期货的说法，正确的有（　　）。

A. 金融远期协议相较于金融期货合约面临更小的信用风险

B. 金融期货属于场内交易，金融远期一般为场外交易

C. 金融远期合约为标准化合约

D. 金融期货交易一般设有盯市制度和保证金制度

E. 金融期货一般采用的是现金交割

[解析] 金融期货交易所在的交易所有专门的结算中心，相比于金融远期交易，面临的信用风险更小，A项错误。金融期货合约是标准化合约，C项错误。

答案：1. C　2. A　3. BDE

考点7　金融互换

一、对互换的理解

（1）互换是指两个或两个以上的当事人按照商定的条件，在约定的时间内交换一系列现金流的合约。

（2）远期合约可以理解为仅交换一次现金流的互换，互换可以看作一系列远期合约的组合。

(3) 互换操作基于"比较优势"原理，即两利取重、两害取轻。
(4) 互换的本质是未来系列现金流的组合。

二、金融互换的种类

（一）货币互换

1. 含义

货币互换是指在未来约定的期限内，将一种货币的本金和固定利息与另一货币的等价本金和固定利息进行交换。

2. 特点

持有不同币种的交易主体，在期初交换等值货币，在期末再换回各自本金并支付利息。具体来说，即是在期初，买方获得外币，并将等值的本币借给卖方；在期中，买方支付外币利息，获取本币利息；在期末，买方偿还外币本金，同时获得本币的本金。

【案例】甲公司替乙公司借美元，乙公司替甲公司借英镑，则：
(1) 甲（美国公司）：借入（外币）英镑，借出（本币）美元。
(2) 乙（美国公司）：借入（本币）美元，借出（外币）英镑。

3. 事例

假设英镑和美元汇率为 £1 = \$1.5，甲公司想借入 10 年期的 100 万英镑，乙公司想借入 10 年期的 150 万美元。银行的固定利率报价见表 5-10。

表 5-10 银行的固定利率报价

公司	美元的固定汇率报价	英镑的固定汇率报价
甲公司	8%	11.6%
乙公司	10%	12%

【分析】在美元市场，甲公司比乙公司借款利率低 2%；在英镑市场，甲公司比乙公司借款利率低 0.4%。根据"两利取重"的原则，甲公司借美元具有比较优势。同理，根据"两害取轻"的原则，乙公司借英镑的比较劣势小。因此，甲公司替乙公司借美元，乙公司替甲公司借英镑。

若不互换，借款利率 = 11.6% + 10% = 21.6%；若互换，借款利率 = 8% + 12% = 20%。
由此可知，互换的结果是双方共同节省 1.6%（21.6% - 20%）的利率。

4. 结果

货币互换不仅交换不同货币的本金，同时也交换不同货币的利息。

（二）利率互换

1. 含义

利率互换是指交易双方同意在未来的一定期限内，根据约定数量的本金（同种货币的相同名义本金）交换现金流的行为。在互换过程中，一方的现金流按照固定利率来计算，另一方现金流按照浮动利率来计算。

2. 特点

同种货币的固定利率和浮动利率之间的互换。

3. 事例

假设甲、乙两家公司均要借入 100 万元人民币，期限为 10 年。甲公司以浮动利率借款，乙公司以固定利率借款，银行根据二者的信用级别分别作出如下报价，见表 5-11。

表 5-11 银行报价

公司	固定利率	浮动利率
甲公司	10%	Libor+0.3%
乙公司	11.2%	Libor+1%

【分析】在固定利率市场，甲公司比乙公司借款利率低 1.2%；在浮动利率市场，甲公司比乙公司借款利率低 0.7%。因此，根据"两利取重"的原则，甲公司按照固定利率借款具有比较优势。同理，按照"两害取轻"的原则，乙公司按照浮动利率借款的比较劣势小。因此，甲公司替乙公司进行固定利率借款，乙公司替甲公司进行浮动利率借款。

若不互换，借款利率＝Libor＋0.3%＋11.2%＝Libor＋11.5%；若互换，借款利率＝10%＋Libor＋1%＝Libor＋11%。由此可知，互换的结果是双方共同节省 0.5%（11.5%－11%）的利率。

4. 结果

由于本金相同，<u>利率互换通常不交换本金，只需定期交换利息差额</u>。

5. 利率互换的种类

(1) <u>普通互换（固定—浮动利率互换）</u>：浮动利率支付与固定利率支付之间的定期互换。

(2) <u>远期互换</u>：互换的生效日是从未来某一确定时间开始的互换。

(3) <u>可赎回互换</u>：支付固定利率的一方有权在到期日前终止互换。

(4) <u>可退卖互换</u>：浮动利率支付的一方有终止合约的权利。

(5) <u>可延期互换</u>：固定—浮动利率互换双方可以延长互换期限。

(6) <u>零息互换</u>：合约一方（浮动利率的支付方）定期支付利息，另一方（固定利率的支付方）在到期日一次性支付利息。

(7) <u>利率上限互换</u>：固定利率支付与浮动利率支付设定上限的互换。

(8) <u>股权互换</u>：将利率支付与股票指数变动的程度联系起来的一种互换。

（三）交叉互换

交叉互换是利率互换和货币互换的结合，是用一种货币的固定利率交换另一种货币的浮动利率。

【考点小贴士】本知识点经常考查互换的构成。

【总结】货币互换与利率互换的区别见表 5-12。

表 5-12 货币互换与利率互换的区别

项目	货币互换	利率互换
货币种类	涉及两种货币	只涉及一种货币
是否交换本金	常交换本金	不涉及本金的交换
涉及的利率	均为固定利率，均为浮动利率，或者固定利率与浮动利率互换	固定利率与浮动利率互换

三、金融互换的应用——套利

（一）套利的理论基础

（1）金融互换的套利基于比较优势原理，即两优取重、两劣取轻。

（2）双方对对方的资产或负债均有需求。

（3）双方在两种资产或负债上均存在比较优势（一方的比较劣势小、一方的比较优势大）。

（二）货币互换的套利

假设英镑和美元的汇率为：1 英镑＝1.3 美元。甲公司想借入 5 年期的 1 000 万英镑的借款，乙公司想借入 5 年期的 1 300 万美元的借款。市场向他们提供的借款利率见表 5-13。

表 5-13　市场向甲、乙两家公司提供的借款利率

公司	美元的借款利率	英镑的借款利率
甲公司	8%	11.6%
乙公司	10%	12%

第一步：分析比较优势。

甲公司借美元具有比较优势，乙公司借英镑具有比较优势。

第二步：计算套利利润。

甲公司替乙公司借美元，乙公司替甲公司借英镑。互换后存在 1.6% 的套利利润。

第三步：设计互换方案。

（1）甲公司以 8% 的利率从市场借入美元，再以 8% 的利率借给乙公司。甲公司无盈亏，乙公司获利 2%（10%－8%）。

（2）乙公司以 12% 的利率从市场借入英镑，再以 10.8% 的利率借给甲公司。甲公司获利 0.8%（11.6%－10.8%），乙公司亏损 1.2%（12%－10.8%）。

（3）甲公司的盈亏＝0.8%，乙公司的盈亏＝2%－1.2%＝0.8%。通过设计的套利交易，甲、乙两家公司各节省了 0.8% 的利率。

（4）甲公司最终借款利率（英镑）＝8%＋10.8%－8%＝10.8%（互换前的利率－节省的利率）；乙公司最终借款利率（美元）＝8%＋12%－10.8%＝9.2%（互换前的利率－节省的利率）。

（三）利率互换的套利

假设甲、乙公司都想借入 1 000 万元人民币，甲公司想按与贷款基准利率 LPR 相关的浮动利率借款，乙公司想按固定利率借款。商业银行向他们提供的借款利率见表 5-14。

表 5-14　商业银行向甲、乙两家公司提供的借款利率

公司	固定利率	浮动利率
甲公司	6%	LPR＋0.3%
乙公司	7.2%	LPR＋1%

第一步：分析比较优势。

甲公司按照固定利率借款具有比较优势，乙公司按照浮动利率借款具有比较优势。

第二步：计算套利利润。

甲公司替乙公司进行固定利率借款，乙公司替甲公司进行浮动利率借款，互换后存在0.5%（1.2%－0.7%）的套利利润。

第三步：设计互换方案。

（1）甲公司以6%的利率从商业银行借入资金，再以6%的利率借给乙公司。甲公司盈亏平衡，乙公司获利1.2%（7.2%－6%）。

（2）乙公司以LPR+1%的利率从商业银行借入资金，再以LPR借给甲公司。甲公司获利0.3%［（LPR+0.3%）－LPR］，乙公司亏损1%［（LPR+1%）－LPR］。

（3）甲公司的总盈亏＝0.3%，乙公司的总盈亏＝1.2%－1%＝0.2%。

（4）甲公司最终借款利率（浮动利率）＝LPR（互换前的利率－节省的利率）；乙公司最终借款利率（固定利率）＝7%（互换前的利率－节省的利率）。

【考点小贴士】本知识点经常考查案例分析题，要重点理解案例中的内容。

四、货币互换的应用——管理汇率风险

投资者通过货币互换规避货币兑换，避免货币兑换的成本，以低成本筹资。

五、利率互换的应用——管理利率风险

（一）利率互换管理利率风险的方式

通过利率互换转换固定利率与浮动利率。

（1）调整债务：利用利率互换使债务与资产匹配，降低筹资成本，增加负债能力。

（2）调整资产：利用利率互换提高资产收益率。

（二）使资产与负债的利率风险相匹配

资产和负债的期限结构不匹配，会产生利率风险敞口，可通过利率互换填平风险敞口。

（三）降低负债成本，提高资产收益

在市场利率下降时，发行固定利率债券的公司可以进行利率互换交易，将固定利率转换为浮动利率，按照较低的浮动利率进行互换，节省融资成本。

》 典型例题

1.［单项选择题］假设某公司于3年前发行了5年期的浮动利率债券，现在利率大幅上涨，公司要支付高昂的利息，为了减少利息支出，该公司可以采用（　　）。

A. 货币互换　　　　　　　　　　B. 跨期套利

C. 跨市场套利　　　　　　　　　D. 利率互换

［解析］货币互换需涉及两种货币，A项错误。跨期套利涉及不同到期期限的期货合约之间的套利交易，B项错误。跨市场套利涉及同一种期货合约在不同交易所之间的套利，C项错误。该公司可以通过固定利率与浮动利率的互换以规避利率上涨带来的利息支出，D项正确。

2. [案例分析题] A、B 两家公司均要在金融市场上借入 1 000 万美元的资金,期限均为 3 年。其中,A 公司需要借入浮动利率资金,B 公司需要借入固定利率资金。由于两家公司的信用等级不同,融资年利率也不同,具体情况见表 5-15。

表 5-15 市场向 A、B 两家公司提供的借款利率

公司	固定利率	浮动利率
A 公司	8.0%	Libor+0.4%
B 公司	9.5%	Libor+1.0%

【注】两家公司希望通过设计利率互换协议进行互换套利,降低融资成本。

根据以上资料,回答下列问题:

(1) 两家公司在固定利率借款上的年利差是( )。
A. 0.4% B. 0.6%
C. 1.0% D. 1.5%

[解析] 两公司在固定利率借款上的年利差=9.5%−8.0%=1.5%。

(2) 两家公司在浮动利率借款上的年利差是( )。
A. 0.4% B. 0.6%
C. 1.0% D. 1.5%

[解析] 两家公司在浮动利率借款上的年利差=(Libor+1.0%)−(Libor+0.4%)=0.6%。

(3) 如果双方合作,通过利率互换交易分享无风险利润,则存在的套利利润为( )。
A. 0.3% B. 0.6%
C. 0.9% D. 1.0%

[解析] 交易前,双方成本为 Libor+0.4%+9.5%。交易后,双方成本为 Libor+1.0%+8.0%。存在的套利利润=(Libor+0.4%+9.5%)−(Libor+1.0%+8.0%)=0.9%。

(4) 如果银行从中获得 0.1% 的报酬,则 A、B 两家公司每年可能分别节约( )的融资成本。
A. 0.4% 和 0.4% B. 1.5% 和 0.6%
C. 0.4% 和 0.6% D. 1.5% 和 0.4%

[解析] 双方合作后,存在的套利利润为 0.9%,银行从中获得 0.1% 的报酬,剩余 0.8%,即两家公司每年节约 0.8% 的融资成本。选项中仅有 A 项的两个数值相加为 0.8%,故正确。

答案:1.D 2.D B C A

考点8 金融期权

一、对期权的理解

金融期权是一种权利的合约,买方向卖方支付期权费获得权利,权利的行使以协议方式进

行规定。按照协议规定，买方（拥有权利的一方）有权在约定的时间内，以约定的价格买卖一定数量的金融资产。

二、看涨期权与看跌期权

（一）看涨期权

1. 事例

甲预计未来股价上涨，因此向乙支付每股 0.5 元的期权费，成为期权的买方。甲与乙签订合约，约定甲以 8 元/股的价格从乙处买入 1 000 股，于 10 月 1 日之前交割。

若股票价格上涨至 15 元/股，甲执行期权，以 8 元/股从乙处买入，再以 15 元/股的市场价格卖出，则：甲的获利＝（15－8）×1 000－0.5×1 000＝6 500（元）。乙作为期权的卖方，没有拒绝的权利，因此乙执行期权，以 8 元/股将股票卖给甲，则：乙的亏损＝（8－15）×1 000＋0.5×1 000＝－6 500（元）。

若股票价格下跌至 6 元/股，甲执行期权会有损失，因此甲放弃执行期权，甲的损失＝期权费＝0.5×1 000＝500（元）；乙的获利＝期权费＝0.5×1 000＝500（元）。

2. 结论☆☆

（1）看涨期权＝买方对行情看涨＝买权（期权买方有买入标的资产的权利）。

（2）理论上市场价格会一直上涨，买方收益无限大、损失有限大，卖方损失无限大、收益有限大。看涨期权买方盈亏分布见图 5-13，看涨期权卖方盈亏分布见图 5-14。

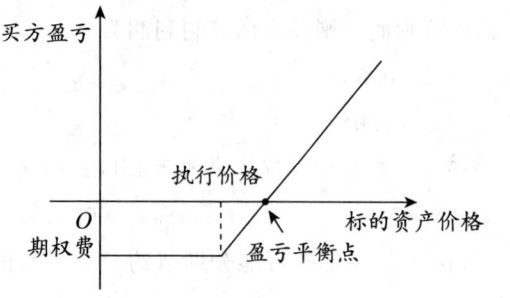
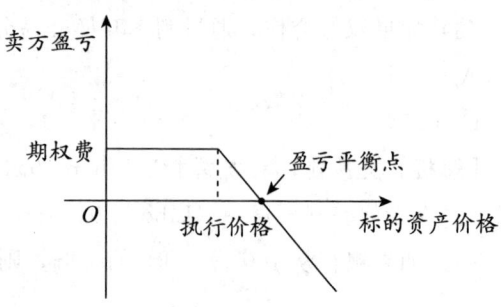

图 5-13　看涨期权买方盈亏分布　　图 5-14　看涨期权卖方盈亏分布

（3）行权价格：合约中约定的买卖标的资产的价格。

（4）标的资产未来市场价格上涨，买方执行权利；若价格下跌，买方有权放弃。

（5）期权费：买方购买权利支付的价格。

（二）看跌期权

1. 事例

甲预计未来股价下跌，因此向乙支付每股 0.5 元的期权费，成为期权的买方。甲与乙签订合约，约定甲以 8 元/股的价格将 1 000 股股票卖给乙，于 10 月 1 日之前交割。

若股票价格下跌至 6 元/股，甲执行期权，以 6 元/股从市场中买入股票，再按照合约价格 8 元/股将股票卖给乙，则：甲的获利＝（8－6）×1 000－0.5×1 000＝1 500（元）；乙以 8 元/股从甲处买入股票，则：乙的损失＝（6－8）×1 000＋0.5×1 000＝－1 500（元）。

若股票价格上涨至15元/股,甲若执行期权会亏损,因此甲放弃执行期权,甲的损失＝期权费＝0.5×1 000＝500(元);乙的获利＝期权费＝0.5×1 000＝500(元)。

2.结论

(1)看跌期权＝买方对行情看跌＝卖权(期权买方有卖出标的资产的权利)。

(2)理论上市场价格会一直下跌,但最多跌至0元,因而买方收益最大为标的物的交割价($X-0$),损失最多为期权费,由于期权交易具有零和性,卖方损益与买方相反,但也是有限的亏损和收益。欧式看跌期权买方盈亏分布见图5-15,欧式看跌期权卖方盈亏分布见图5-16。

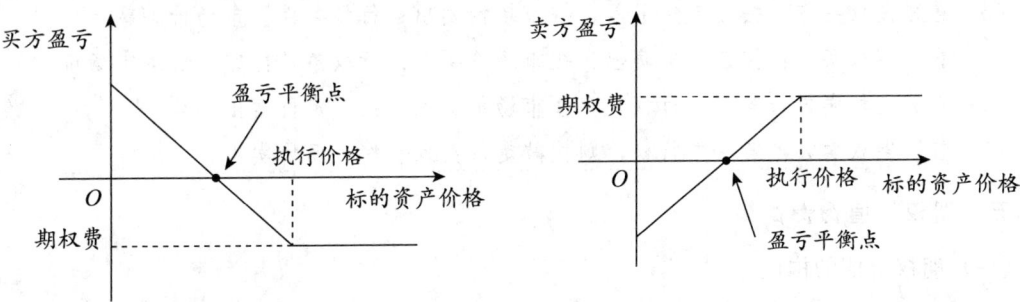

图5-15 欧式看跌期权买方盈亏分布　　图5-16 欧式看跌期权卖方盈亏分布

(3)标的资产未来市场价格下跌,买方执行权利;若价格上涨,买方有权放弃。

(三)总结☆☆☆

(1)买方、卖方是权利的买卖双方,不是标的资产的买卖双方。

(2)买权和卖权均是从买方角度出发,买权是买方有权买入标的资产,卖权是买方有权卖出标的资产。

(3)看涨期权的买方有限亏损、无限收益;卖方无限亏损、有限收益。看跌期权的买方卖方均为有限亏损、有限收益。

(4)看涨期权和看跌期权的划分角度:按照买方权利的不同进行划分。

【考点小贴士】本知识点要重点理解案例中的内容,加深理解。

三、期权的其他分类

期权的其他分类见表5-16。

表5-16 期权的其他分类

划分标准	类型	具体内容
执行时间	欧式期权	买方只能在行权日当天行使期权
	美式期权	买方可以在成交后到行权日截止时间前任意一天行使期权
	百慕大期权	买方可以在到期日前的特定日期行使期权,如每一个月的最后一个交易日
标的物	外汇期权	按照规定汇率买进或者卖出一定数量外汇资产的选择权
	利率期权	以一定的利率(价格)买入或卖出一定面额的利率工具的权利,其标的物通常是政府短期、中期、长期债券、欧洲美元债券、大额可转让存单等利率工具
	股指期权	期权购买者取得在未来某个时间,以某种价格买进或卖出某种基于股票指数的标的物的权利

四、期权与期货的区别

（1）购买期权时，买方须支付期权费；签订期货合约时，双方不发生权利费的支付。

（2）期权买方在到期日可以选择放弃执行期权，而期货合约的交易者在到期日时必须买入或卖出金融资产。

知识拓展

（1）期权买方有权利在未来买入或卖出标的资产：买权＝看涨；卖权＝看跌。

（2）看涨期权买方：按敲定价买入、按市场价卖出；行权条件：市场价＞敲定价。

（3）看跌期权买方：按敲定价卖出、按市场价买入；行权条件：敲定价＞市场价。

（4）看涨期权卖方：若买方行权，则按市场价买入、按敲定价卖出。

（5）看跌期权卖方：若买方行权，则按敲定价买入、按市场价卖出。

五、期权价值☆☆☆

（一）期权价值的构成

期权价值的构成见图 5-17。

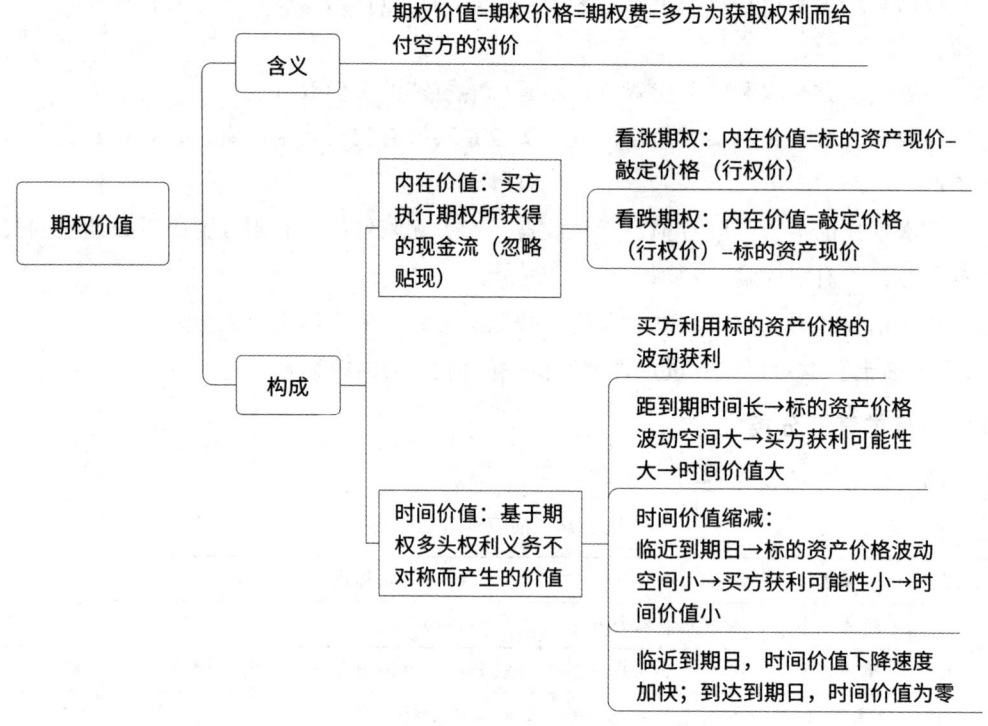

图 5-17　期权价值

（二）实值期权、平价期权和虚值期权

实值期权、平价期权和虚值期权的具体内容见表 5-17。

第五章 金融资产定价

表5-17 实值期权、平价期权和虚值期权的具体内容

划分标准	类型	具体内容
是否具有内在价值	实值期权	具有内在价值。如标的资产现价＞执行价格的看涨期权，标的资产现价＜执行价格的看跌期权
	平价期权	执行价格＝标的资产现价。无论是看涨期权，还是看跌期权，此时期权的内在价值为零
	虚值期权	无内在价值。在此价格下，期权持有者不会行权。如标的资产现价＞执行价格的看跌期权，标的资产现价＜执行价格的看涨期权【注意跟实值期权相反】

【举例】对于执行价格为2.4元的50ETF看涨期权：

（1）如果此时50ETF的市场价格为2.5元，此时，如果期权持有者立马行权，可以以期权的约定按2.4元购入50ETF，再按照2.5元的市场价格卖出购入的50ETF，一买一卖可获利0.1元，因此，此时该期权的内在价值为0.1元，此时期权处于实值期权的状态。

（2）如果50ETF的价格下跌至2.4元，此时期权处于平价期权的状态。

（3）当50ETF价格进一步下跌至2.3元，期权持有者行权将无利可图，此时期权无内在价值，处于虚值期权的状态。

（三）影响期权价格的因素

影响期权价格的因素及其具体内容见表5-18。

表5-18 影响期权价格的因素及其具体内容

因素	具体内容
标的资产的市场价格与期权的执行价格	（1）看涨期权：收益＝标的资产的市场价格－执行价格，因此，标的资产的市场价格越高→执行价格越低→看涨期权的价格越高 （2）看跌期权：收益＝执行价格－标的资产的市场价格，因此，标的资产的市场价格越低→执行价格越高→看跌期权的价格越高
期权的有效期	（1）美式期权：有效期越长，期权持有者获利机会越大，期权价格越高 （2）欧式期权：只能在期末执行，有效期长的期权不一定包含有效期短的期权的所有执行机会，这就使欧式期权的有效期与期权价格之间的关系较为复杂。例如，同一股票的两份欧式看涨期权，一份有效期为1个月，另一份有效期为2个月，假定在6周后标的股票将有大量红利支付，由于支付红利会使股价下降，在这种情况下，有效期短的期权的价格甚至会大于有效期长的期权的价格。但在一般情况下，即使是欧式期权，有效期越长，其期权价格也越高
标的资产价格的波动率	因为期权多头的最大亏损仅限于期权费，而最大盈利却取决于执行时标的资产市场价格与执行价格的差额，所以价格的波动率越大，对期权多头越有利，期权价格也应越高
无风险利率	无风险利率上升时，标的资产的贴现率通常也会随之上升，贴现率的上升会降低执行价格的现值，结合执行价格对期权价格的影响，可以得出，在其他条件不变的情况下，无风险利率上升会使看涨期权价格增加、看跌期权价格下降
红利支付	因为标的资产分红付息等将减少标的资产的价格，而执行价格并未进行相应调整，因此在期权有效期内标的资产产生收益将使看涨期权价格下降，而使看跌期权价格上升

期权价格的影响因素与期权价格变化见表5-19。

表 5-19 期权价格的影响因素与期权价格变化

影响因素	欧式看涨期权	欧式看跌期权	美式看涨期权	美式看跌期权
标的资产市场价格	+	−	+	−
期权的执行价格	−	+	−	+
到期期限（无红利支付）	+	+	+	+
标的资产价格的波动率	+	+	+	+
无风险利率	+	−	+	−
红利支付	−	+	−	+

（四）布莱克-斯科尔斯期权定价公式

1973 年，布莱克和斯科尔斯在一定假设下，推导出了欧式期权定价的精确公式。推导布莱克－斯科尔斯期权定价公式所需的假设如下：

（1）证券价格服从对数正态分布。

（2）在期权有效期内，无风险利率和金融资产收益变量是恒定的。

（3）标的资产可以被自由买卖，其既可以被卖空，也可以无限可分。

（4）市场无摩擦，即不存在税收和交易成本。

（5）金融资产在期权有效期内无红利及其他所得。

（6）期权为欧式期权，即期权到期前不可行权。

（7）不存在无风险套利机会。

（8）证券交易是持续的。

（9）投资者能够以无风险利率进行借贷。

基于上述假设，布莱克和斯科尔斯推导出欧式看涨期权的定价公式如下：

$$c_t = S \times N(d_1) - X \times e^{-r(T-t)} \times N(d_2)$$

式中，$d_1 = \dfrac{\ln\left(\dfrac{S}{X}\right) + \left(r + \dfrac{\sigma^2}{2}\right)(T-t)}{\sigma\sqrt{T-t}}$，$d_2 = \dfrac{\ln\left(\dfrac{S}{X}\right) + \left(r - \dfrac{\sigma^2}{2}\right)(T-t)}{\sigma\sqrt{T-t}} = d_1 - \sigma\sqrt{T-t}$；$c_t$ 为看涨期权的价格；$N(x)$ 为正态分布的累积概率分布函数；σ 为标的资产的波动率；T 和 t 分别代表合约截止日期和现在的日期，因此，$T-t$ 表示期权合约剩余期限；r 为无风险利率；S 为标的资产现价；X 为期权的执行价格。

看涨期权价格的影响因素包括标的资产现价、合约的执行价格、无风险利率、标的资产价格的波动率以及期权合约的剩余日期。

【注意】红利支付的影响因素并没有体现在布莱克-斯科尔斯期权定价公式中。

欧式看跌期权的定价公式需要基于无套利分析方法构建两个组合。

组合 A：一份欧式看涨期权，加上面值为期权执行价格 X 的零息债券。

组合 B：一份有效期和执行价格与组合 A 看涨期权相同的欧式看跌期权，加 1 单位标的资产。

在期权合约到期时，组合 A 期权的价值为 $\max(S_T - X, 0)$，零息债券的价值为 X，因此，总价值 $\max(S_T-X, 0)+X=\max(S_T, X)$。

组合 B 中看跌期权的价值为 $\max(X-S_T, 0)$，标的资产的价值为 S_T，因此，组合 B 的总价值为 $\max(X-S_T, 0)+S_T=\max(S_T, X)$。

因此，组合 A 与组合 B 的终值相等，那么根据无套利分析方法，其在 t 时的价值也相等，即：

$$c_t+X\times e^{-r(T-t)}=p_t+S$$

其中，c_t 为看涨期权的价格，p_t 为看跌期权的价格，S 为 t 时标的资产的市场价格。

这就是无收益资产欧式看涨期权与看跌期权之间的平价关系。根据此平价关系，将布莱克和斯科尔斯推导出的欧式看涨期权的定价公式代入此式，即可得到欧式看跌期权的价格。

$$p_t=X\times e^{-r(T-t)}\times N(-d_2)-S\times N(-d_1)$$

需要指出的是，在现实的交易市场中，除欧式期权以外，还存在着各种各样类型的期权，其中，很多期权的定价并没有一个精确的公式，如部分奇异期权、美式看跌期权等。针对这些期权，可以采用蒙特卡罗模拟法、二叉树模型和有限差分法三种数值方法来近似求出。

典型例题

1. [单项选择题] 关于期权的盈亏分布，以下表述正确的是（ ）。

A. 看涨期权的买方具有有限亏损、有限盈利
B. 看涨期权的卖方具有有限亏损、有限盈利
C. 看跌期权的买方具有有限亏损、有限盈利
D. 看跌期权的卖方具有无限亏损、有限盈利

[解析] 看涨期权的买方具有有限亏损、无限盈利；看涨期权的卖方具有无限亏损、有限盈利。而看跌期权的买卖双方均为有限盈利、有限亏损。

2. [单项选择题] 其他条件不变，当无风险利率上升时，欧式看涨期权的价格通常会（ ）。

A. 上升　　　　　　　　　　　　B. 下降
C. 不变　　　　　　　　　　　　D. 无法确定

[解析] 在不考虑其他影响时，无风险利率上升时，标的资产的贴现率通常也会随之上升，贴现率的上升会降低执行价格的现值，结合执行价格对期权价格的影响，可以得出，在其他条件不变的情况下，无风险利率上升会使看涨期权价格增加、看跌期权价格下降。

3. [单项选择题] 某股票的市场价格为 42 元，某投资者认为该股票的价格在未来 3 个月将发生重大变化，因此购买了一个到期期限为 3 个月、执行价格为 50 元的欧式看涨期权，同时购买了一个到期期限为 3 个月、执行价格为 35 元的欧式看跌期权来套利。假定看涨期权的成本为 2 元，看跌期权的成本为 1.5 元。3 个月后，如果该股票价格跌到 28 元，则该投资者可获利（ ）元。

A. 29　　　　　　　　　　　　　B. 7
C. 3.5　　　　　　　　　　　　　D. 25.5

[解析] 根据题干可知：在看涨期权中，投资者以50元买入，以市场价格卖出，成本为2元；在看跌期权中，投资者以35元卖出，以市场价格买入，成本为1.5元。当未来市场价格为28元时，看涨期权放弃行权，损失2元；看跌期权选择行权，收益＝（35－28）－1.5＝5.5（元）。因此，投资者总收益＝5.5－2＝3.5（元）。

4. [单项选择题] 关于金融期权的价值结构的说法，错误的是（　　）。

A. 期权时间价值指的是期权费减去内在价值部分以后的余值

B. 期限越长的期权，期权的时间价值越大

C. 期权的内在价值指期权按执行价格立即行使时所具有的价值

D. 看跌期权的内在价值相当于标的资产现价与执行价格的差

[解析] D项错误，看跌期权的内在价值等于执行价格与标的资产现价的差，看涨期权的内在价值等于标的资产现价与执行价格的差。

5. [多项选择题] 下列假设条件中，属于布莱克-斯科尔斯期权定价公式的有（　　）。

A. 无风险利率是恒定的

B. 没有交易成本、税收，不存在无风险套利机会

C. 标的资产在期权到期之前可以支付股息和红利

D. 证券交易是持续的

E. 证券价格服从对数正态分布

[解析] 布莱克-斯科尔斯期权定价模型中，标的资产在期权到期之前不支付股息和红利，C项错误。

答案：1. C　2. A　3. C　4. D　5. ABDE

考点9　信用衍生产品

一、信用衍生产品概况

（1）含义：信用衍生产品是用来分离和转移信用风险的各种工具和技术的统称。

（2）基础资产：贷款或债券的信用状况。

（3）功能：将一方的信用风险转移给另一方，使投资者能够通过增加或减少信用风险敞口头寸管理信用风险。

二、信用衍生产品的类别

根据表现形式的不同，信用衍生产品可以分为四类。

（一）信用违约类产品

1. 信用违约互换（CDS）

信用违约互换又称信用违约掉期，是一种金融互换协议。

其交易双方为信用保护买方和信用保护卖方，信用保护买方定期向信用保护卖方支付一定的费用，以换取信用保护卖方对参考资产或参考实体的信用保护。如果参考实体违约或发生双

方约定的信用事件，信用保护买方有权得到赔偿。

信用违约互换与保险合同有明显的相似性，也有许多不同之处，最重要的一点是，在信用违约互换的实际交易中，信用保护买方不一定真正持有参考资产。

2. 信用违约期权（CDO）

信用违约期权是一种选择权，是指以违约事件的发生与否作为标的物的期权合约。

期权买方（风险规避者）通过向卖方交付一笔期权费，从而获得在规定的日期将信用风险引起的损失转移给期权卖方的权利。

【举例】银行可以在发放贷款时购买一个与该笔贷款面值相对应的违约期权。

A：贷款违约事件发生时，期权出售者向银行支付违约贷款的面值。

B：贷款得以清偿，违约期权自动终止。

银行的最大损失就是从期权出售者那里购买违约期权所支付的价格。

信用违约互换与信用违约期权的区别见表5-20。

表 5-20 信用违约互换与信用违约期权的区别

区别	信用违约互换	信用违约期权
费用计算	存在相当于名义贷款本金转移的问题，即信用保护买方可以以贷款本金为基数按双方商定的基点支付费用	不存在名义贷款本金转移的问题，期权买方支付的是固定的期权费
支付方式	在合约有效期内定期多次支付费用	一次性支付期权费

3. 信用联结票据（CLN）

信用联结票据以表内业务方式管理违约风险，是为特定目的而发行的一种有价证券。

信用联结票据的特性是该工具在发行时注明其本金的偿还和利息的支付取决于参考资产的信用状况。

当参考资产出现违约时，该票据的本金得不到全部偿还。信用联结票据实际是一个普通固定收益证券和一个信用衍生产品的混合产品。即信用保护买方向投资者发行与信用风险相联系的票据，投资者为获得高额收益率而承诺承担信用保护的责任。

A：到期时，对应信用违约事件没有发生，信用保护买方只支付票据的票面价值及利息。

B：假如发生了信用违约事件，则只偿还部分金额。

信用联结票据由金融机构发行，其收益与负债主体的信用状况挂钩。票据不保本，但在无信用事件的前提下按固定期限付息给投资者。信用联结票据吸引人之处在于它的收益率可能比传统的债券高，并可由投资者自主选择负债主体、期限等。它的发行人是信用保护的买方，通过发行信用联结票据分散信用风险，得到信用保护。其购买人是信用保护的卖方，通过购买信用联结票据获得较高的利息同时承担风险。

从技术层面上来说，金融机构发行信用联结票据＝发行票据＋买入信用违约互换。

（二）合成型担保债权凭证

合成型担保债权凭证是建立在信用违约互换基础上的一种担保债权凭证。一般来说，发起银行向特殊目的公司（SPV）购买信用违约互换，在合约期内，银行定期向特殊目的公司支付费用，之后，特殊目的公司以信用违约互换合同为基础，发行高级票据、中级票据以及次级票据等各级担保债权凭证，将销售各级担保债权凭证所得收入投资于一个独立的抵押资产池，资产池中的资产主要以国债以及 AAA 级债券等无风险资产为主。

A：如果参考实体没有发生违约事件，那么特殊目的公司将利用信用违约互换保费以及抵押资产池产生的收入，向证券投资者支付利息。

B：如果发生违约事件，那么特殊目的公司将利用抵押资产池产生的收入或者利用出售抵押资产池中无风险资产的收入向发起银行进行赔偿，在此情况下，次级票据持有者的收益将首先受到影响。

合成型担保债权凭证图解见图 5-18。

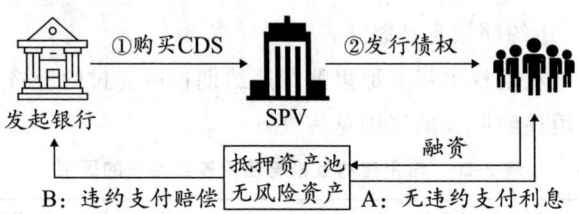

图 5-18　合成型担保债权凭证图解

（三）总收益互换（TRS）

总收益互换是一方在协议期间将参考信贷资产的总收益转移给另一方，另一方则需要按特定的浮动利率或固定利率进行支付。

参考信贷资产可以是银行信贷、债券以及股票指数等。

总收益可以包括本金、利息以及因资产价格变化带来的资本利得或资本损失。

相较于信用违约互换，总收益互换不仅可以把信用风险转移出去，也可以将利率风险、汇率风险、市场风险等其他风险转移出去，且交易另一方也可以在不拥有参考信贷资产的情况下获得资产的相关收益。

与一般互换的不同之处在于，交易双方除了交换在互换期间的现金流以外，在贷款到期或者出现违约的时候，还需结算贷款或债券的价差（计算公式在签约时确定）。

（四）信用利差期权（CSO）

信用利差期权的标的基础资产：信用利差。

信用利差期权的多头通过向空头支付期权费，获取在未来市场利差高于事先约定利差时，要求期权空头执行清偿支付的权利。信用利差为信用证券与无风险证券之间的利率之差，当信用利差的值较高时，在市场有效的基础下，意味着有更高的违约风险。当信用证券的违约概率提升时，信用利差期权的购买者可以通过要求期权卖出方执行清偿支付，保证自己在违约风险上升时，转移对应债券贬值带来的损失。

> **典型例题**

1. [单项选择题] 关于信用违约互换的说法，不正确的是（　　）。

A．又称信用违约掉期

B．交易双方为信用保护买方和信用保护卖方

C. 信用保护买方真正持有参考资产

D. 信用保护买方定期向信用保护卖方支付一定的费用

[解析] 在信用违约互换的实际交易中，信用保护买方不一定真正持有参考资产。

2. [单项选择题]（　　）是指一方在协议期间将参考信贷资产的总收益转移给另一方，另一方则需要按特定的浮动利率或固定利率进行支付的一种信用衍生产品。

A. 总收益互换　　　　　　　　　　B. 信用利差期权

C. 信用违约互换　　　　　　　　　D. 信用违约期权

[解析] 总收益互换是指一方在协议期间将参考信贷资产的总收益转移给另一方，另一方则需要按特定的浮动利率或固定利率进行支付，参考信贷资产可以是银行信贷、债券以及股票指数等，总收益可以包括本金、利息以及因资产价格变化带来的资本利得或资本损失。

答案：1. C　2. A

第六章

中央银行运行机制

📖 **大纲再现**
1. 理解中央银行的相对独立性、性质、职能、业务。
2. 分析货币政策与宏观审慎政策。

✏️ **大纲解读**

本章分值占比较大，常以单项选择题、多项选择题形式出题，案例分析题中也曾有涉及。

本章属于宏观调控部分，系统介绍了中央银行的运行机制，从基础的央行产生开始，到央行如何运用货币政策调节货币供求、实现货币供求均衡，进而调控宏观经济，其中，货币供给、货币需求、货币供求均衡属于理论部分，货币政策属于实践部分。高频考点包括货币供给理论、货币政策。近年来，本章命题趋势呈现以下两个特点：一是知识点考查较稳定、重点突出，因此建议结合历年真题进行梳理，重点掌握货币需求理论、货币供给理论以及货币政策；二是突出对细微知识点的考查，所以要求学习时扫清知识盲区，抓住微小知识点。

知识脉络 ▶

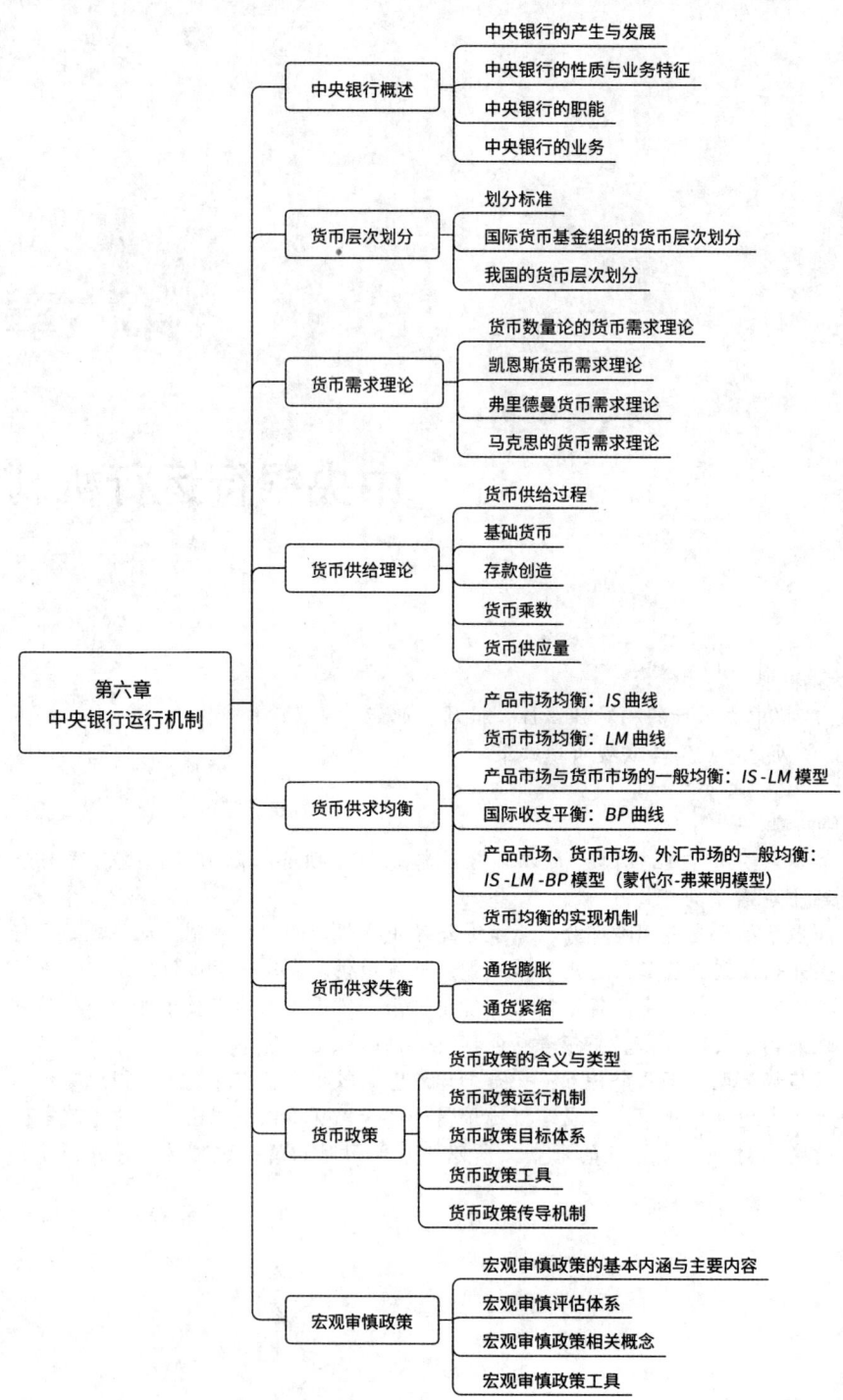

考点1　中央银行概述

一、中央银行的产生与发展

（一）中央银行产生的必然性
（1）商品经济发展到成熟阶段。
（2）金融业发展的客观需求。

（二）中央银行建立的必要性
（1）政府干预社会经济发展的需要。
（2）集中货币发行权的需要。
（3）管理金融业的需要。
（4）代理国库、经理的需要。
（5）为政府筹措资金的需要。

（三）中央银行的鼻祖

英格兰银行（1694年成立）被公认为是近代中央银行的鼻祖（设立最早的中央银行是瑞典银行，但其并不是真正意义上的中央银行鼻祖）。

二、中央银行的性质与业务特征

（一）性质
（1）中央银行在一国金融体系中处于主导地位。
（2）中央银行是国家顶级货币金融管理机构。
（3）中央银行是特殊的金融机构：代表国家制定并实施货币政策、实施金融业监管，对国民经济进行宏观调控。

（二）业务特征
（1）不以盈利为目的（但中央银行有盈利）：中央银行业务活动是为实现宏观经济目标。
（2）不经营普通银行的业务：中央银行不是办理货币信用业务的经济实体。
（3）具有相对独立性：中央银行制定和实施货币政策时具有相对独立性；央行自行制定货币发行制度，以维持货币的稳定。
（4）相对独立性的模式：
①独立性强的模式。中央银行直接对国会负责，政府不得直接发布命令、指示，不得干涉货币政策，代表国家有美国、德国。
②独立性居中的模式。中央银行名义上隶属于政府，而实际上保持着一定的独立性，代表银行有英格兰银行、日本银行。
③独立性弱的模式。中央银行接受政府的指令，货币政策的制定和执行须经政府批准，代表国家是意大利。

三、中央银行的职能☆☆☆

（一）办理金融业务——银行的银行

中央银行是商业银行的银行。
（1）为了保障存款人资金的安全，集中保管存款准备金。

(2) 通过票据再抵押、再贴现充当最后贷款人。
(3) 组织全国银行间的清算业务。
(4) 组织外汇头寸抛补业务。

(二) 为政府服务——国家的银行

中央银行为政府提供服务，代替政府管理国家金融。

(1) 经理、代理国库：中央银行作为政府的出纳，经办或代理政府财政预算收支。
(2) 为政府融通资金：中央银行可以向政府提供信贷支持（我国的中央银行除外）。
(3) 代理政府金融事务：中央银行代理政府发行国债、兑付到期国债。
(4) 为政府提供经济金融情报和决策建议，充当政府金融政策顾问。
(5) 代替政府保管外汇和黄金储备。
(6) 代表政府参加国际金融活动。

(三) 发行货币——发行的银行

中央银行集中发行货币，垄断货币发行权。

(四) 监管金融——管理金融的银行

(1) 制定和实施货币政策，在稳定货币的前提下促进经济增长。
(2) 执行金融行政管理职能。
(3) 拟订银行业、保险业重要法律法规草案和审慎监管基本制度。
(4) 管理境内金融市场，确保资金往来合法。
(5) 运用货币政策工具，影响金融市场利率和融资成本，调节资金供求关系。
(6) 建立宏观审慎政策框架，强化金融运行宏观审慎管理，健全金融风险防范化解和处置机制。
(7) 维护金融稳定保障国家金融安全，促进经济社会健康发展。

四、中央银行的业务

(一) 中央银行资产负债表

中央银行资产负债表是中央银行履行职能时，由其业务活动所形成的债权债务存量表，反映了其资产负债种类、结构等。简化的中央银行资产负债表见表6-1。

表6-1 简化的中央银行资产负债表

资产	负债
国外资产（外汇、黄金）	货币发行
对政府债权	金融机构存款
对金融机构债权（再贴现、再贷款）	政府存款
对非金融部门债权	其他负债
其他资产（固定资产等）	资本项目
资产项目合计	负债及资本项目合计

(二) 中央银行业务类型

1. 负债业务

负债业务是指中央银行充当债务人的业务，负债业务是资产业务的基础。

(1) 货币发行。这是中央银行最主要的负债。

(2) 集中存款准备金。

(3) 经理和代理国库。

> **知识拓展**
>
> (1) 货币发行：纸币本身没有价值，但市场主体需要用有价值的商品、劳务去换取中央银行发行的纸币，这种交换属于非等价交换，价值单方面转移给中央银行。因此纸币属于债务货币，中央银行的货币发行属于负债业务。
>
> (2) 代理国库、集中存款准备金：同商业银行一样，中央银行吸收存款时也充当债务人，因此存款是中央银行的负债业务，代理国库即吸收财政存款，集中存款准备金即吸收商业银行的准备金存款，均属中央银行负债业务。
>
> (3) 中央银行进行再贴现、再贷款、买入国债、买入外汇，会使资产增加；反之，会使其资产减少。

2. **资产业务**

资产业务是指中央银行充当债权人的业务。

(1) 国际储备业务：主要是指黄金、外汇储备。

(2) 贷款业务：主要是指对商业银行、政府的贷款。

(3) 证券买卖业务：央行通过公开市场操作，在金融市场买卖证券，调节货币量。

(4) 再贴现业务。

(5) 其他资产业务。

3. **中间业务**

中间业务是指不形成资产或负债的业务。中央银行的主要中间业务是全国清算，具体表现为：

(1) 集中办理票据交换。

(2) 办理异地资金转移。

(3) 结清交换差额。

【考点小贴士】本知识点经常考查负债、资产业务的构成。

▶ 典型例题

1. [单项选择题] 中央银行依法集中保管存款准备金，从职能上看，这体现了中央银行是（　　）。

A. 管理金融的银行　　　　　　　　B. 发行的银行

C. 银行的银行　　　　　　　　　　D. 政府的银行

[解析] 中央银行作为"商业银行的银行"体现在以下几方面：①集中银行的存款准备金；②充当银行的最后贷款人；③组织全国银行间的清算；④进行外汇头寸抛补业务等。

2. [多项选择题] 中央银行的职能包括（　　）。

A. 集中保管存款准备金　　　　　　B. 组织全国银行间的清算业务

C. 组织外汇头寸抛补业务　　　　　D. 吸收公众存款业务

E. 充当最后贷款人

[解析] D项错误，中央银行无法吸收公众存款，只能吸收金融机构存款、国库存款。

3.[单项选择题] 下列中央银行业务中，不属于资产业务的是（   ）。

A. 再贴现业务　　　B. 再贷款业务　　　C. 债券发行业务　　　D. 证券买卖业务

[解析] A、B、D三项均属于中央银行资产业务。C项，中央银行发行债券充当债务人，因此属于负债业务。

4.[多项选择题] 下列中央银行的货币政策操作中，可以使其资产增加的有（   ）。

A. 卖出外汇　　　　　　　　　　　　B. 买入外汇

C. 买入政府债券　　　　　　　　　　D. 卖出政府债券

E. 对商业银行发放贴现贷款

[解析] 持有外汇属于中央银行的资产业务，因此买入外汇会使中央银行资产增加，卖出外汇会使资产减少，A项错误、B项正确。政府债券属于中央银行资产，因此买入债券会使资产增加，卖出外汇会使资产减少，C项正确、D项错误。再贷款、再贴现属于央行资产业务，E项正确。

答案：1. C　2. ABCE　3. C　4. BCE

考点2　货币层次划分

一、划分标准

（1）货币层次的划分标准是"流动性"。

（2）"流动性"是指金融资产能够及时变现、又不至遭受损失的能力。

二、国际货币基金组织的货币层次划分

根据国际货币基金组织（IMF）编制的《货币与金融统计手册》，货币层次的划分如下：

M0＝流通中的现金。

M1＝M0+可转让本币存款和在国内可直接支付的外币存款。

M2＝M1+单位定期存款和储蓄存款+外汇存款+大额可转让定期存单（CDs）。

M3＝M2+外汇定期存款+商业票据+互助金存款+旅行支票。

三、我国的货币层次划分

根据中国人民银行公布的货币供应量统计表，我国货币供应量层次划分如下：

M0＝流通中现金。

M1＝M0+单位活期存款+个人活期存款+非银行支付机构客户备付金。

M2＝M1+储蓄存款+单位定期存款+单位其他存款。

M3＝M2+金融债券+商业票据+大额可转让定期存单等。

【注】

（1）2001年6月，将证券公司客户保证金计入M2。

（2）2002年年初，将外资、合资金融机构的人民币存款纳入货币供应量。

(3) 2006年,将信托投资公司和金融租赁公司的存款不计入货币供应量。

(4) 2011年10月,将住房公积金中心存款和非存款类金融机构在存款类金融机构的存款纳入M2。

(5) 2018年1月,用非存款机构部门持有的货币市场基金取代货币市场基金存款(含存单)。

(6) 2024年12月,中国人民银行决定自2025年1月数据起,启用新修订的狭义货币(M1)统计口径。修订后的M1包括:流通中货币(M0)、单位活期存款、个人活期存款、非银行支付机构客户备付金。

【考点小贴士】本知识点经常考查我国货币层次的划分。记忆口诀为"1活2存3证券"。

典型例题

1.[单项选择题] 中央银行确定货币供给统计口径的标准是金融资产的( )。

A. 稳定性　　　　B. 收益性　　　　C. 风险性　　　　D. 流动性

[解析] 中央银行确定货币供给统计口径的标准是金融资产的流动性。

2.[单项选择题] 根据我国货币供应量层次的划分,M1包括流通中的现金和( )。

A. 单位定期存款　　　　　　　　B. 单位活期存款

C. 大额可转让定期存单　　　　　D. 储蓄存款

[解析] M1是狭义的货币量,包括流通中的现金、单位活期存款、个人活期存款和非银行支付机构客户备付金,B项正确。单位定期存款和储蓄存款属于M2,A、D项错误。大额可转让定期存单属于M3,C项错误。

3.[单项选择题] 在我国货币供应量层次划分中,未包括在M1中,却包括在M2中的是( )。

A. 支票存款　　　　　　　　　　B. 流通中的现金

C. 单位活期存款　　　　　　　　D. 单位定期存款

[解析] 单位定期存款属于M2,但不属于M1;A、B、C三项均包含在M1中。

4.[单项选择题] 根据我国货币统计口径划分标准,下列货币构成中,属于M3与M2差异项的是( )。

A. 单位定期存款　　B. 通货　　C. 储蓄存款　　D. 商业票据

[解析] 我国货币供应量划分为:M0=流通中的现金;M1=M0+单位活期存款+个人活期存款+非银行支付机构客户备付金;M2=M1+储蓄存款+单位定期存款+单位其他存款;M3=M2+金融债券+商业票据+大额可转让定期存单等。D项"商业票据"属于M3与M2的差异项。

5.[多项选择题] 2011年10月,中国人民银行再次修订货币供应量口径,新计入M2的项目有( )。

A. 流通中的现金　　　　　　　　B. 储蓄存款

C. 证券公司客户保证金　　　　　D. 住房公积金中心存款

E. 非存款类金融机构在存款类金融机构的存款

[解析] 2011年10月,中国人民银行将住房公积金中心存款和非存款类金融机构在存款

类金融机构的存款纳入 M2。

答案：1.D 2.B 3.D 4.D 5.DE

考点3 货币需求理论

一、货币数量论的货币需求理论

货币数量论的货币需求理论包括费雪方程式、剑桥方程式，其理论内容见图 6-1。

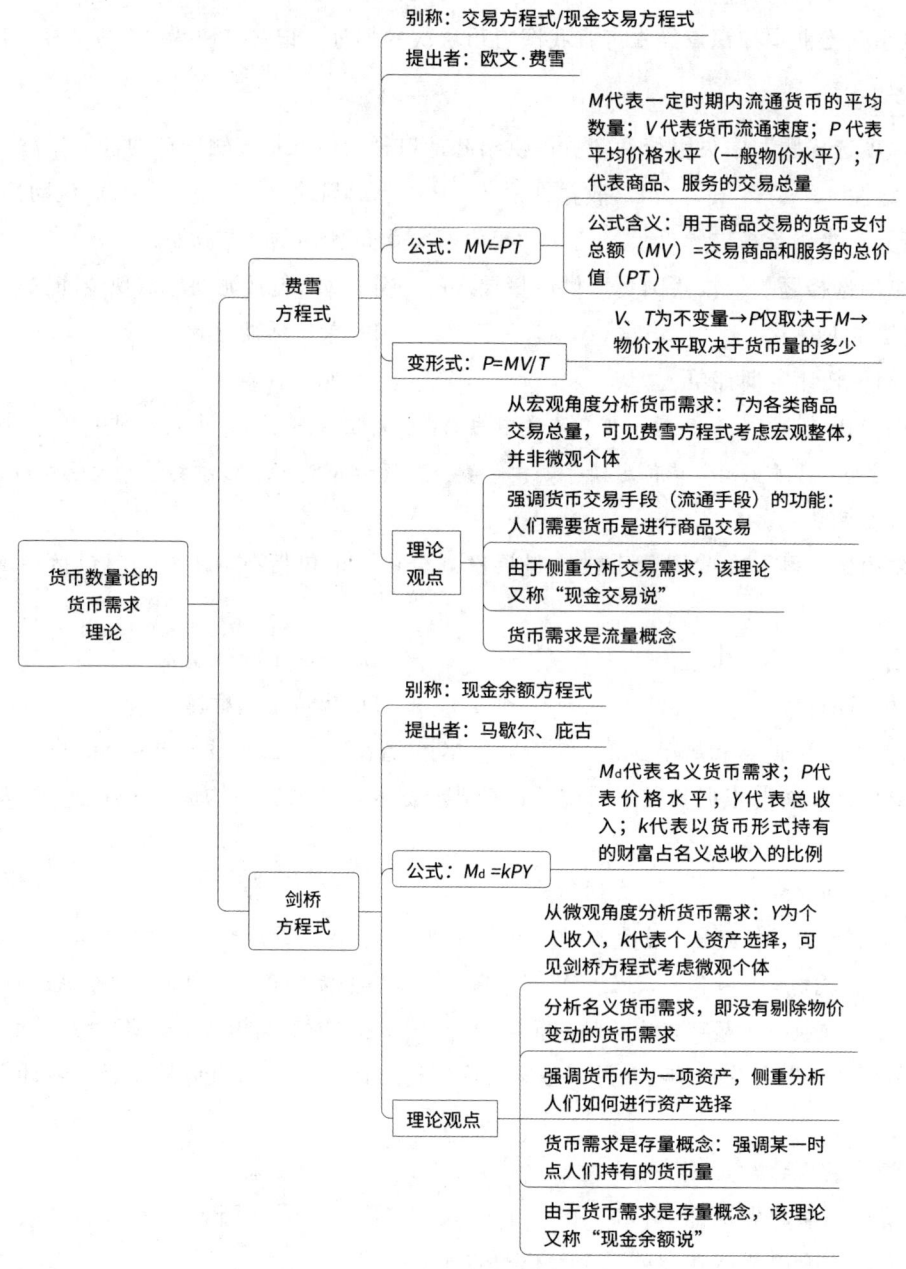

图 6-1 货币数量论

费雪方程式和剑桥方程式的区别见表 6-2。

表 6-2 费雪方程式和剑桥方程式的区别

区别	费雪方程式	剑桥方程式
对货币需求分析侧重点不同	强调货币的交易手段功能，着重分析商品交易量对货币的需求	强调货币作为财富的持有形式
理论内容不同	将货币需求和支出流量联系在一起，重视货币支出的数量和速度，侧重货币流量分析，即"现金交易说"	从用货币形式保有资产存量的角度考虑货币需求，重视存量占收入的比，即"现金余额说"
分析角度	宏观角度	微观角度

二、凯恩斯货币需求理论

凯恩斯货币需求理论的内容见图 6-2。

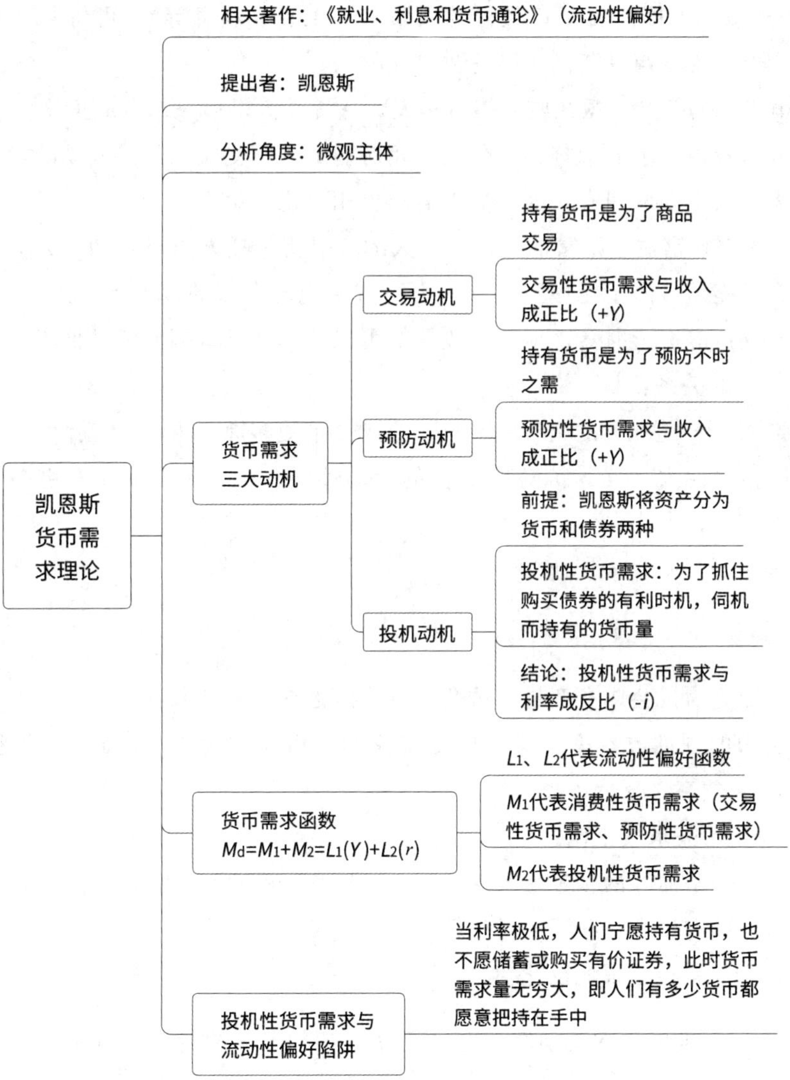

```
凯恩斯货币需求理论
├── 相关著作：《就业、利息和货币通论》（流动性偏好）
├── 提出者：凯恩斯
├── 分析角度：微观主体
├── 货币需求三大动机
│   ├── 交易动机
│   │   ├── 持有货币是为了商品交易
│   │   └── 交易性货币需求与收入成正比（+Y）
│   ├── 预防动机
│   │   ├── 持有货币是为了预防不时之需
│   │   └── 预防性货币需求与收入成正比（+Y）
│   └── 投机动机
│       ├── 前提：凯恩斯将资产分为货币和债券两种
│       ├── 投机性货币需求：为了抓住购买债券的有利时机，伺机而持有的货币量
│       └── 结论：投机性货币需求与利率成反比（-i）
├── 货币需求函数
│   $M_d = M_1 + M_2 = L_1(Y) + L_2(r)$
│   ├── $L_1$、$L_2$ 代表流动性偏好函数
│   ├── $M_1$ 代表消费性货币需求（交易性货币需求、预防性货币需求）
│   └── $M_2$ 代表投机性货币需求
└── 投机性货币需求与流动性偏好陷阱
    └── 当利率极低，人们宁愿持有货币，也不愿储蓄或购买有价证券，此时货币需求量无穷大，即人们有多少货币都愿意把持在手中
```

图 6-2 凯恩斯货币需求理论

【总结】货币需求三大动机记忆口诀为"预防投机交易"。

三、弗里德曼货币需求理论

弗里德曼的货币需求理论融合、修正和吸收了剑桥学派和凯恩斯主义的理论,形成当代货币主义。

(一)货币需求函数

$$\frac{M_d}{P}=f(y,\ w;\ r_m,\ r_b,\ r_e,\ \frac{1}{P}\cdot\frac{dP}{dt};\ u)$$

式中,$\frac{M_d}{P}$代表剔除物价后的实际货币需求。

(二)货币需求影响因素

1. 第一组:y,w

(1)y:恒久收入,即能够稳定获得的因素(如工资、利息等),可将其理解为预期平均长期收入,区别于接受赠与、赌博所得的暂时性收入。

①y与货币需求的关系:恒久收入多(y大)→货币需求多→二者成正比。

②恒久收入对货币需求的影响:恒久收入相对稳定,不受短期经济波动的影响,而恒久收入是影响货币需求最主要的因素,因此货币需求也相对稳定。

(2)w:非人力财富占总财富的比重。个人的总财富包括人力财富和非人力财富。人力财富是指个人的谋生能力,属于无形财富,人力财富变现难、流动性差;非人力财富是指货币、债券、股票、不动产等有形财富,债券、股票等可以随时变现,因此流动性强。

w与货币需求的关系:

①人力财富占比大→总财富的流动性差→个人需要持有更多货币以增加流动性→货币需求量大。

②非人力财富占比大(w大)→总财富的流动性强→个人不需要持有更多货币→货币需求量小。

【结论】w与货币需求量成反比。

2. 第二组:r_m,r_b,r_e,$\frac{1}{P}\cdot\frac{dP}{dt}$

这四个因素统称为机会成本变量,可衡量持币的潜在损失或收益。

(1)r_m:货币的预期收益率。弗里德曼研究的货币需求为M2,持有这类货币是有收益的。r_m大→持币收益率高→货币需求增加。

【结论】r_m与货币需求成正比。

(2)r_b、r_e:r_b是债券的预期收益率,r_e是股票的预期收益率。r_b、r_e高→债券、股票的预期收益率高→持有债券、股票→对货币需求减少。

【结论】r_b、r_e与货币需求成反比。

(3)$\frac{1}{P}\cdot\frac{dP}{dt}$:预期物价的变动率,也被理解为保存实物的名义报酬率。$(\frac{1}{P}\cdot\frac{dP}{dt})$大→预期物价上升→通货膨胀、货币贬值→提前减少手中货币→货币需求减少。

【结论】$\frac{1}{P} \cdot \frac{dP}{dt}$ 与货币需求成反比。

3. 第三组：u

u 代表影响货币需求的其他因素，是一个综合变量。

【总结】弗里德曼货币需求函数中，与货币需求呈正相关的要素有人力财富占比、货币预期收益率、恒久收入。其记忆口诀为"人货恒正"。

（三）弗里德曼货币需求理论与凯恩斯货币需求理论的区别

关于弗里德曼货币需求理论与凯恩斯货币需求理论的区别，见表 6-3。

表 6-3 弗里德曼货币需求理论与凯恩斯货币需求理论的区别

项目	弗里德曼货币需求理论	凯恩斯货币需求理论
侧重点	强调恒久收入对货币需求的影响	强调利率对货币需求的影响
货币政策传导变量的选择	货币供应量	利率
货币政策措施	单一规则（货币供给量）	相机行事

四、马克思的货币需求理论

（一）流通手段货币需求量

$$\text{执行流通手段职能的货币需求量} = \frac{\text{商品价格} \times \text{待售商品数量}}{\text{货币流通速度}} = \frac{\text{待售商品价格总额}}{\text{货币流通速度}}$$

执行流通手段职能的货币需求量影响因素：

（1）待销售商品价格总额：正比。

（2）货币流通速度（货币平均周转次数）：反比。

【举例】在一定时期内待销售商品价格总额为 800 亿元，货币流通速度为 8 次，则货币需求量为：$800 \div 8 = 100$（亿元）。

（二）流通手段和支付手段货币需求量

$$\text{流通手段和支付手段的货币需求量} = \frac{\text{待售商品价格总额} - \text{赊销商品价格总额} + \text{到期应支付总价} - \text{相互抵销的价格总额}}{\text{同名货币流通速度}}$$

>> 典型例题

1. [单项选择题] 根据费雪方程式，如果一国货币总量为 150，价格水平为 2，各类商品交易数量为 300，则该国货币流通速度是（　　）。

A. 0.25   B. 1.00
C. 4.00   D. 5.00

[解析] 根据费雪方程式，$MV = PT$，即 $V = \frac{PT}{M} = \frac{2 \times 300}{150} = 4.00$。

2. [单项选择题] 从货币形式保有资产存量的角度分析货币需求，重视存量占收入比例的货币需求理论是（　　）。

A. 剑桥方程式   B. 费雪方程式
C. 现金交易说   D. 凯恩斯货币需求函数

[解析] 剑桥方程式从用货币形式保有资产存量的角度考虑货币需求，重视存量占收入的比，即"现金余额说"。

3. [单项选择题] 下列现象中，属于"凯恩斯流动性陷阱"的是（ ）。

A. 当利率极高时，人们大量卖出有价证券

B. 当利率极低时，人们不管有多少货币都愿意持有在手中

C. 当利率极低时，为避免损失人们不愿持有货币而是进行储蓄

D. 当利率极高时，人们大量进行消费和投资

[解析] A项错误，利率极高→人们预测利率下降→预测债券价格上涨→大量买入债券。B项正确、C项错误，利率极低→人们预测利率上涨→预测债券价格下降→卖出债券、持有货币。D项错误，当利率极高时，人们用货币购买债券，而不是消费和进行其他投资。

4. [多项选择题] 根据弗里德曼货币需求理论，与货币需求量成反比的因素有（ ）。

A. 恒常收入 B. 存款预期收益率

C. 股票预期收益率 D. 人力资本占总财富的比重

E. 预期通货膨胀率

[解析] A项错误，恒久收入与货币需求成正比。B项错误，弗里德曼定义的货币是M2，持有这类货币是有收益的，如存款利息；存款的收益率越高，人们的货币需求越多，二者成正比。C项正确，股票的预期收益率高，人们越多持有股票，对货币需求减少，因此二者成反比。D项错误，人力财富占比大，则总财富的流动性差，个人需要持有更多货币以增加流动性，会使货币需求量大，因此二者成正比。E项正确，预期通货膨胀率高，代表未来货币贬值，人们会提前减少手中货币，货币需求减少，因此二者成反比。

答案：1. C 2. A 3. B 4. CE

考点4 货币供给理论

一、货币供给过程

货币供给是指银行系统向经济体中投入、创造、扩张或收缩货币的过程。货币供给的参与者包括中央银行、存款机构和储户，具体过程见图6-3。

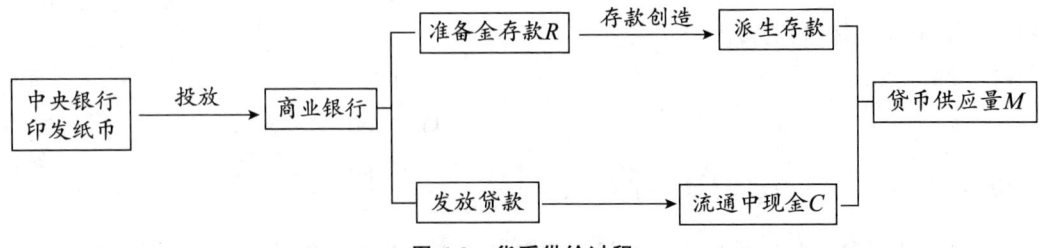

图6-3 货币供给过程

在货币供给过程中，首先由中央银行印发纸币，再经由买外汇、再贴现、再贷款等形式将货币投放到商业银行。商业银行留足准备金，其余部分货币通过资产业务投放到企业、居民手中，这部分货币成为流通中的现金。因此可知，流通中的现金是由中央银行发行库经由

商业银行业务库,最终进入流通中。此外,商业银行在吸收中央银行投放的纸币的基础上,通过其特有机制可以创造出更多的存款货币,最终流通中的货币就由两部分构成:一部分是中央银行印出的纸币,这部分纸币是商业银行创造存款货币的前提和基础,也是货币供给的基础,因此被称为基础货币;另一部分是商业银行在基础货币的基础上创造出的存款货币,也称派生存款。

由上述过程可知,货币供给的过程从基础货币开始,到商业银行进行存款创造,最终形成货币供应量。下面将具体阐述这三个步骤。

> **知识点拨**
> 此部分是理解整个货币供给的核心,对于货币供给的流程图和文字介绍要深入理解,为学习后面的知识点奠定基础。

二、基础货币

(一) 含义

(1) 基础货币是中央银行向经济体中投放的货币量。

(2) 中央银行投放一定量的基础货币被商业银行作为准备金而持有,经由商业银行的存款创造,可以派生出数倍的存款货币,因此基础货币又称高能货币、强力货币或储备货币。其中,高能货币的界定标准是随时能转化为存款准备金。

(3) 基础货币是商业银行存款创造的基础。

(二) 构成

关于基础货币的构成见图 6-4。

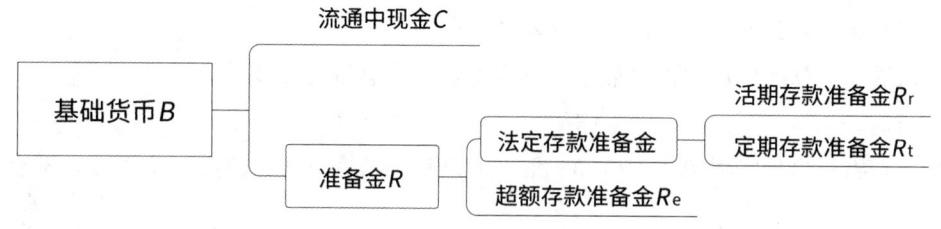

图 6-4 基础货币的构成

(三) 特征

(1) 基础货币的本质是中央银行发行的纸币,因此是中央银行的货币性负债,而不是中央银行资产或非货币性负债。

(2) 从来源上看,中央银行投放基础货币的渠道主要是再贴现、贷款等资产业务,因此基础货币是通过中央银行的资产业务供给出来的。

(3) 基础货币是商业银行信用创造(存款创造)的基础。

(4) 在部分准备金制度下,商业银行通过基础货币进行存款创造,产生数倍于自身的量。

(5) 央行通过对基础货币施加影响,进而实现调控供给量的目的。

（四）投放渠道及影响因素 ☆☆☆

1. 公开市场业务——变动对政府的债权

（1）买入政府债券、投放基础货币。

（2）卖出政府债券、回笼基础货币。

2. 再贴现、再贷款——变动对银行的债权

（1）对商业银行提供再贴现、再贷款，基础货币增加。

（2）收回对金融机构的再贴现、再贷款，基础货币减少。

3. 在外汇市场买卖黄金外汇——变动储备资产

（1）收购黄金外汇，基础货币增加。

（2）抛售黄金外汇，基础货币减少。

> **知识点拨**
>
> 理解公开市场业务和买卖黄金外汇对基础货币的影响：买入＝放钱；卖出＝收钱。

三、存款创造

（一）含义

存款创造也称信用创造，是指商业银行以原始存款为基础，通过存款、转账、贷款等业务经营活动创造出数倍于原始存款的派生存款。

（二）简单的存款创造过程

【假设】

（1）商业银行只保留法定存款准备金，不保留超额存款准备金。

（2）客户不保留现金，没有现金从银行系统中漏出，且客户的一切收入均存入银行。

（3）没有从支票存款向定期或储蓄存款的转化。

（4）以活期存款的创造为例，假定活期存款法定存款准备金率为20%。

【过程】

甲向中央银行出售证券获得 10 000 元，甲以活期存款的形式存入 A 银行，则会有如下过程：

A 银行接收 10 000 元活期存款→按 20% 缴存 2 000 元法定存款准备金→剩余 8 000 元放贷给客户乙→乙将 8 000 元以支票形式转账存入其开户行 B→B 接收 8 000 元存款→按 20% 缴存 1 600 元法定存款准备金→剩余 6 400 元放贷给客户丙→丙将 6 400 元以支票形式存入其开户行 C。上述过程见表 6-4。

表 6-4　简单的存款创造过程

银行	活期存款（元）	法定存款准备金率	法定存款准备金（元）	贷款（元）	银行客户
A 银行	10 000	20%	2 000	8 000	客户乙
B 银行	8 000	20%	1 600	6 400	客户丙

续表

银行	活期存款（元）	法定存款准备金率	法定存款准备金（元）	贷款（元）	银行客户
C 银行	6 400	20%	1 280	5 120	客户丁
…	…	20%	…	…	…
总计	50 000	20%	10 000	—	

上述过程会一直持续，直到最初的 10 000 元完全转化成法定存款准备金。通过各家商业银行的存款、贷款、转账结算业务，每家商业银行的活期存款均有增加，该过程即创造存款的过程。最后，存款总额 = 10 000 + 10 000 ×（1 − 20%）+ 10 000 ×（1 − 20%）^{2} + … = 50 000（元）。

【相关概念】

（1）原始存款：甲以现金形式存入 A 银行的 10 000 元为原始存款。原始存款的来源包括银行吸收的现金存款和中央银行投放的基础货币所形成的存款。

（2）存款货币的最大扩张额：存款创造的最终结果为 50 000 元，是存款货币的最大扩张额。

（3）派生存款：派生存款是在原始存款的基础上新衍生出来的存款，即存款总额中扣除原始存款的部分，即 40 000 元。

（4）存款乘数/派生倍数。甲以现金形式存入银行的 10 000 元原始存款最终扩张至 50 000 元，扩张倍数为 5 倍，这个倍数被称为存款乘数或派生倍数。

存款乘数是指存款总额与原始存款之比，其公式为：

$$存款乘数\ K = \frac{1}{法定存款准备金率\ r + 现金漏损率\ c + 超额存款准备金率\ e}$$

公式变形：

$$存款增加总额 = 原始存款 \times \frac{1}{法定存款准备金率}$$

$$贷款累计总额 = 存款增加总额 - 原始存款$$

【提示】此处的存款增加总额是指包括原始存款在内的经过派生的存款增加总额。此处的贷款累计总额是指以原始存款为根据而发放的贷款累计总额。

（5）派生存款、派生倍数的影响因素。

①原始存款：原始存款多→派生存款多→派生倍数大。

②法定存款准备金率 r：法定存款准备金率高→派生存款少→派生倍数小。

③超额存款准备金率 e：超额存款准备金率高→派生存款少→派生倍数小。

④现金漏损率 c：现金漏损率高→派生存款少→派生倍数小。

（三）存款创造的两个前提

1. 部分准备金制度

若银行实行 100% 全额准备金制度，则银行吸收的存款全部转化为准备金，无法发放贷款进行存款创造。

2. 非现金结算

非现金结算保证了银行体系无漏出现金,否则无法派生存款。

【考点小贴士】本知识点经常考查计算题。

四、货币乘数

根据图 7-3 可知,经济体中总的货币供应量来源于两个部分,一部分是中央银行发行并流通到市场中的现金,另一部分是商业银行派生出的存款货币。现金数量固定不变,则最终货币供应量只取决于存款货币的多少。由于商业银行会创造出数倍于原始存款的存款货币,总的货币供应量也会在基础货币的基础上成倍扩张。扩张倍数=货币供给量/基础货币,扩张倍数被称为货币乘数。

(一)货币乘数的公式

$$m = \frac{1+c}{r+c+e}$$

式中,c 代表现金比率(现金漏损率),即 $\frac{客户愿意持有的现金水平}{支票存款}$;r 代表法定存款准备金率,即 $\frac{法定存款准备金}{支票存款}$;e 代表超额存款准备金率,即 $\frac{超额存款准备金}{支票存款}$。

$$货币供应量 M2 = 基础货币 MB \times \frac{1+c}{r+c+e}$$

式中,$\frac{1+c}{r+c+e}$ 代表基础货币增加一个单位,货币供给增加 $\frac{1+c}{r+c+e}$ 个单位。货币乘数反映了基础货币的变动所引起的货币供给变动的倍数,决定了货币供给扩张能力的大小。

(二)存款乘数与货币乘数的区别 ☆☆

存款乘数与货币乘数的区别见表 6-5。

表 6-5 存款乘数与货币乘数的区别

项目	存款乘数	货币乘数
含义	存款乘数 = $\frac{存款总额}{原始存款}$	货币乘数 = $\frac{货币供给量}{基础货币}$
公式	$k = \frac{1}{r+c+e}$	$m = \frac{1+c}{r+c+e}$
应用场合	信用创造	货币供给
主体	商业银行(只有商业银行能够吸收活期存款,进行存款创造)	中央银行+商业银行(二者均为货币供给主体)

五、货币供应量

(一)货币供应量的公式

$$货币供应量 = 基础货币 \times 货币乘数$$
$$= B \times \frac{1+c}{r+c+e}$$

(二)货币供应量的决定主体

货币供应量无法由中央银行完全控制,而是由中央银行、商业银行、非银行经济部门共同决定的,具体表现在以下几方面:

(1) 中央银行决定法定存款准备金率 r,并通过调节法定存款准备金,进而对超额存款准备金率 e 施加影响。

(2) 商业银行决定超额存款准备金率 e。

(3) 储户决定现金漏损率 c。

> **典型例题**

1. [单项选择题] 某商业银行收到 200 万元的原始存款,假定在放贷过程中,法定存款准备金率为 10%,超额存款准备金率为 5%,现金漏损率为 5%,那么这笔原始存款创造的最大派生存款为( )万元。

   A. 800　　　　　　　　　　　　B. 1 000
   C. 600　　　　　　　　　　　　D. 400

   [解析] 存款货币的最大扩张额=原始存款额×[1÷(法定存款准备金率+超额存款准备金率+现金漏损率)]=200×[1÷(10%+5%+5%)]=1 000(万元)。

2. [单项选择题] 假设流通中的现金为 400 亿元,存款为 8 000 亿元,超额存款准备金为 160 亿元,法定存款准备金率为 8%,那么货币乘数为( )。

   A. 7.18　　　　　　　　　　　　B. 7
   C. 6　　　　　　　　　　　　　D. 6.18

   [解析] 现金漏损率(现金比率)=400÷8 000×100%=5%。超额存款准备金率=160÷8 000×100%=2%。货币乘数=$\dfrac{1+5\%}{5\%+8\%+2\%}$=7。

3. [多项选择题] 信用创造需要具备的条件包括( )。
   A. 现金结算制度
   B. 非现金结算制度
   C. 全额准备金制度
   D. 逐日盯市制度
   E. 部分准备金制度

   [解析] 存款创造(信用创造)需要具备两个基本(或前提)条件,即部分准备金制度和非现金结算制度。

答案:1.B　2.B　3.BE

考点5　货币供求均衡

此考点主要分析经济体均衡,经济体的均衡包括封闭经济体和开放经济体两种形式,其逻辑架构见图 6-5。

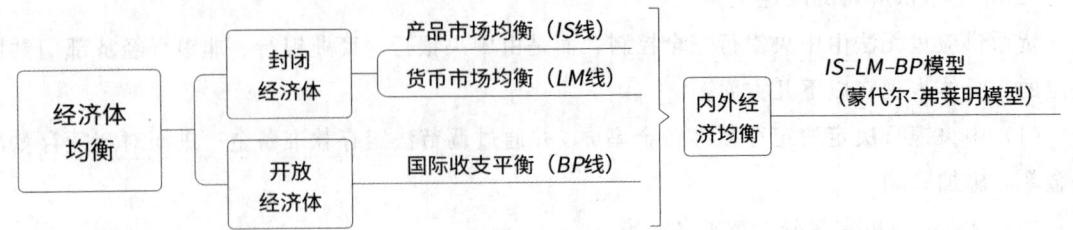

图 6-5 经济体均衡

一、产品市场均衡：IS 曲线

（一）IS 曲线的含义

在两部门经济（只存在家庭和企业）中，产品市场的总需求包括家庭部门的消费和企业部门的投资，表示为：总需求 $AD=$ 消费 $C+$ 投资 I。产品市场的总供给（总供给＝总产出＝总收入）包括消费和储蓄（总供给＝总收入＝消费＋储蓄），表示为：总收入 $Y=$ 消费 $C+$ 储蓄 S。当总需求等于总供给时，产品市场实现均衡，表示为 $AD=Y$，即 $C+I=C+S$，化简得 $I=S$。

$I=S$，即投资-储蓄恒等式。I 来源于 AD，代表产品市场的需求；S 来源于 Y，代表产品市场的供给。当 $I=S$ 时，代表产品市场实现均衡。储蓄是收入的增函数，投资是利率的减函数。以利率 I 为纵坐标、总产出 Y 为横坐标，可以将均衡状况以曲线的形式呈现出来，由于 $I=S$ 代表产品市场均衡，该线即命名为 IS 曲线，见图 6-6。

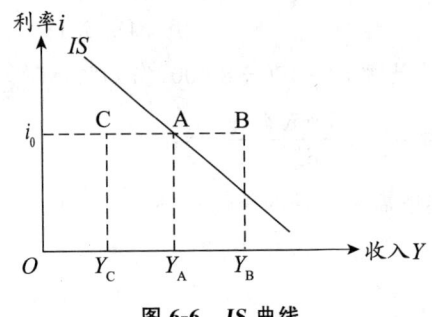

图 6-6 IS 曲线

IS 曲线上的每一点都代表一个利率和收入的组合，在每个利率与收入的组合点处，均代表着 $I=S$，即每个点都代表产品市场实现均衡。

（二）非均衡状态

1. IS 曲线上方（右侧）——超额供给

如图 7-6 中 B 点，在 i_0 的利率水平下，实际产出 Y_B 大于均衡产出 Y_A，代表超额供给。产出过多→非计划存货增加→企业减少生产→产出下降→由 Y_B 回归到 Y_A→重新实现均衡。

2. IS 曲线下方（左侧）——超额需求

如图 7-6 中 C 点，在 i_0 的利率水平下，实际产出 Y_C 小于均衡产出 Y_A，代表超额需求。产出过少→存货减少→企业增加生产→产出增加→由 Y_C 回归到 Y_A→重新实现均衡。

【结论】产出有向满足均衡条件的 IS 曲线上靠近的趋势。

【总结】IS 曲线的含义见图 6-7。

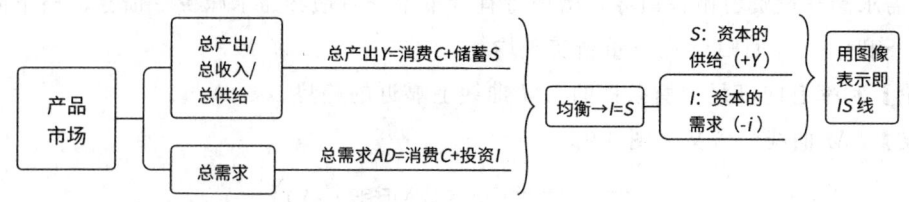

图 6-7　IS 曲线的含义

二、货币市场均衡：LM 曲线

（一）LM 曲线的含义

货币市场均衡要求货币需求等于货币供给，货币需求用 L 表示，货币供给用 M 表示，即当 $L=M$ 时，货币市场实现均衡。

货币需求中的投机性货币需求是利率的减函数，交易性货币需求、预防性货币需求是收入的增函数；因此用纵轴代表利率 i，横轴代表产出 Y，可以将均衡状况以曲线的形式刻画出来，由于 $L=M$ 代表货币市场均衡，该线即命名为 LM 曲线，见图 6-8。

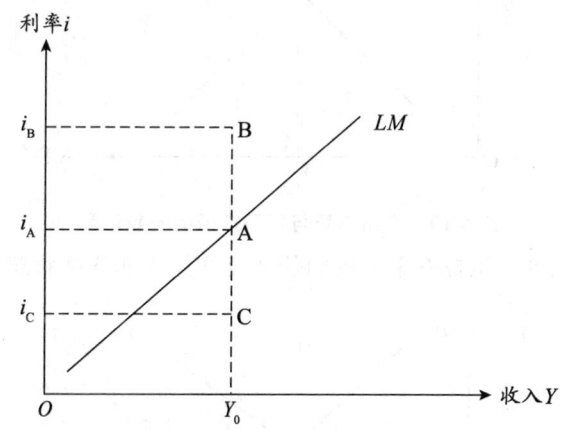

图 6-8　LM 曲线

LM 曲线上的每一点都代表一个利率和总产出的组合，每个组合对应的点都代表 $L=M$，即 LM 线上的每个点都代表货币市场均衡，如图 6-8 中 A 点。

（二）非均衡状态

1. LM 曲线上方（左侧）——超额供给

如图 6-8 中 B 点，在 Y_0 的产出水平下，实际利率 i_B 高于均衡时利率 i_A；利率高→货币需求低→货币需求小于均衡时的货币供给→超额货币供给。

货币需求低→投资者购买债券，减少持有货币量→对债券需求增加→债券价格上涨→债券利率下降→利率由 i_B 回归至 i_A→重新实现均衡。

2. LM 曲线下方（右侧）——超额需求

如图 6-8 中 C 点，在 Y_0 的产出水平下，实际利率 i_C 低于均衡时利率 i_A；利率低→货币需求高→货币需求大于均衡时的货币供给→超额货币需求。

货币需求高→投资者抛售债券，增加持有货币量→对债券需求减少→债券价格下降→债券利率上升→利率由i_C回归至i_A→重新实现均衡。

【结论】利率有向满足均衡条件的 LM 曲线上靠近的趋势。

【总结】LM 曲线的含义见图 6-9。

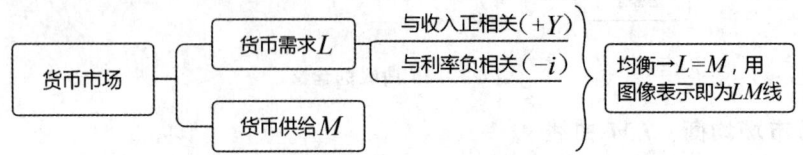

图 6-9　LM 曲线的含义

三、产品市场与货币市场的一般均衡：IS - LM 模型

当 IS 曲线与 LM 曲线相交于一点时，产品市场与货币市场实现一般均衡，见图 6-10。

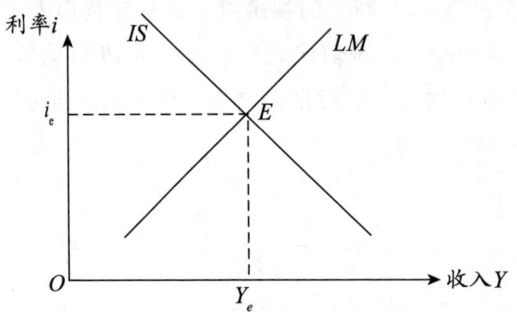

图 6-10　产品市场与货币市场的一般均衡

非均衡状态：除 E 点外，坐标系平面内的任何点均属于非均衡状态，见图 6-11。

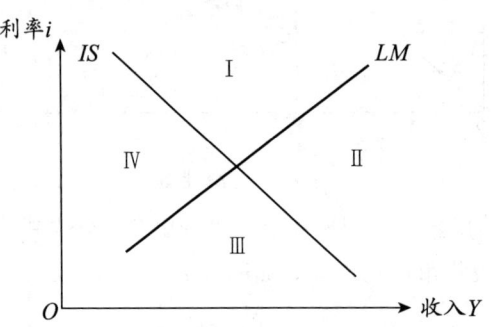

图 6-11　产品市场与货币市场的非均衡状态

> **知识点拨**
>
> 非均衡状态的判断技巧："上供下需"。无论 IS 曲线还是 LM 曲线，只要在曲线上方，即代表"供给＞需求"；只要在曲线下方，即代表"需求＞供给"。（产品市场：I 为需求、S 为供给；货币市场：L 为需求、M 为供给）
>
> 区域Ⅰ：S＞I、M＞L；区域Ⅱ：S＞I、L＞M；区域Ⅲ：I＞S、L＞M；区域Ⅳ：I＞S、M＞L。

四、国际收支平衡：BP 曲线

封闭经济下的均衡用 IS-LM 模型表示。如果引入贸易和资本流动（引入外汇市场），即需要分析在开放经济下的均衡。开放经济下的均衡用国际收支平衡表示。

（一）国际收支平衡的含义

国际收支平衡即经常项目和资本项目均实现平衡。经常项目的平衡反映贸易收支的平衡状况，用净出口表示；资本项目的平衡反映资本的流入和流出，用资本净流出表示。因此，国际收支整体平衡可以表示为：净出口＋资本净流出＝0，用 BP 曲线表示。

（二）BP 曲线的含义

BP 曲线上的每一点均代表一个利率和总产出的组合，每个利率和总产出组合的点都代表国际收支平衡。

【总结】BP 曲线的含义见图 6-12。

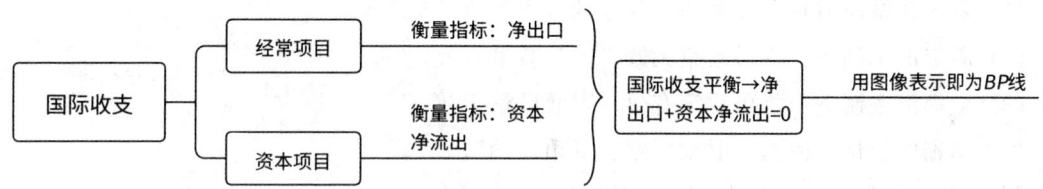

图 6-12　BP 曲线的含义

（1）BP 是国际收支差额，当 BP＝0 时，国际收支平衡。

（2）BP 曲线表示利率和收入的组合。

（3）BP 曲线上的每一点都代表国际收支平衡，BP 曲线是均衡点的轨迹。

（三）BP 曲线的斜率

（1）因为名义利率与实际收入正相关，所以 BP 曲线的斜率为正，处于零与无穷大之间。

（2）BP 曲线的斜率取决于资本流动的利率弹性，利率弹性越大，BP 曲线越平坦。

（3）若一国对资本和金融账户实行严格管制，那么国际资本流动的利率弹性为零，BP 曲线将会是一条垂直于横轴的曲线。

（4）若允许资本在国际自由流动，国际资本流动的利率弹性为无限大，BP 曲线将为一条水平曲线。

（四）均衡与非均衡

（1）曲线向右上方倾斜，线上任何一点代表外汇市场供求均衡。

（2）曲线左上方任何一点都代表贸易盈余大于资本流出净额，外汇市场供大于求，国际收支顺差。

（3）曲线右下方任何一点都代表贸易盈余小于资本流出净额，外汇市场供小于求，国际收支逆差。

五、产品市场、货币市场、外汇市场的一般均衡：IS-LM-BP 模型（蒙代尔-弗莱明模型）

（1）当 IS 曲线、LM 曲线、BP 曲线汇集于一点时，产品市场、货币市场、外汇市场都实现均衡,此时达到内外经济一致均衡,见图 6-13。

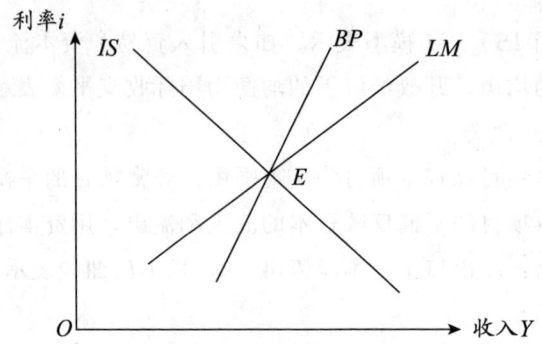

图 6-13 产品市场、货币市场、外汇市场的一般均衡

(2) IS-LM-BP 模型(蒙代尔-弗莱明模型)研究小型开放经济下的总需求曲线。

【结论】

(1) 货币政策与财政政策影响总收入的效力取决于汇率制度。

(2) 固定汇率制下:货币政策无效,财政政策有效。

(3) 浮动汇率制下:货币政策有效,财政政策无效。

以上结论的记忆口诀为"财政固定、货币浮动"。

【总结】经济体均衡的逻辑框架见图 6-14。

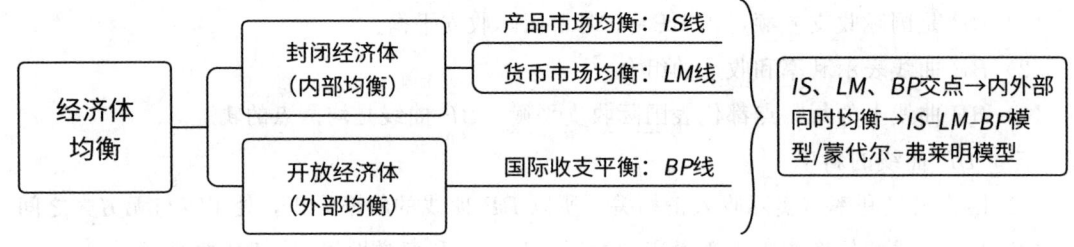

图 6-14 经济体均衡的逻辑框架

六、货币均衡的实现机制

(一) 健全的利率机制

利率是货币的"价格",当货币市场出现非均衡状态时,利率可以通过"价格机制"调节货币供求,最终实现新的均衡。因此,利率不仅是货币供求是否均衡的重要信号,而且是货币均衡最主要的实现机制。

1. 利率与货币供给成正比

(1) 现金漏损角度:利率上升→持币机会成本上升→现金减少→货币乘数变大→货币供给增加。

(2) 超额存款准备金角度:利率上升→银行贷款收益增加→减少超额存款准备金用于放贷→超额存款准备金率下降→货币乘数变大→货币供给增加。

2. 利率与货币需求成反比

利率上升→持币机会成本上升→货币需求减少。

> **知识点拨**
> 利率与货币供求的关系可以从经济学角度理解：将货币当作商品，则利率是货币的"价格"，价格上升，供给增加（正比）、需求减少（反比）。

3. 利率调节机制

（1）当出现超额货币供给：货币发行过多→利率下降→货币需求增加→实现新的均衡。

（2）当出现超额货币需求：货币供给不足→利率上涨→货币需求下降→实现新的均衡。

（二）发达的金融市场

中央银行通过在金融市场中进行公开市场操作来调节货币供求均衡。

（三）有效的中央银行调控机制

中央银行通过货币政策调节货币供应量，实现货币供求均衡。

典型例题

1.［单项选择题］货币均衡的基本原理中，IS 曲线上的点表示（　　）。

A. 货币市场达到均衡的状态　　　　　B. 劳动力市场达到均衡的状态

C. 外汇市场达到均衡的状态　　　　　D. 产品市场达到均衡的状态

［解析］IS 曲线上的点表示产品市场达到均衡的状态。LM 曲线上的点表示货币市场达到均衡的状态。BP 曲线上的点表示外汇市场达到均衡的状态。

2.［单项选择题］LM 曲线左侧的点代表（　　）。

A. 超额产品供给　　　　　　　　　　B. 超额货币需求

C. 超额产品需求　　　　　　　　　　D. 超额货币供给

［解析］LM 曲线研究货币市场均衡，并非产品市场，A、C 两项排除。根据"上供下需"的技巧，LM 曲线向右上方倾斜，左侧属于 LM 上方，因此货币供给大于货币需求，D 项正确。

3.［单项选择题］某国的 LM 曲线为 $Y=500+2\,000i$，如果某一时期总产出 $Y=600$，利率为 10%，表明该时期存在（　　）。

A. 超额产品供给　　　　　　　　　　B. 超额产品需求

C. 超额货币供给　　　　　　　　　　D. 超额货币需求

［解析］将 $Y=600$ 代入方程式 $Y=500+2\,000i$ 中，解得均衡的利率为 5%，而现实中利率为 10%，大于 5%，可知利率与收入的组合点（10%，600）位于均衡点（5%，600）上方，根据"上供下需"的原则，此时处于超额货币供给的非均衡状态。

答案：1.D　2.D　3.C

考点6　货币供求失衡

一、通货膨胀

（一）含义

通货膨胀是指货币数量过多导致的纸币贬值，一般物价水平普遍性、持续性上涨的现象。

(1) 普遍性：一般物价水平上涨，并非个别商品或劳务价格的上涨。

(2) 持续性：物价水平上涨需持续一段时间。季节性、暂时性物价上涨不属于通货膨胀，经济复苏时期的物价正常上涨也不属于通货膨胀。

(3) 物价上涨需超过一定的幅度（2%）。

（二）类型

通货膨胀的类型见表 6-6。

表 6-6 通货膨胀的类型

划分标准	类型
按照成因划分	(1) 需求拉上型通货膨胀 (2) 成本推进型通货膨胀 (3) 供求混合推进型通货膨胀 (4) 结构型通货膨胀
按照程度划分	(1) 爬行型通货膨胀：物价上涨的年率不超过 3% (2) 温和型通货膨胀：3%～10% (3) 奔腾（跑马）型通货膨胀：物价上涨率在 10% 以上 (4) 恶性（极度）通货膨胀：物价上涨率特别高，且呈迅速上升趋势；价值贮藏功能完全丧失，交易媒介功能部分丧失；货币失去价值，成为"烫手山芋"

（三）成因

通货膨胀的成因见图 6-15。

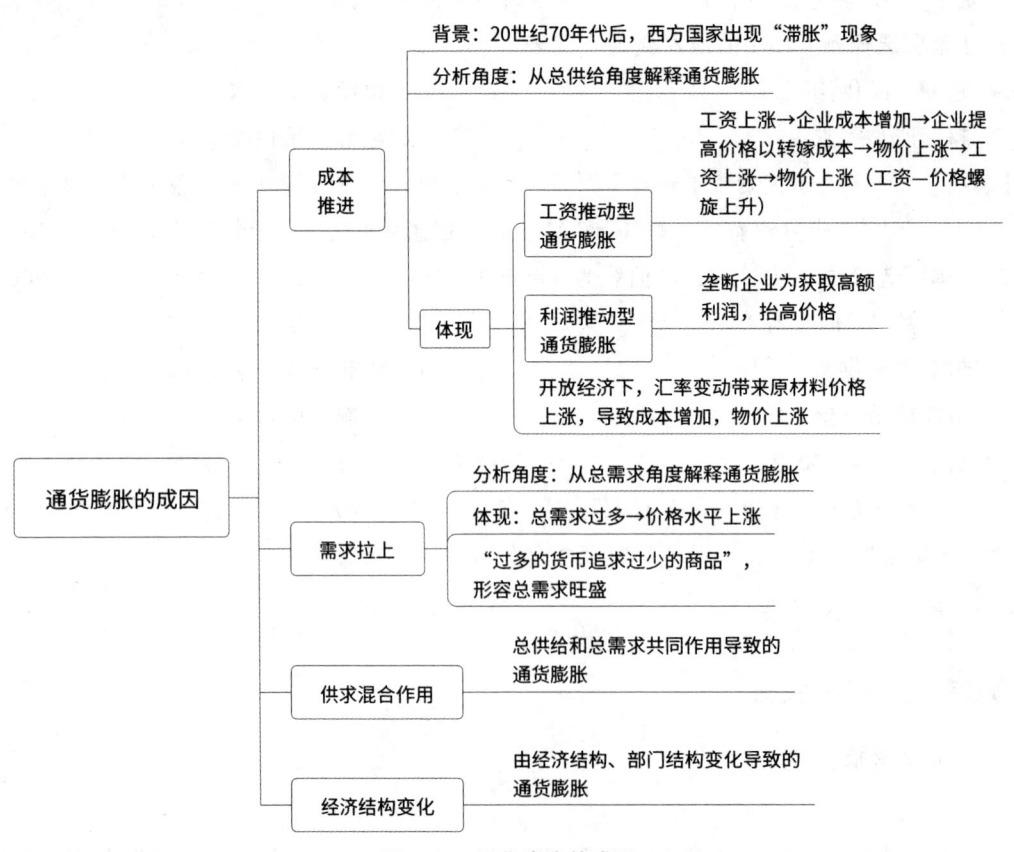

图 6-15 通货膨胀的成因

（四）危害－收入分配效应

(1) 通货膨胀发生时，实际收入降低，产生财富分配效应。
(2) 通货膨胀有利于债务人，而有损于债权人。
(3) 通货膨胀使生产性投资减少，不利于生产的长期稳定发展。
(4) 通货膨胀会破坏社会再生产的正常进行，导致生产过程紊乱。
(5) 通货膨胀打乱了正常的商品流通秩序。
(6) 过高的通货膨胀会形成资产价格泡沫，诱发金融危机。

（五）对策

通货膨胀的根源是总需求超过总供给，因此通货膨胀的治理可从抑制总需求、增加总供给方面着手。具体对策见图 6-16。

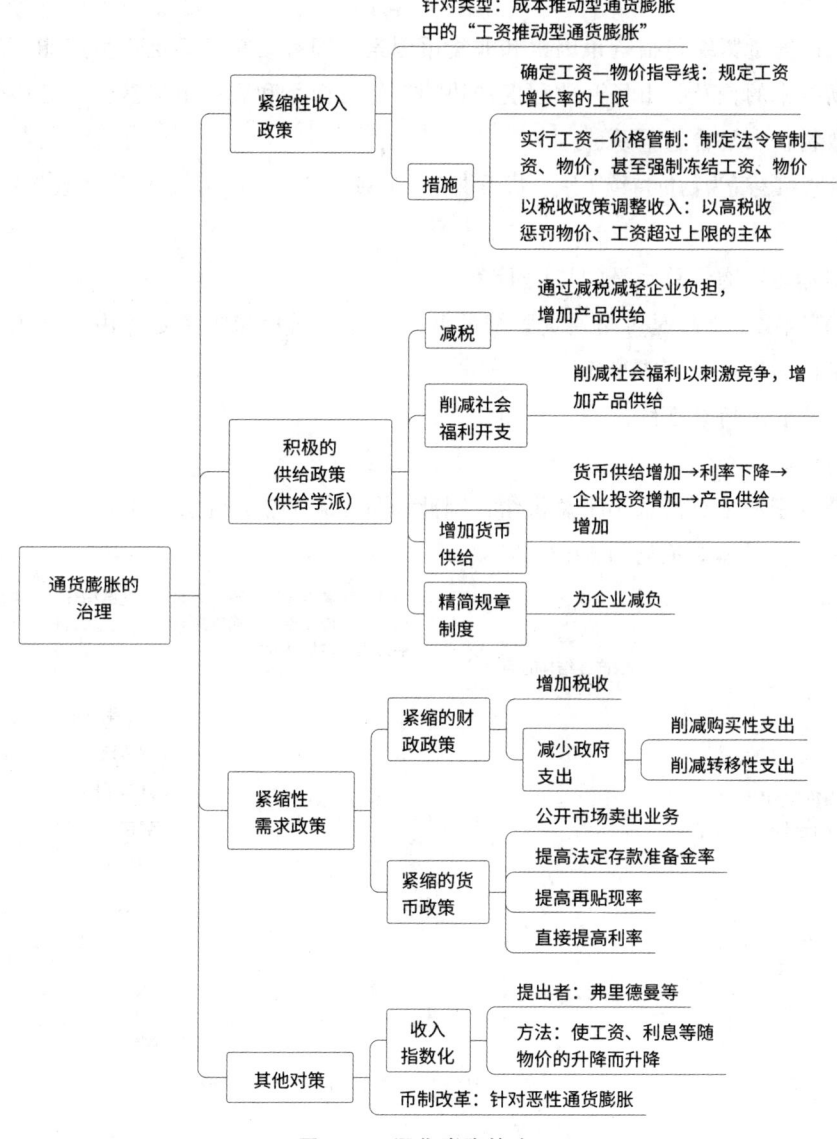

图 6-16　通货膨胀的治理

> **知识点拨**
> （1）紧缩性需求政策和积极的供给政策调整的均是产品的总需求和产品的总供给，而非货币的供求。需要注意的是，在紧缩性需求政策中，通过货币政策调整货币供给量，进而影响投资消费，最终也是为了实现调整总需求的目的。
> （2）紧缩性需求政策和积极的供给政策在政策实施上会有冲突，因此在实际操作中，中央银行和财政部门会根据不同的通货膨胀类型，采取不同的措施。

二、通货紧缩

（一）含义

（1）狭义的通货紧缩仅指货币因素，即货币供应量不足导致总需求小于总供给，从而使得物价总水平下降。

（2）广义的通货紧缩包括货币因素和非货币因素，即有效需求不足、生产能力过剩、资产泡沫破坏、新技术的普及、市场开放程度加快等，使得商品和服务更丰富，商品和劳务价格下降，从而导致物价水平普遍下跌。

（3）通货紧缩表现为物价持续下跌、货币供应量下降、有效需求不足、经济衰退、失业率上升等。

（二）标志

（1）基本标志：物价总水平的持续下降。

【提示】判断物价下降是否是通货紧缩的两个指标：通货膨胀率是否由正变负；物价下降是否持续一定的时期（一年或半年）。

（2）经济增长率持续下跌。

（三）对策

通货紧缩的根源是总需求小于总供给，因此通货紧缩的治理主要从刺激总需求、提供有效总供给方面着手，具体对策见图6-17。

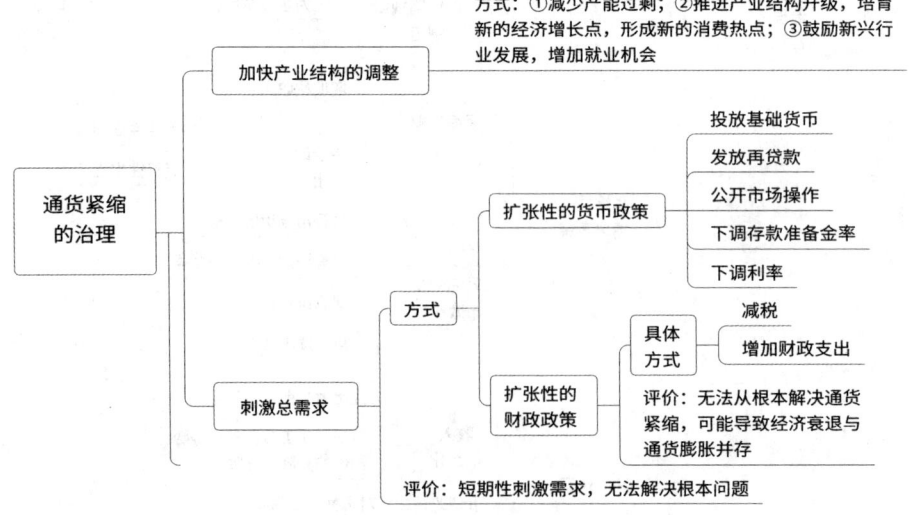

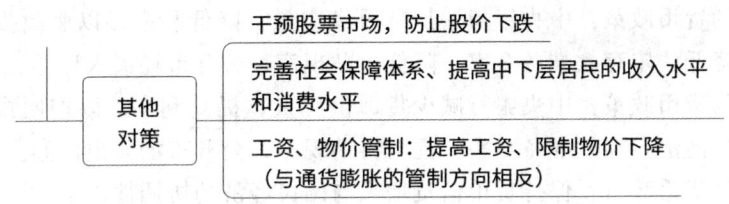

图 6-17 通货紧缩的治理

> 典型例题

1. [单项选择题] 通货紧缩是一种宏观经济现象,治理通货紧缩的措施是( )。
A. 减少社会福利开支
B. 提高再贷款、再贴现率
C. 中央银行在公开市场开展正回购业务
D. 制订工资增长计划

[解析] A项错误,减少社会福利开支是治理通货膨胀的措施。B项错误,提高再贷款、再贴现率属于紧缩性货币政策,适用于治理通货膨胀。C项错误,通过正回购,中央银行可以回笼货币,减少货币的流动性,属于紧缩性货币政策,适用于治理通货膨胀。

2. [多项选择题] 中央银行为降低通货膨胀率可采取的措施有( )。
A. 降低再贴现率、再贷款率
B. 在公开市场出售政府债券
C. 提高法定存款准备金率
D. 提高利率水平
E. 在公开市场上购买政府债券

[解析] 治理通货膨胀可以采用紧缩性的货币政策来减少社会需求。紧缩性的货币政策主要包括:①提高法定存款准备金率;②提高再贷款率、再贴现率;③公开市场卖出业务;④直接提高利率。

3. [多项选择题] 下列因素中,可能导致通货膨胀的有( )。
A. 经济结构变化
B. 供求混合作用
C. 成本推进
D. 需求拉上
E. 预期转弱

[解析] 通货膨胀的原因主要有:需求拉上(从总需求的角度解释通货膨胀)、成本推进(从总供给的角度解释通货膨胀)、供求混合作用(即供求混合推进型通货膨胀)、经济结构变化(即结构型通货膨胀)。

答案:1. D 2. BCD 3. ABCD

考点7 货币政策

一、货币政策的含义与类型

(一) 货币政策的含义
(1) 货币政策是宏观经济政策,其制定者和执行者是中央银行。
(2) 货币政策是为实现特定的经济目标而采取的调节社会总需求的措施。
(3) 货币政策由货币政策目标、货币政策工具、货币政策效果三个部分构成。
(4) 货币政策是一种间接调控、兼具短期性与长期性的调节经济的方式。

(二) 货币政策的类型
货币政策包括宽松的货币政策、紧缩的货币政策和稳健的货币政策三种。

（1）宽松的货币政策：中央银行增加货币供应量、降低利率，以刺激投资、增加总需求。具体措施包括降低法定存款准备金率、降低再贴现率、公开市场买入证券。

（2）紧缩的货币政策：中央银行减少货币供应量、提高利率，以抑制投资、减少总需求。具体措施包括提高法定存款准备金率、提高再贴现率、公开市场卖出证券。

（3）稳健的货币政策：保持货币信贷增长与国民经济的协调性。

二、货币政策运行机制☆☆

货币政策运行机制是：中央银行通过实施货币政策对操作目标施加影响，进而调控中介指标，通过中介指标影响企业的投资和居民的消费，最终调节总需求，实现最终目标。整个运行机制涉及七个要素、两个领域、三个阶段。货币政策运行机制见图6-18。

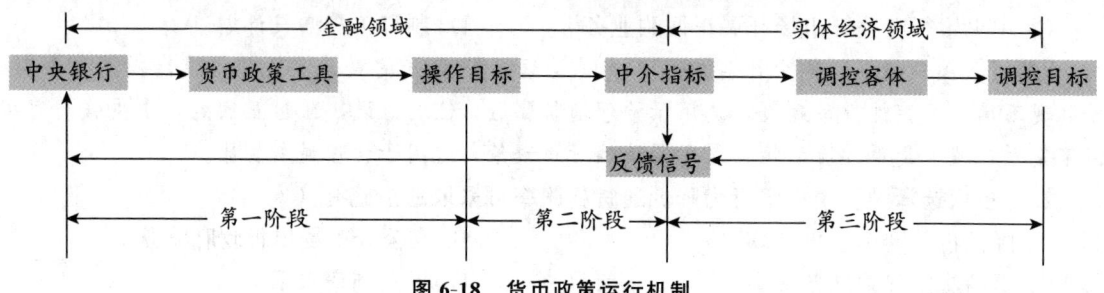

图6-18 货币政策运行机制

（一）七个要素

（1）中央银行：中央银行是调控主体。

（2）货币政策工具：货币政策工具是调控工具。

（3）操作目标：操作目标是货币政策直接作用的指标。

（4）中介指标：利率和货币供应量中介指标是介于操作目标和最终目标之间的指标，中介指标能够承接操作目标的影响，进而影响最终目标。

（5）调控客体：企业和居民。货币政策的最终调节对象是总需求，货币政策通过调节企业的投资和居民的消费来调节总需求。

（6）调控目标：调控目标包括总需求（总供给）、最终目标。

（7）反馈信号：中央银行通过市场反馈的信号制定有针对性的政策。

①市场利率：市场利率是金融市场的信号。货币供给大于货币需求，利率下降；货币供给小于货币需求，利率上涨。

②市场价格：市场价格是产品市场的信号。总供给大于总需求，市场价格下降；总供给小于总需求，市场价格上涨。

（二）两个领域

1. 金融领域

中央银行通过货币政策调节操作目标中的基础货币，进而影响中介指标中货币供应量。这个过程是在金融领域完成的。

2. 实体经济领域

货币供应量的改变影响企业、居民的投资消费，进而影响总需求，实现最终目标，这个过程是在实体经济领域完成的。

(三) 三个阶段

1. 第一阶段

中央银行通过货币政策调节操作目标中的基础货币。基础货币是中央银行直接调节的变量，属于一阶变量。

2. 第二阶段

通过操作目标中的基础货币影响中介指标中的货币供应量。货币供应量是间接调节的对象，属于二阶变量。

3. 第三阶段

通过中介目标中的货币供应量影响微观主体（企业、居民）的投资消费行为以调节需求，实现最终目标。

三、货币政策目标体系☆☆☆

货币政策目标体系包括操作目标、中介目标、最终目标，具体内容见图6-19。

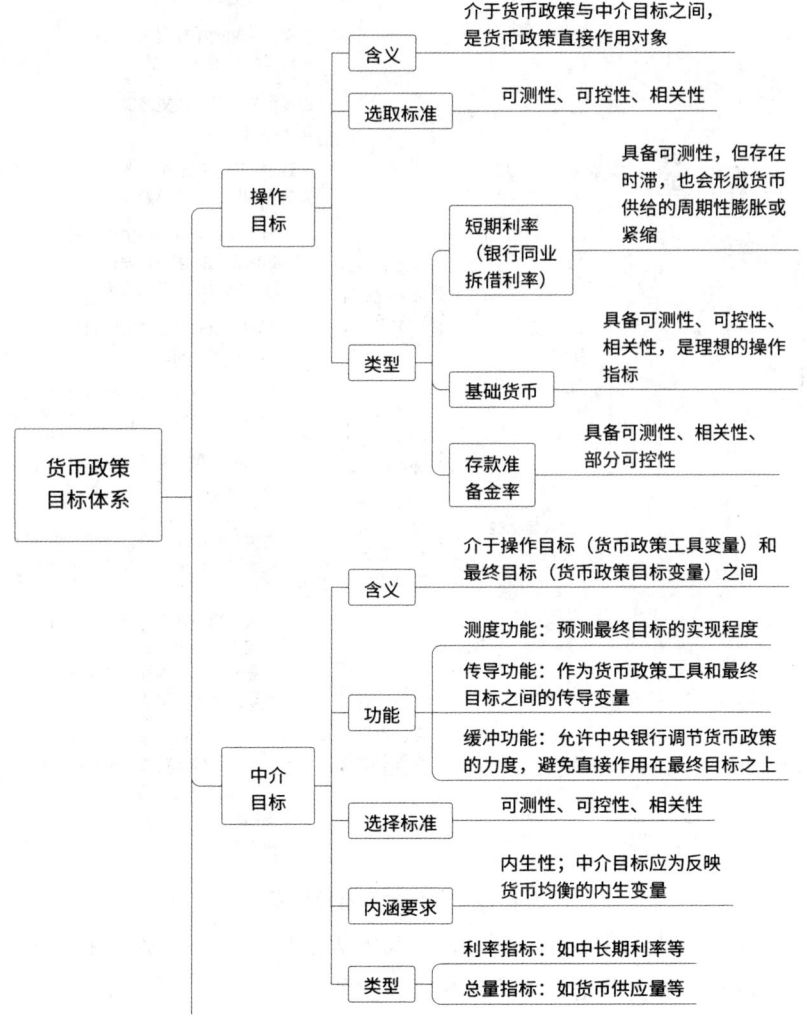

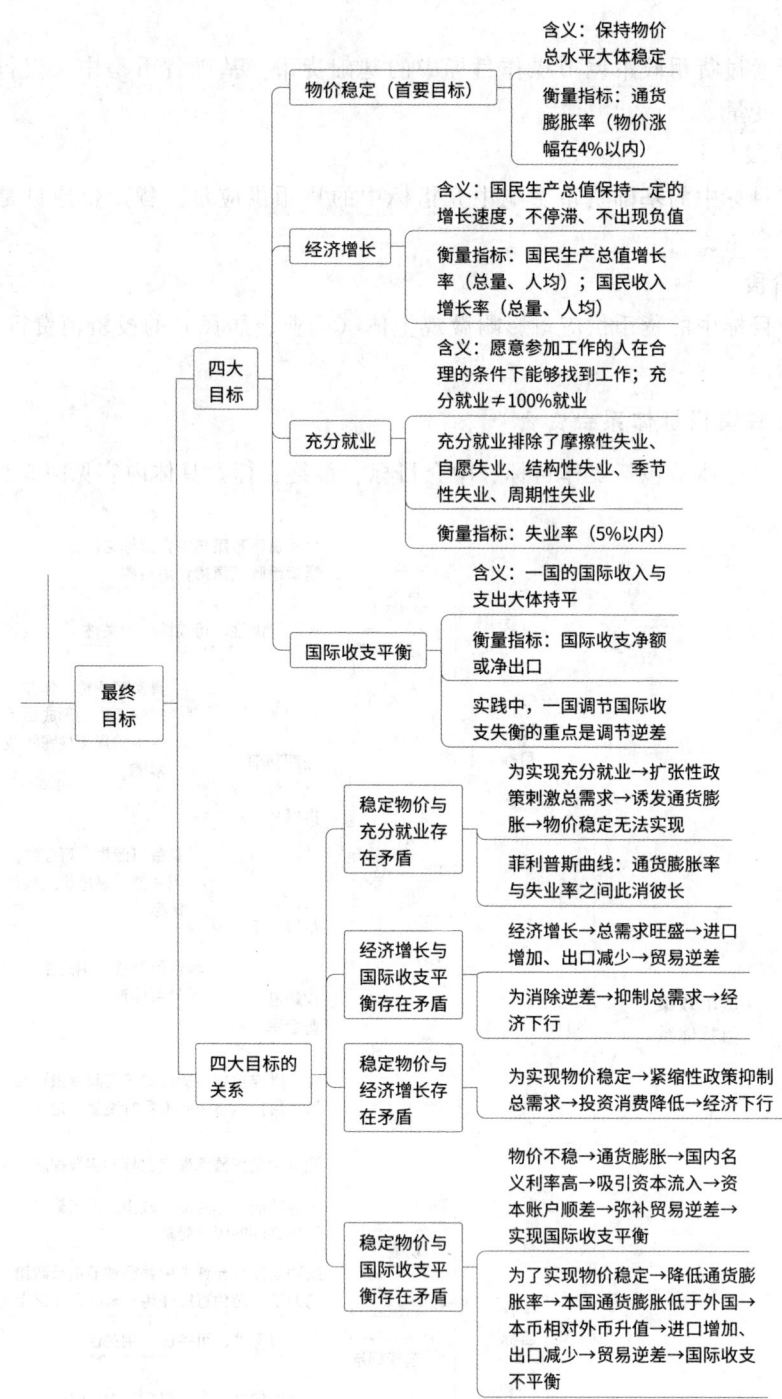

图 6-19 货币政策目标体系

根据《中华人民共和国中国人民银行法》，我国货币政策的目标是"保持货币币值的稳定，并以此促进经济增长"，其实质是以防通货膨胀为主的多目标制。

四、货币政策工具☆☆☆

(一) 一般性货币政策工具

一般性货币政策工具属于总量调节工具,包括公开市场业务、再贴现政策、存款准备金率制度。

1. 公开市场业务

(1) 作用机制。

①中央银行买卖证券→基础货币变动→货币供应量变动。

②中央银行买卖商业银行证券→超额存款准备金变动→基础货币变动→货币供应量变动。

(2) 实施条件:金融市场发达;信用制度健全;中央银行和商业银行有充足的证券。

(3) 评价。关于公开市场操作的评价见表6-7。

表 6-7 公开市场操作的评价

优点	缺点
①中央银行拥有主动权 ②弹性大,可以微调或较大调整货币 ③买卖证券同时进行,可逆向修正货币政策 ④业务操作可连续进行 ⑤通过买卖证券稳定证券市场 ⑥最常用的政策工具	①时滞性长 ②干扰因素多,政策效果不确定

2. 再贴现政策

(1) 含义:商业银行持有未到期票据向中央银行贴现,以获取资金。

(2) 内容。

①调节再贴现率,影响商业银行融资成本。

②规定再贴现的申请资格,区别对待再贴现票据的种类和申请机构,引导资金流向。

(3) 前提条件。

①再贴现率比市场利率低。

②商业银行向中央银行借款采取再贴现方式。

③以票据业务为融资的主要方式之一。

(4) 作用机制。

①借款成本效果。调节再贴现率→影响金融机构融资成本→影响金融机构借款数量→改变基础货币投放量→调节货币供给量;调节再贴现率→影响金融机构融资成本→改变金融机构信贷利率→调节客户信贷需求→影响货币供应量。

②结构调节效果。规定再贴现票据种类,不同行业区别对待。实行差别再贴现率,影响再贴现数额。

③宣示效果。再贴现率的变动影响市场利率,引导微观主体改变信贷需求。

(5) 评价。

①优点。有利于中央银行履行"最后贷款者"的职责;机动、灵活,总量和结构均可调节;以票据融资,风险小;释放市场信号,引导市场利率变化。

②缺点：难以反映货币政策意向；中央银行无主动权。

3. 存款准备金率制度

(1) 作用机制。

①调节法定存款准备金率→影响货币乘数→改变货币供应量。

②调节法定存款准备金率→影响超额存款准备金数量→改变信贷资金数量→调节信贷规模。

③宣示作用：存款准备金率上升→信用收缩→利率上涨。

(2) 内容：规定存款准备金的计提基础、构成、提取时间、法定存款准备金率。

(3) 评价。

①优点：中央银行有绝对自主权；操作简单，容易实施；迅速调节货币量；公平，对所有金融机构同等要求；可以影响社会预期，引导社会公众的经济行为。

②缺点：作用猛烈，存款准备金率微小变动会对货币供应量产生巨大影响；缺乏弹性，无法日常性频繁使用；政策效果受超额存款准备金影响，银行可通过超额存款准备金对抗货币政策效果，但对超额准备金率较低的金融机构造成流动性压力；只能影响一般利率水平，无法影响利率结构。

【考点小贴士】本知识点主要理解 3 种政策工具的优缺点。

(二) 其他货币政策工具

其他货币政策工具包括选择性货币政策工具、直接信用控制的货币政策工具、间接信用控制的货币政策工具，具体内容见图 6-20。

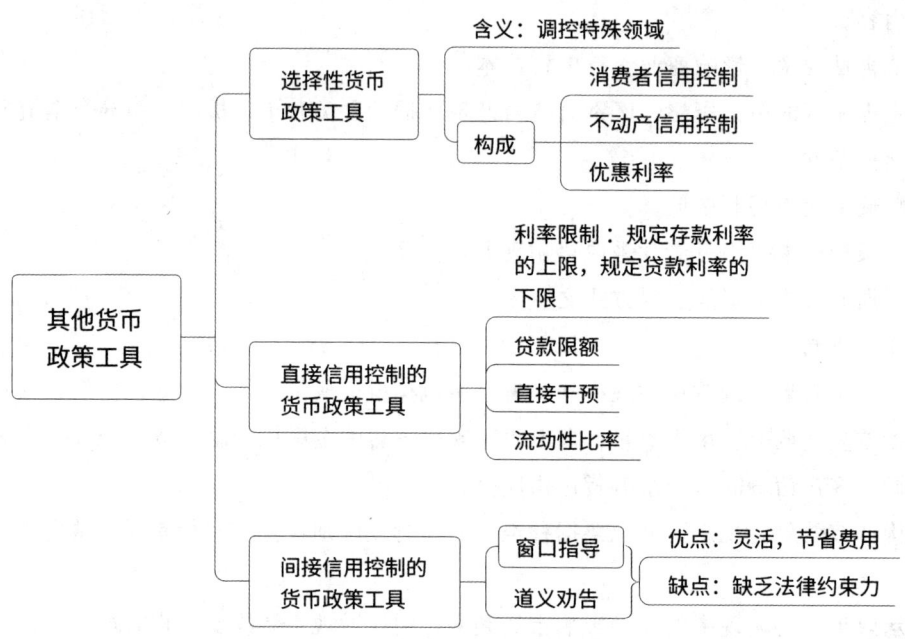

图 6-20　其他货币政策工具

(三) 我国货币政策工具

(1) 公开市场操作。公开市场操作的内容见表 6-8。

表 6-8　公开市场操作

常规操作	内容
回购交易	正回购（先卖后买）包括：①正回购实行：回笼货币；②正回购到期：投放货币
	逆回购（先买后卖）包括：①逆回购实行：投放货币；②逆回购到期：回笼货币
现券交易	含义：中央银行单向行为，无逆向操作
	方式：①现券买断：中央银行买入证券、投放货币；②现券卖断：中央银行卖出证券、回笼货币
发行中央银行票据	①中央银行票据的发行：回笼货币；②中央银行票据的到期：投放货币
短期流动性调节工具（SLO）	公开市场常规操作的必要补充

(2) 常备借贷便利（SLF）。

①目的：满足金融机构较长期限、大额流动性需求。

②对象：政策性银行和全国性商业银行。

③期限：1~3 个月。

④特点：a. 覆盖面广，通常覆盖存款金融机构；b. 金融机构主动发起；c. 针对性强，中央银行与金融机构"一对一"交易；d. 央行确定利率，可直接用于短期利率的调控，发挥"利率走廊"上限的作用。

(3) 中期借贷便利（MLF）。

①对象：符合宏观审慎管理要求的商业银行、政策性银行。

②发放方式：质押（合格质押品：中央银行票据、国债、政策性金融债、高等级信用债）。

③期限：3~12 个月。

④MLF 与 SLF 有三个方面的区别：a. MLF 期限更长，一般是 3 个月、6 个月、1 年，到期还可展期；b. MLF 具有明确政策导向，其资金一般定向用于"三农"和小微企业贷款等领域；c. MLF 调控主动权在中央银行手中。

(4) 抵押补充贷款（PSL）。

①发放对象：国家开发银行、中国农业发展银行和中国进出口银行。

②目的：主要服务于棚户区改造、重大水利工程、"走出去"等重点领域。

③发放方式：质押（合格质押品：高等级债券资产、优质信贷资产）。

④融资成本一般较低，期限通常较长。

(5) 中国人民银行还创设了临时流动性便利、定向中期借贷便利等创新型货币政策工具。

(四) 结构性货币政策工具

(1) 长期性工具：支农再贷款、支小再贷款、再贴现。

(2) 阶段性工具：普惠小微贷款支持工具、抵押补充贷款、碳减排支持工具、支持煤炭清洁高效利用专项再贷款、科技创新再贷款、普惠养老专项再贷款、交通物流专项再贷款、设备更新改造专项再贷款、普惠小微贷款减息支持工具、收费公路贷款支持工具、民企债券融资支持工具（第二期）、保交楼贷款支持计划、房企纾困专项再贷款、科技创新和技术改造再贷款、保障性住房再贷款。

另外，中国人民银行于2024年创设证券、基金、保险公司互换便利，以增强金融机构融资和股票增持能力。

五、货币政策传导机制

（一）凯恩斯学派的货币政策传导机制理论

（1）传导机制：$M \to r \to I \to E \to Y$，即：货币供应量增加→利率下降→投资增加→总支出增加→总收入增加。

（2）关键环节：利率。

（3）评价：

①凯恩斯传导机制属于局部均衡分析，仅分析货币市场对产品市场的影响。

②货币政策的效果取决于投资的利率弹性和货币需求的利率弹性。a. 投资的利率弹性大：利率稍一变动，投资即有较大变动，因此引起总收入有较大变动；b. 货币需求的利率弹性小：中央银行增加货币供给，利率下降，而利率下降会使货币需求增加，增加的货币需求会冲销货币供给的效果，那么即便利率有较大变动，货币需求可能也不变动，因此货币政策效果明显。

（4）修正后的传导机制。凯恩斯学派修正后的传导机制侧重于一般均衡分析，强调产品市场与货币市场的相互作用：

①货币市场对产品市场的影响：货币供应量增加→利率下降→投资增加→总需求增加→总产出、总收入增加。

②产品市场对货币市场的影响：总产出、总收入增加→货币需求增加→利率上涨。

③产品市场与货币市场相互作用：利率上涨→总需求下降→总产出、总收入下降。

由上述三条可见，产品市场与货币市场之间相互作用、循环往复，最终结果是产品市场和货币市场都实现均衡。

（二）货币学派的货币政策传导机制理论

（1）提出者：弗里德曼。

（2）传导机制：$M \to E \to I \to y$，即：货币供给增加→总支出增加→增加的支出用于投资→引起收入增加。

（3）关键环节：货币供应量。

> **典型例题**

1. [单项选择题] 金融宏观调控的操作目标是（　　）。

A. 再贴现率与法定存款准备金率

B. 利率与货币供应量

C. 短期利率与基础货币

D. 稳定物价与充分就业

[解析] A项错误，再贴现率与法定存款准备金率是货币政策工具。B项错误，利率与货币供应量是中介指标。D项错误，稳定物价与充分就业是最终目标。

2. [单项选择题] 反映失业率与通货膨胀率之间存在着一种此消彼长关系的是（　　）。

A. $AD-AS$ 曲线　　　　　　　　　　B. $IS-LM$ 曲线

C. BP 曲线　　　　　　　　　　　　D. 菲利普斯曲线

[解析] 失业率与通货膨胀率之间存在着一种此消彼长的关系，这一关系可用菲利普斯曲线表示。

3. [单项选择题] 中国人民银行、原中国银监会发布的《关于加强商业性房地产信贷管理的通知》明确提出，对购买首套自住房且套型建筑面积在 90 平方米以下的，贷款首付款比不得低于 20%。该措施属于（　　）。

A. 一般性货币政策工具

B. 直接信用控制的货币政策工具

C. 间接信用控制的货币政策工具

D. 选择性货币政策工具

[解析] 不动产信用控制是指中央银行就金融机构对客户购买房地产等方面放款的限制措施，抑制房地产及其他不动产的交易投机，不动产信用控制属于选择性货币政策工具。

4. [单项选择题] 关于货币政策的说法，正确的是（　　）。

A. 货币政策主要是直接调控政策

B. 货币政策是微观经济政策

C. 货币政策是调节社会总需求的政策

D. 货币政策无法调节信用总量

[解析] 货币政策主要是间接调控政策，A 项错误。货币政策是宏观经济政策，B 项错误。货币政策一般涉及国民经济运行中的货币供应量、信用总量、利率、汇率等宏观经济总量问题，而不是银行或厂商等微观经济个量问题，D 项错误。

5. [单项选择题] 下列货币政策工具中，属于直接信用控制类的货币政策工具是（　　）。

A. 优惠利率　　　　　　　　　　　　B. 再贴现利率

C. 准备金率　　　　　　　　　　　　D. 流动性比率

[解析] 直接信用控制的货币政策工具包括贷款限额、利率限制、流动性比率、直接干预。A 项属于选择性货币政策工具；B、C 两项属于一般性货币政策工具。

6. [单项选择题] 中期借贷便利作为人民银行新创设的货币政策工具，其发放方式是（　　）。

A. 担保方式　　　　　　　　　　　　B. 质押方式

C. 信用方式　　　　　　　　　　　　D. 抵押方式

[解析] 中期借贷便利以质押方式发放，合格质押品包括国债、中央银行票据、政策性金融债、高等级信用债等优质债券。

答案：1.C　2.D　3.D　4.C　5.D　6.B

考点8 宏观审慎政策

一、宏观审慎政策的基本内涵与主要内容

（1）宏观审慎框架概念由库克委员会首次提出。

（2）重视并强化宏观审慎管理是国际社会对2008年全球金融危机进行深刻反思的一大成果。

（3）巴塞尔银行监管委员会指出，宏观审慎政策主要用于解决危机中"大而不能倒"、顺周期性、监管不足和标准不高等问题，认为宏观审慎政策的主要目标是解决两个外部性：

①解决金融系统的顺周期性。

②解决金融机构之间相互影响和普遍存在的风险敞口。

（4）宏观审慎管理与微观审慎监管的区别见表6-9。

表6-9　宏观审慎管理与微观审慎监管的区别

区别	宏观审慎管理	微观审慎监管
直接目标	避免系统性金融危机的发生	避免个别金融机构破产倒闭
最终目标	避免产出损失	保护消费者
管理重心	聚焦金融体系稳健性	聚焦单个金融机构稳健性
风险性质	一定程度上是内生的	外生
管理视角	自上而下	自下而上
金融机构之间的关联性和共同风险敞口	重要	不相关
政策工具	逆周期资本缓冲、动态拨备、资本附加、流动性附加	资本要求、杠杆率、流动性比例
风险控制方式	以整个系统范围的风险为单位，自上而下实行控制	以个别机构的风险为单位，自下而上实行控制

二、宏观审慎评估体系

（1）资本和杠杆情况。

（2）资产负债情况：既关注表内外资产的变化，也纳入对金融机构负债结构的稳健性要求。

（3）流动性情况。

（4）定价行为。

（5）资产质量情况。

（6）跨境融资风险情况。

（7）信贷政策执行情况。

三、宏观审慎政策相关概念

系统性金融风险：可能对正常开展金融服务产生重大影响，对实体经济造成巨大负面冲击

的金融风险。

（1）时间维度：系统性金融风险一般由金融活动的一致行为引发并随时间累积，主要表现为金融杠杆的过度扩张或收缩，由此导致的风险顺周期的自我强化、自我放大。

（2）结构维度：系统性金融风险一般由特定机构或市场的不稳定引发，通过金融机构、金融市场、金融基础设施间的相互关联等途径扩散，表现为风险跨机构、跨部门、跨市场、跨境传染。

四、宏观审慎政策工具

（1）宏观审慎政策工具的含义：防范金融体系的整体风险，具有"宏观、逆周期、防传染"的基本属性。

（2）宏观审慎政策和微观审慎监管可以相互补充，而不是替代。宏观审慎政策工具用于防范系统性金融风险，主要是在既有微观审慎监管要求之上提出附加要求，以提高金融体系应对顺周期波动和防范风险传染的能力。

（3）时间维度的工具、结构维度的工具相关介绍见表6-10。

表6-10 时间维度的工具、结构维度的工具相关介绍

项目	具体内容
时间维度的工具	用于逆周期调节，平滑金融体系的顺周期波动 ①资本管理工具：调整额外监管要求、特定部门资产风险权重 ②流动性管理工具：调整流动性水平、资产可变现性、负债来源 ③资产负债管理工具：对金融机构的资产负债构成和增速进行调节，对市场主体的债务水平和结构施加影响 ④金融市场交易行为工具：调整对金融机构和金融产品交易活动中的保证金比率、融资杠杆水平 ⑤跨境资本流动管理工具
结构维度的工具	防范系统性金融风险跨机构、跨市场、跨部门和跨境传染 ①特定机构附加监管规定：对系统重要性金融机构提出附加资本和杠杆率、流动性要求，对金融控股公司提出并表、资本、集中度、关联交易要求 ②金融基础设施管理工具：强化有关运营及监管要求 ③跨市场金融产品管理工具：加强对跨市场金融产品的监督和管理 ④风险处置等阻断风险传染的管理工具：恢复与处置计划

» 典型例题

1. [单项选择题] 在国际金融监管实践中，促使各国监管当局重视并加强宏观审慎管理的重大催化性事件是（　　）。

A. 2008年全球金融危机　　　　B. 1997年亚洲金融危机

C. 1994年墨西哥金融危机　　　D. 2009年欧洲债务危机

[解析] 2008年全球金融危机爆发后，世界各主要经济体的金融监管开始从以微观审慎为主导转向宏观微观审慎相结合。

2. [案例分析题·节选] 宏观审慎政策工具主要用于防范系统性金融风险，其中结构维度

的宏观审慎政策工具为（   ）。

A. 资产负债管理工具
B. 系统重要性银行附加资本要求
C. 金融市场交易行为工具
D. 恢复与处置计划

[解析] 资产负债管理工具和金融市场交易行为工具属于时间维度的工具。

答案：1. A 2. BD

第七章

金融风险与金融监管

📖 **大纲再现**

1. 理解公司治理目标、模式及评价。
2. 掌握股东会、董事会、监事会运行机制，熟悉高级管理人员激励约束机制，了解利益相关者内涵。
3. 熟悉全面风险管理体系，掌握风险治理架构、风险管理策略和流程，了解内部控制和内部审计，熟悉重要风险类型的管理。
4. 理解金融脆弱性与金融危机。
5. 熟悉金融监管的主要目标、基本原则和理论依据。
6. 熟悉金融监管的国际规则。
7. 掌握我国银行业、保险业和证券业监管的主要内容。

✏️ **大纲解读**

本章常以单项选择题、多项选择题形式出题。

本章属于宏观调控部分，包括金融风险与金融监管两个部分内容，系统介绍了金融风险的分类、公司治理与风险管理，以及金融监管理论，高频考点包括金融风险管理、银行业监管。近年来，本章的命题趋势呈现以下特点：一是考查银行监管中的"数字类"内容；二是考查对措施、特点、原则类知识点的记忆。本章思维导图较多，应充分利用导图来梳理知识结构，记忆导图中的考点，加强对琐碎知识点的掌握。

知识脉络 ▶

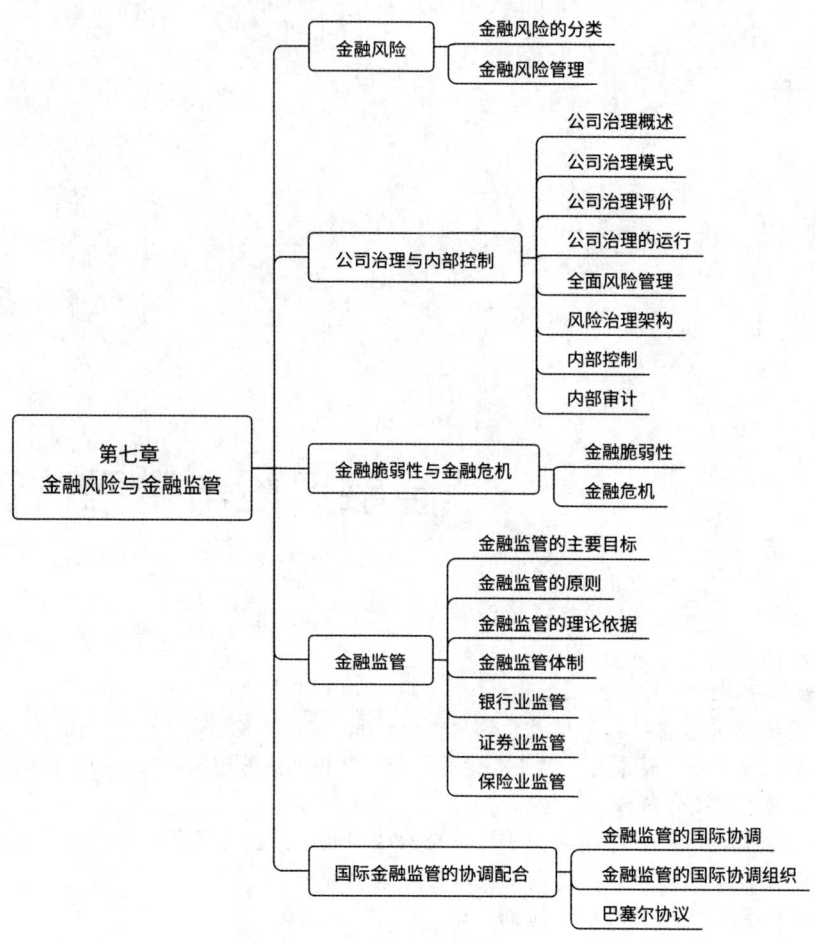

考点1 金融风险

一、金融风险的分类

（一）根据金融风险的成因划分

1. 信用风险

（1）狭义：违约风险。

（2）广义：信用因素导致实际收益与目标发生背离，可能带来额外收益或损失。

2. 操作风险

（1）含义：由不完善或有问题的内部程序、员工和信息科技系统，以及外部事件所造成损失的风险，包括法律风险，不包括声誉风险、策略风险。

（2）操作风险损失事件如下：

①内部欺诈事件。

②外部欺诈事件。

③就业制度和工作场所安全事件。

④客户、产品和业务活动事件。

⑤实物资产的损坏事件。

⑥信息科技系统事件。

⑦执行、交割和流程管理事件。

3. 流动性风险

（1）含义：根据《商业银行流动性风险管理办法》，流动性风险是指商业银行无法以合理成本及时获得充足资金用于偿付到期债务、履行其他支付义务和满足正常业务开展的其他资金需求的风险。

（2）表现：流动性短缺，现金资产不足，资产无法在不蒙受损失的前提下迅速变现，无法以合理价格快速融入资金。

4. 法律风险

（1）属于特殊操作风险。

（2）由于银行违反或无法满足法律规定而不能履行合同，或者发生争议诉讼。

（3）法律风险高发情形：法律权利未能界定时。

5. 合规风险

含义：银行未能遵守法律、法规、规章、制度等，使其遭受法律制裁或监管处罚、重大财务损失或声誉损失的风险。合规是银行所有员工的共同责任，并应该从银行的高层做起（而不是基层）。要建立诚信举报制度、合规问责制度、合规绩效考核制度。

6. 国家风险/国别风险

（1）含义。

①国家风险发生在国际经济金融活动中，在一国范围内经济金融活动不存在国家风险。

②发生在经济主体与异国交易对手进行交易时。

③每一个主体都有可能遭受国家风险，包括政府、企业、个人。

(2) 分类。

①转移风险：债务人由于本国外汇储备不足或外汇管制等原因，无法获得所需外汇偿还其境外债务的风险。

②主权风险：外国政府没有能力或者拒绝偿付其直接或间接外币债务的可能性。

③传染风险：某一国家的不利状况导致该地区其他国家评级下降或信贷紧缩的风险，尽管这些国家并未发生这些不利状况，自身信用状况也未出现恶化。

④货币风险：汇率不利变动或货币贬值，导致债务人持有的本国货币或现金流不足以支付其外币债务的风险。

⑤宏观经济风险：因宏观经济大幅波动导致债务人违约风险增加的风险。

⑥政治风险：债务人因所在国发生政治冲突、政权更替、战争等情形，或者债务人资产被国有化或被征用等情形而承受的风险。

⑦间接国别风险：某一国家或者地区因上述各类国别风险增高，间接导致在该国或者地区有重大商业关系或利益的本国债务人还款能力和还款意愿降低的风险。间接国别风险无须纳入正式的国别风险管理程序，金融机构在评估本国债务人的信用状况时，应适当考虑国别风险因素。

7. 声誉风险

(1) 声誉风险是指遭受公众负面评价而蒙受损失的可能性。

(2) 巴塞尔银行监管委员会在巴塞尔新资本协议中明确将声誉风险列入第二支柱。

8. 市场风险

市场风险的含义和分类见表7-1。

表7-1 市场风险的含义和分类

项目		具体内容
含义		市场价格的不利变动所带来的可能性损失
分类	汇率风险	(1) 交易风险：在经济交易中（贸易）由汇率变动造成损失的可能性；发生在交易时，是实际的经济损失 (2) 折算风险（会计风险）：合并母子公司报表时，须将外币记账的子公司报表转为本国货币重新做账，由于汇率变动，报表合并后账面出现损失；发生在交易后，是账面损失 (3) 经济风险：由汇率变动对未来现金流造成的影响；是三种汇率风险中最复杂的汇率风险
	利率风险	(1) 借方利率风险：采用固定利率借入长期资金，利率下降，不能享受低利息成本；采用浮动利率借入长期资金，利率上升，借款成本随之上升；连续借入短期资金，利率不断上升，新借入成本不断上升 (2) 贷方利率风险：采用固定利率贷出长期资金，利率上升，不能享受高利息收益；采用浮动利率贷出长期资金，利率下降，利息收益随之下降；连续贷出短期资金，利率不断下降，新贷出收益不断下降 (3) 借贷双方共同利率风险：利率不匹配——以浮动利率借入资金，以固定利率贷出资金，利率上涨；以浮动利率贷出资金，以固定利率借入资金，利率下降。期限不匹配——借短放长，利率上升；借长放短，利率下降

续表

项目		具体内容
分类	股票风险	股票价格发生不利变动，给银行带来损失的风险
	商品风险	商业银行所持有的各类商品及其衍生头寸，其商品价格发生不利变动，给商业银行造成经济损失的风险 【注1】商品是指可以在场内自由交易的农产品、矿产品（包括石油）、贵金属等，以商品期货的形式为主 【注2】此处的商品不包括黄金，黄金价格波动被纳入汇率风险

【考点小贴士】主要考查八大风险的构成。

9. 战略风险

银行由于追求短期商业目的和长期发展目标，制定的战略决策和发展规划给银行造成损失的一种风险。

（二）根据金融风险能否分散（风险发生范围）划分

(1) 系统性风险：全局性风险，不可通过组合投资分散。

(2) 非系统性风险：局部风险，能够通过组合投资分散。

（三）根据风险来源划分

(1) 外部风险：商业银行以外的因素导致的风险。

(2) 内部风险：商业银行内部因素导致的风险。

（四）金融类风险与非金融风险

1. 金融类风险

金融类风险与业务经营相关，包括：市场风险、利率风险、信用风险、流动性风险。

2. 非金融风险

非金融风险与外部环境、企业组织管理相关，包括：法律风险、战略风险、操作风险、声誉风险。

二、金融风险管理

（一）风险管理流程

根据《商业银行市场风险管理指引》，商业银行风险管理流程如下：

(1) 风险识别。风险识别包含识别风险和分析风险两部分。

(2) 风险计量。风险计量是指定量分析风险发生的概率和可能的损失大小。

(3) 风险监测。风险监测是指监控风险指标，判断其是否已达到引起关注的水平或超过阈值。

(4) 风险控制。风险控制是指通过分散、对冲、转移、规避、控制等措施管控风险。

（二）风险管理措施

1. 风险管理策略

(1) 风险预防。措施：自有资本充足（抵御风险的最终防线）；准备金适当。

(2) 风险对冲。

①含义：投资与标的资产收益负相关的资产或衍生品，以冲销潜在损失的一种风险管理策略。

②应用：主要应用于信用风险管理中。

(3) 风险分散。

①措施：组合投资、资产结构多样化、投资负相关或不相关的资产。

②局限：风险分散只能分散非系统性风险，无法分散系统性风险。

(4) 风险补偿。

①合同补偿：风险计价。

②保险补偿：存款保险制度。

③法律补偿：提起诉讼。

(5) 风险转移。

①保险转移：出口信贷保险。

②非保险转移：担保。

(6) 风险抑制。承担风险之后，采取措施防止风险恶化，减少损失。

2. 信用风险管理☆☆

信用风险管理的具体内容见图7-1。

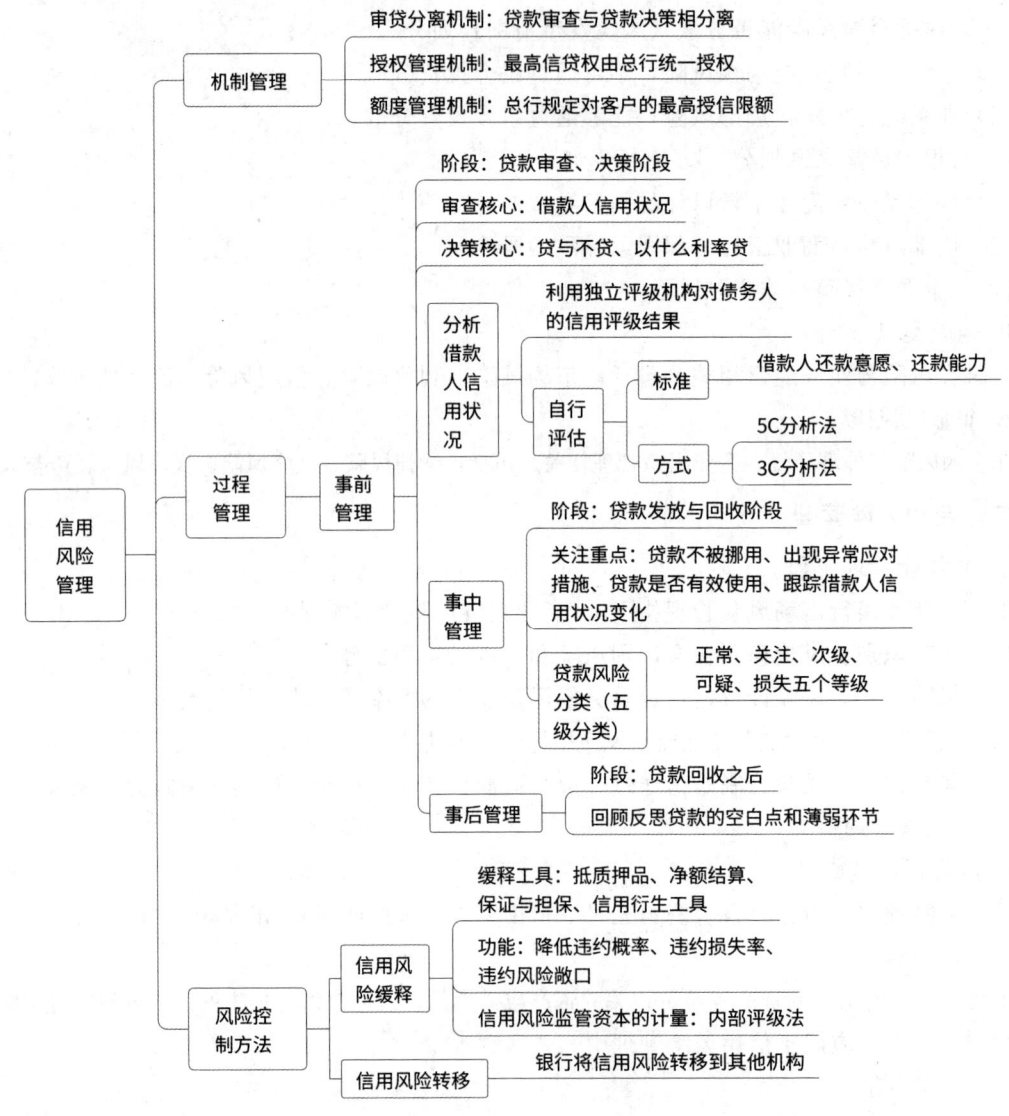

图7-1 信用风险管理

【提示】5C 分析法即从偿还能力（capacity）、资本（capital）、品格（character）、担保品（collateral）、经营环境（conditions）五个方面进行全面分析。3C 分析法即从现金流（cash）、管理（control）、事业的连续性（continuity）三个方面进行分析。

3. 市场风险管理☆☆

根据《商业银行市场风险管理指引》，市场风险管理的内容见表 7-2。

表 7-2 市场风险管理

项目		具体说明
市场风险管理方法	市场风险对冲	(1) 表内对冲：配对管理，有效搭配资产负债结构 (2) 表外对冲（市场对冲）：利用金融衍生品对冲
	限额管理	(1) 交易限额：限定总交易头寸或净交易头寸 (2) 敏感度限额：对单个要素的影响程度设定限额 (3) 止损限额：限定的最大损失额 (4) 风险限额：设定市场风险限额
	经济资本配置	(1) 自上而下法：制定市场风险管理战略规划 (2) 自下而上法：当期绩效考核
市场风险管理内容	汇率风险的管理	(1) 提前或推迟收付外币 (2) 选择有利的货币 (3) 做远期外汇交易 (4) 进行结构性套期保值 (5) 做货币衍生产品交易
	利率风险的管理	(1) 选择有利的利率 (2) 缺口管理 (3) 久期管理 (4) 调整借贷期限 (5) 利用利率衍生品交易
	股票风险的管理	预测涨价→买入，预测降价→卖出；风险分散、组合投资；以股指期货交易或股指期权交易代替个股投资，规避相对集中的风险；购买股票基金，不进行个股投资
	商品风险的管理	采用商品期货对冲价格波动，对冲操作为：购买与标的资产收益波动负相关的资产来冲销标的资产潜在损失。风险对冲对商品风险管理很有效

4. 操作风险管理

根据《商业银行操作风险管理指引》，操作风险管理的具体内容见表 7-3。

表 7-3 操作风险管理

项目	具体内容
操作风险管理框架	(1) 适当的组织架构 (2) 董事会的监督控制 (3) 高级管理层的职责 (4) 计提操作风险所需资本的规定 (5) 操作风险管理政策、方法和程序

续表

项目	具体内容
风险管理战略	(1) 操作风险管理政策（总纲领） (2) 风险容忍度（核心内容，体现风险承受水平） (3) 业务目标

5. 其他风险管理

其他风险管理包括国家风险管理、流动性风险管理、法律与合规风险管理、声誉风险管理、战略风险管理。根据我国相关规定，其具体内容见表7-4。

表7-4 其他风险管理

具体分类		具体内容
国家风险管理	企业层面	(1) 针对国家风险投保 (2) 将国际债权转让 (3) 针对国家风险建立预警机制 (4) 以跨国联合的股份化投资方式，发展当地重要的战略投资者 (5) 在全面风险管理体系中纳入国家风险 (6) 建立国家风险报告与评级制度 (7) 实行多样化的交易国别 (8) 通过辛迪加贷款（银团贷款）、国别限额管理、国别差异化的信贷政策、寻求第三者保证等方式保证国际贷款 (9) 严设国际贷款审贷程序、严格评估借款人的国家风险 (10) 与东道国政府签订特许协定
	国家层面	(1) 将对外投资保护纳入国际保护体系，通过谈判参与国际组织、区域性组织的多边投资保护协定活动 (2) 商业银行对有关国家的债权需要建立最低准备金，以符合监管层要求 (3) 设立官方保险或担保公司对国家风险提供保险或担保 (4) 经贸活动中给予外交援助 (5) 与别国订立双边投资促进与保护协定
流动性风险管理		(1) 保持资产和负债的流动性 (2) 使资产和负债在期限、流动性上匹配（资产和负债流动性综合管理）
法律与合规风险管理		(1) 建立合规风险管理体系 (2) 管理方法： ①进行合规考核、建立问责机制 ②建立预警与整改机制 ③建立合规文化、确立合规基调 ④识别、评估、报告合规风险
声誉风险管理	管理方式	完善公司治理结构、树立全面风险管理理念、做好防范危机准备工作、正确识别和管理各类风险
	具体方法	(1) 管理合规风险、操作风险 (2) 使金融机构的发展战略符合多数利益持有者的期望，统一社会责任感与经营目标 (3) 管理培训声誉风险 (4) 规划危机管理、及时处理投诉和批评、与媒体保持良好沟通
战略风险管理		采取从上至下的方法，评估银行的目标（短期、长期）、愿景、制定实施方案

> 典型例题

1. [单项选择题] 汇率风险可以细分为（　　）。
A. 法律风险、折算风险、经济风险
B. 交易风险、折算风险、经济风险
C. 交易风险、折算风险、投资风险
D. 法律风险、国别风险、经济风险

[解析] 汇率风险可以细分为交易风险、折算风险和经济风险三种类型，B项正确。

2. [单项选择题] A银行依据层级和管理水平高低，给予所属职能部门下属分支机构不同的最高信贷权限，这是银行信用风险管理中的（　　）。
A. 过程管理
B. 事前管理
C. 机制管理
D. 市场管理

[解析] 题干所述为信用风险机制管理中的授权管理机制，C项正确。

3. [多项选择题] 金融风险管理中，控制市场风险的基本方法有（　　）。
A. 经济资本配置
B. 表外对冲
C. 资产证券化
D. 表内对冲
E. 限额管理

[解析] 市场风险控制的基本方法包括限额管理、市场风险对冲及经济资本配置。其中，市场风险对冲包括：表内对冲和表外对冲。因此，A、B、D、E四项均正确。

4. [单项选择题] 某企业采取跨国联合的股份化投资方式向海外投资，从风险防范的角度看，这样做的主要目的在于规避（　　）。
A. 国家风险
B. 声誉风险
C. 合规风险
D. 操作风险

[解析] 根据题干可知，采取跨国联合的股份化投资方式向海外投资，属于从企业方面管理国家风险，A项正确。

答案：1. B　2. C　3. ABDE　4. A

考点2　公司治理与内部控制

一、公司治理概述

（一）公司治理的概念

（1）公司制的所有权与经营权分离，既解决了发展所需要的资金问题，又导入了专业化管理。但也导致委托代理关系问题日渐突出，于是公司治理应运而生。

（2）公司治理指股东对经营者的监督制衡机制，通过某种制度来配置所有者与经营者之间的权利与责任关系，实现股东利益最大化的公司目标。

①内部治理：由股东会、董事会、监事会和高管层（"三会一层"）组成的治理架构及其运行机制，是公司治理的核心。

②外部治理：公司外部的利益相关者（包括员工、债权人、客户、供应商和其他受影响群体等）和监管机构通过制度安排及市场机制等参与或影响公司的运行，是确保公司可持续发展

的重要保障。

（3）公司治理与公司管理：目标都是实现公司价值，只是在不同的层面发挥不同的作用，二者之间的联结点在公司的战略管理层次，即公司治理决定公司战略，公司战略目标的实现依赖于公司管理的有效执行（如关联交易、信息披露）。

（二）公司治理的特点（金融机构角度）

（1）治理主体结构复杂（可能出现利益冲突，公司治理难度较大）。

（2）高杠杆性与风险外溢。

（3）受历史文化和制度因素影响（承担了较多的历史成本）。

（4）考虑社会责任。

（三）公司治理目标

（1）巴塞尔银行监管委员会修订发布的《有效银行监管核心原则》：监管机构应确保银行具备健全的公司治理政策和程序，需要涵盖企业文化和价值观、战略管理和监督、集团组织架构、控制环境、适当性评估程序、银行董事会和高管层的职责和薪酬等，并认为相关政策和程序应与银行的风险状况和系统重要性相匹配。

（2）中国银行保险监督管理委员会发布的《银行保险机构公司治理准则》：要求银行保险机构应当持续提升公司治理水平，逐步达到良好公司治理标准。良好公司治理包括但不限于清晰的股权结构，健全的组织架构，明确的职责边界，科学的发展战略，高标准的职业道德准则，有效的风险管理与内部控制，健全的信息披露机制，合理的激励约束机制，良好的利益相关者保护机制和较强的社会责任意识。

二、公司治理模式

具有代表性的公司治理模式有四种，具体内容见表7-5。

表7-5 具有代表性的公司治理模式

公司治理模式	特点	优缺点
家族模式	血缘关系至上	（1）优点：家族成员既是所有者又是经营者，可以减少委托代理成本，决策与执行效率高，有效把握商机；内部配合和沟通更容易，可降低交易成本与监控成本 （2）缺点：权力集中；产权封闭，不利于扩大规模；易导致人才危机
英美模式	（1）股权至上（市场主导型） （2）遵循决策、执行、监督三权分立的框架，股东会下只设董事会，通过独立董事行使监督权，通过公司章程来限定公司不同机构的权力	（1）优点：股东通过市场机制监督公司经营，资本流动性较大，可实现资本的优化配置，实现股东价值最大化；独立董事占比大，可有效发挥独立监督作用；股票期权型报酬可为公司提供持续发展的职业经理人才；信息披露机制完备 （2）缺点：股份分散，股东不能有效参与公司的内部治理；股东与首席执行官的利益冲突处理不好会加剧公司内部矛盾；对其他利益相关者的利益有所忽视

续表

公司治理模式	特点	优缺点
德日模式	(1) 利益相关者至上（又称内部控制模式、大陆模式） (2) 将公司的决策、执行、监督权力和职能分开，通过设置股东会、董事会、监事会及利益相关者参与公司治理的机制，体现制衡分权的管理原则	(1) 优点：公司股权集中，股东相对稳定；大股东可以有效控制和监督经理人的行为；更加重视利益相关者利益最大化 (2) 缺点：影响股票的流动，小股东的权益缺乏保障；董事会不独立和董事长权力过大；内部监督机制和责任追究制度虚置
国家出资公司模式	(1) 我国国家出资公司包括：国有独资公司、国有资本控股公司 (2) 我国金融机构最主要的公司治理模式是党组织发挥领导作用的国家出资公司模式	(1) 优点：党组织"把方向、管大局、保落实"，公司重大经营管理事项必须经党委研究讨论后，再由董事会或高管层作出决定；符合条件的党委班子成员可以通过法定程序进入"三会一层"，"三会一层"中符合条件的党员可以按照有关规定和程序进入党委；强调利益相关者的权益保护，在公共产品供给等方面承担重要责任 (2) 缺点：党组织与董事会的权责边界，以及党的领导融入公司治理各个环节的细则不够清晰，委托代理的链条较长；监事会职能较为弱化，独立董事独立性大多不强；政商不分问题突出

三、公司治理评价

（一）公司治理评价的概念

1998年美国标准普尔建立的公司治理服务系统把公司治理评价分为公司评分和国家评分两部分。综合考虑内部治理机制和外部治理机制是该系统的特色之一。

公司评分和国家评分的具体内容见表7-6。

表7-6　公司评分和国家评分的具体内容

项目	具体内容
公司评分	主要分析公司管理层、董事会、股东及利益相关者互动的有效性，主要集中于内部治理结构和运行
国家评分	主要评估公司所处的外部环境，侧重于关注宏观层次上的外部力量对公司治理的影响

国际上公认的公司治理评价体系还有戴米诺公司治理评价体系、里昂证券（亚洲）公司治理评价体系等。

（二）公司治理的监管评估（银行保险机构）

(1) 主要内容：党的领导、股东治理、关联交易治理、董事会治理、监事会和高管层治理、风险内控、市场约束、利益相关者治理等方面。

(2) 评估结果：根据得分，监管评估分为A、B、C、D、E五个等级，具体内容见表7-7。

表7-7　监管评估等级及其具体内容

评估等级	具体内容
A级（优秀）	公司治理各方面健全，未发现明显的合规性及有效性问题，治理机制运转有效

续表

评估等级	具体内容
B级（较好）	公司治理基本健全，同时存在一些弱点，相关机构能够积极采取措施整改完善
C级（合格）	公司治理存在一定缺陷，公司治理合规性或有效性需加以改善
D级（较弱）	公司治理存在较多突出问题，合规性较差，有效性不足，公司治理基础薄弱
E级（差）	公司治理存在严重问题，合规性差，有效性严重不足，公司治理整体失效

（3）结果运用：评估结果是监管机构配置监管资源、采取监管措施和行动的重要依据，监管机构可在市场准入、现场检查立项、监管评级、监管通报等环节加强运用评估结果。监管机构一般会根据评估结果对银行保险机构采取不同监管措施，具体内容见表 7-8。

表 7-8 根据评估结果采取的监管措施

评估结果	监管措施
A级	开展常规监管，督促其保持良好公司治理水平
B级	关注公司治理风险变化，并通过窗口指导、监管谈话等方式指导机构逐步完善公司治理
C级	除B级措施外，还可以依法采取下发风险提示函、监管意见书、监管通报，要求机构限期整改等措施
D级	除C级措施外，还可以在市场准入中认定其公司治理未达到良好标准。可依法采取责令调整相关责任人、责令暂停部分业务、停止批准开办新业务、停止批准增设分支机构、限制分配红利和其他收入等监管措施
E级	除D级措施外，应当限制其开展授信类、资金运用类、以资金为基础的关联交易，还可以结合评估发现的问题和线索，对相关机构进行现场检查，并对机构及责任人进行处罚

四、公司治理的运行

（一）股东和股东会

股东和股东会的具体内容见表 7-9。

表 7-9 股东和股东会的具体内容

项目		具体内容
股东	概念	指向公司出资或持有公司股份的人，是公司的出资者或股份的所有者
	分类	（1）根据获得股东资格的时间和条件，分为创始股东与一般股东 （2）根据股东持股的数量和影响力，分为控股股东与非控股股东 （3）根据公司支配权与持有的表决权资本数量，分为大股东和中小股东
	主要权利	资产收益权、参与重大决策权、选择管理者的权利、知情权、诉讼权等
	主要义务	出资义务。金融机构的股东还有资本补充义务、诚信义务、交易行为的严格限制等
股东会	概念	由全体股东组成，是公司的权力机构。本质上更是一种决策机制，是股东民主的制度形式
	职权	（1）股东会行使下列职权：①选举和更换董事、监事，决定有关董事、监事的报酬事项；②审议批准董事会的报告；③审议批准监事会的报告；④审议批准公司的利润分配方案和弥补亏损方案；⑤对公司增加或者减少注册资本作出决议；⑥对发行公司债券作出决议；⑦对公司合并、分立、解散、清算或者变更公司形式作出决议；⑧修改公司章程；⑨公司章程规定的其他职权 （2）股东会可以授权董事会对发行公司债券作出决议

第七章 金融风险与金融监管

(二) 董事和董事会

董事和董事会的具体内容见表7-10。

表7-10 董事和董事会的具体内容

项目		具体内容
董事	概念	由股东会选举产生的具有实际权力和权威的管理公司事务的人员。分为： (1) 执行董事：担任董事的本公司管理人员，负责日常经营与管理，制定和执行公司战略 (2) 非执行董事：在本公司不担任职位，能从外部角度更公正、独立地判断公司决策 (3) 独立董事：是一类特殊的非执行董事 (4) 职工董事：董事会中的职工代表，由公司职工通过职工代表大会、职工大会或其他形式民主选举产生
	任期	由公司章程规定，但每届任期不得超过3年，期满连选可连任。辞任应书面通知公司，公司收到通知之日辞任生效
董事会	概念	依照有关法律法规和公司章程，由全体董事组成的业务执行机构。其处于公司委托代理关系链条中承上启下的中心环节，董事会治理是现代公司治理的核心
	职权	(1) 董事会行使下列职权：①召集股东会会议，并向股东会报告工作；②执行股东会的决议；③决定公司的经营计划和投资方案；④制订公司的利润分配方案和弥补亏损方案；⑤制订公司增加或者减少注册资本以及发行公司债券的方案；⑥制订公司合并、分立、解散或者变更公司形式的方案；⑦决定公司内部管理机构的设置；⑧决定聘任或者解聘公司经理及其报酬事项，并根据经理的提名决定聘任或者解聘公司副经理、财务负责人及其报酬事项；⑨制定公司的基本管理制度；⑩公司章程规定或者股东会授予的其他职权。董事会职权原则上不得授予董事长、董事、其他机构或个人行使 (2) 某些具体决策事项确有必要授权的，应当通过董事会决议的方式依法进行
董事会专门委员会		(1) 金融机构的董事会单独或合并设立专门委员会，如战略、审计、提名、薪酬、关联交易控制、风险管理、消费者权益保护等专门委员会 (2) 我国的保险公司董事会要求设立资产负债管理委员会

(三) 监事和监事会

监事和监事会的具体内容见表7-11。

表7-11 监事和监事会的具体内容

项目		具体内容
监事	概念	是监督公司事务的人员，由公司股东会选举产生
监事会	概念	成员为3人以上。应包括股东代表和适当比例的公司职工代表，其中，职工代表的比例不得低于1/3
	职权	(1) 监事会应行使下列职权：①检查公司财务；②对董事、高级管理人员执行职务的行为进行监督，对违反法律、行政法规、公司章程或者股东会决议的董事、高级管理人员提出解任的建议；③当董事、高级管理人员的行为损害公司的利益时，要求董事、高级管理人员予以纠正；④提议召开临时股东会会议，在董事会不履行《公司法》规定的召集和主持股东会会议职责时召集和主持股东会会议；⑤向股东会会议提出提案；⑥依照《公司法》第一百八十九条的规定，对董事、高级管理人员提起诉讼；⑦公司章程规定的其他职权。监事会行使职权所必需的费用，由公司承担 (2) 目前监事会不再是必设机构，但前提是独立董事及董事会能够完全承担起监督的职能。公司按规定在董事会中设立审计委员会，行使监事会的职权，可以不设监事会。审计委员会职权范围既要能够承接传统监事会的若干职能，又要整合传统董事会的监督职能，还要履行《公司法》规定的职权

(四)高级管理人员

高级管理人员的具体内容见表7-12。

表7-12 高级管理人员的具体内容

项目		具体内容
概念		(1) 简称高管层,在现代公司中,对法人的财产拥有经营管理权,承担法人财产保值增值责任的公司高级管理者。由公司董事会聘任,以自身的人力资本出资,以经营管理企业为职业,并以此获得报酬 (2) 包括:经理、副经理、财务负责人,上市公司(及我国金融机构)的董事会秘书等
职权		经理由董事会决定聘任或者解聘,对董事会负责,列席董事会会议。公司一般由经理负责组建高管层。根据公司章程的规定或者董事会的授权行使职权
激励约束机制	激励机制 物质	(1) 工资、奖金、利润分成、股票、股票期权、年金等 (2) 我国金融机构应建立:①科学合理的薪酬管理机制;②绩效考核机制(收益与风险兼顾、长期与短期激励并重)
	激励机制 非物质	经营控制权(拥有额外津贴、享受职位消费等正规报酬以外的利益)、声誉激励(职业声誉、精神激励)等
	约束机制 概念	公司对高管的决策、行为或者经营成果进行的一系列的检查、督导、控制、评价、监察、惩罚等内外部约束机制
	约束机制 内部	公司治理中的董事、监事选举制度,由董事会聘免和奖惩高管层的制度,内部审计、监察机制等
	约束机制 外部	指公众、市场、监管者、法律等对高管层实施的监督

(五)利益相关者

公司的利益相关者一般分为核心层、社会层和战略层,具体内容见表7-13。

表7-13 利益相关者的层次

项目		具体内容
核心层利益相关者		直接影响公司运营和决策
	股东	(1) 概念:对于金融机构的控股股东、实际控制人、大股东、主要股东的权力,多采取约束和限制措施,对于中小股东则采取多维度的权益保护措施 (2) 主要义务:银行保险机构的股东除按照法律法规及监管规定履行股东义务外,还应当以自有资金入股,不滥用股东权利,积极配合监管机构开展调查和风险处置。监管机构还对大股东分别从持股行为、治理行为、交易行为、责任义务等方面进行了规范 (3) 中小股东权益保护:保护内容主要有累积投票制(股份比例超过30%的上市公司)、独立董事制度以及中小股东权利救济机制等
	员工	(1) 概念:与金融机构签订劳动合同的所有在岗人员 (2) 金融机构应通过多岗位历练、职业规划指导、员工持股计划等,增强员工的归属感和成就感

续表

项目		具体内容
核心层利益相关者	客户、金融消费者、供应商	(1) 客户：包括存款人、借款人、投保人、供应商（交易对手、金融同业）等。商业银行应当保障存款人的合法权益不受侵犯。 (2) 金融消费者：一般是自然人，可能是存款人、债权人，也可能是借款人、债务人。金融机构要保障金融消费者财产安全权、知情权、自主选择权、公平交易权、依法求偿权、受教育权、受尊重权、信息安全权，建立金融消费者适当性制度。 (3) 金融机构的供应商：①技术支持类供应商，提供技术基础设施和创新解决方案；②金融服务类供应商，提供资金支持或服务；③基础设施类供应商，日常运营中提供基础支持；④风险管理类供应商，帮助金融机构进行风险评估和管理
	债权人	除存款人外，还有商业债权人、债券持有人以及其他债权人等，具体介绍如下： (1) 商业债权人：更关注商业银行资本充足率等监管指标。通常以信用销售的方式向金融机构提供商品或服务，金融机构则在一定期限内支付货款或服务费用。常见的商业债权人包括供应商、批发商、物流公司等 (2) 债券持有人：更关注保险公司偿付能力状况等。公开发行公司债券的，应设立债券持有人会议，对与债券持有人有利害关系的事项作出决议
社会层	影响公司声誉和社会责任表现	
	社区	会对金融机构的社会形象、声誉和可持续发展产生重要影响。金融机构需要关注社区的诉求，如环境保护、公共设施建设等
	媒体	媒体的监督作用可以促使金融机构更加注重社会责任和透明度
	社会公众	对金融机构的社会责任、产品质量和品牌形象有较高期望。金融机构更需要关注对弱势群体、新市民、残疾人的服务质量
	行业协会	通过制定行业规范和标准，影响金融机构的运营方式和竞争环境
	国际组织	巴塞尔银行监管委员会、国际证监会组织、国际保险监管官协会、金融稳定理事会等全球性机构，通过制定全球性标准和倡议，影响金融机构的全球运营和社会责任实践
	自然环境和人类后代	环保组织、消费者权益保护组织等社会团体，通过倡导特定的社会价值和利益，对金融机构施加压力
战略层		包括政府、监管机构和投资者等，对公司长期发展有显著影响

> **知识点拨**
>
> 股东、董事、监事的区别：
>
> 股东是掏钱的，是公司的主人，只进行审议批准，且审议批准的事项基本是跟钱有关的，如增资减资、分配利润。
>
> 董事是决策签字的，但是要对股东负责，所以股东们审议批准的事项，基本都是董事制定的。
>
> 监事是监督的，但他们只监督董事和高管，不监督普通的员工和业务。他们不能开除董事与高管，只能提议召开股东会。

五、全面风险管理

(一) 美国反虚假财务报告委员会下属的发起人委员会 (COSO) 的企业风险管理框架

1. 2004 年的《企业风险管理——整合框架》

2004 年的《企业风险管理——整合框架》拓展了传统的内部控制体系,标志着全面风险管理模式的问世。

(1) 全面风险管理的含义:全面风险管理是一个过程,由董事会、管理层和其他人员实施,应用于战略制定并贯穿于企业之中,用于识别那些可能影响主体的潜在事件,管理风险以使其在该主体的风险偏好之内,并为主体目标的实现提供合理的保证。

(2) 全面风险管理是一个由三个维度构成的立体系统,其三个维度的具体内容见表 7-14。

表 7-14 全面风险管理三个维度的具体内容

维度	具体内容
企业目标	包括战略目标、经营目标、报告目标和合规目标
风险管理的要素	包括内部环境、目标设定、事件识别、风险评估、风险对策、控制活动、信息与沟通、监控
企业层级	包括整个企业、各职能部门、各条业务线及下属子公司

2. 2017 年的《企业风险管理——战略与绩效的结合》

2017 年 9 月发布的《企业风险管理——战略与绩效的结合》,对 2004 年《企业风险管理——整合框架》进行了关键性修订,修订内容包括:

(1) 重新定义了企业风险管理,认为企业风险管理是一种与战略制定及实施相结合的文化、能力和实践,在创造、维护和实现价值过程中管理风险。

(2) 改用价值创造链条描述风险管理要素与企业使命、愿景和核心价值观的关系。

(3) 整合风险管理基本要素,采用原则为导向的框架帮助董事会和管理层制定和评价风险管理绩效。

(二) 巴塞尔银行监管委员会的全面风险管理框架

巴塞尔银行监管委员会在 2004 年公布的巴塞尔协议Ⅱ中融入了全面风险管理的理念和要求,由以前单纯的信用风险管理模式转向信用风险、市场风险和操作风险管理并举,信贷资产管理与非信贷资产管理并举,组织流程再造与技术手段创新并举的全面风险管理模式。

(三) 我国的全面风险管理指引(银监会《银行业金融机构全面风险管理指引》)

(1) 全面风险管理原则:匹配性原则(全面风险管理体系应当与风险状况和系统重要性等相适应)、全覆盖原则、独立性原则、有效性原则。

(2) 全面风险管理要素:风险治理架构,风险管理策略、风险偏好和风险限额,风险管理政策和程序,管理信息系统和数据质量控制,内部控制和审计体系等。

(3) 全面风险管理责任主体:

① 董事会承担全面风险管理的最终责任。

② 监事会承担全面风险管理的监督责任。

③全面风险管理部门牵头履行全面风险的日常管理职责。
④各业务部门承担风险管理的直接责任。

六、风险治理架构

风险治理是公司治理框架的一部分,是董事会、高管层、业务部门、风险管理部门之间在风险管理职责方面的监督和制衡机制。风险治理架构的具体内容见表7-15。

表7-15 风险治理架构的具体内容

项目	具体内容
董事会职责	(1)董事会承担全面风险管理的最终责任,履行以下职责:①建立风险文化;②制定风险管理策略;③设定风险偏好和确保风险限额的设立;④审批重大风险管理政策和程序;⑤监督高管层开展全面风险管理;⑥审议全面风险管理报告;⑦审批全面风险和各类重要风险的信息披露;⑧聘任风险总监(首席风险官)或其他高级管理人员,牵头负责全面风险管理;⑨其他 (2)董事会可以授权其下设的风险管理委员会履行其全面风险管理的部分职责(需要沟通机制)
高管层职责	(1)高管层承担全面风险管理的实施责任,执行董事会的决议,履行以下职责:①建立适应全面风险管理的经营管理架构;②制定清晰的执行和问责机制;③根据董事会设定的风险偏好,制定风险限额;④制定风险管理政策和程序;⑤评估全面风险和各类重要风险管理状况并向董事会报告;⑥建立完备的管理信息系统和数据质量控制机制;⑦对突破风险偏好、风险限额以及违反风险管理政策和程序的情况进行监督;⑧其他 (2)规模较大或业务复杂的银行业金融机构应当设立风险总监(首席风险官),董事会应将其纳入高级管理人员。风险总监(首席风险官)或其他牵头负责全面风险管理的高级管理人员可以直接向董事会报告全面风险管理情况
全面风险管理牵头部门职责	商业银行应当设立或者指定部门负责全面风险管理,牵头履行全面风险的日常管理,包括但不限于以下职责:①实施全面风险管理体系建设;②牵头协调识别、计量、评估、监测、控制或缓释全面风险和各类重要风险,及时向高级管理人员报告;③持续监控风险管理策略、风险偏好、风险限额及风险管理政策和程序的执行情况;④组织开展风险评估
三道防线划分	(1)第一道防线:业务部门承担风险管理的直接责任 (2)第二道防线:风险管理部门承担制定政策和流程,监测和管理风险的责任 (3)第三道防线:内审部门承担审计责任

七、内部控制

(一)内部控制的定义

(1)COSO发布的《内部控制——整合框架》,成为企业内部控制领域的权威文件。

(2)《商业银行内部控制指引》关于内部控制的定义:内部控制是商业银行董事会、监事会、高级管理层和全体员工参与的,通过制定和实施系统化的制度、流程和方法,实现控制目标的动态过程和机制。

(3)COSO关于内部控制的定义:内部控制是由企业董事会、管理人员和其他职员实施的一个过程。其目的是为提高经营活动的效率、确保财务报告的可靠性、促使与可适用的法律相符合提供一种合理的保证。

(4)《有效银行监管的核心原则》关于内部控制的定义:内部控制的目的是确保一家银行的业务能根据银行董事会指定的政策以谨慎的方式经营。

（二）内部控制的要素

（1）控制环境。

（2）风险评估（风险管理决策的基础）。

（3）控制活动。

（4）信息与沟通。

（5）监督。

（三）内部控制基本原则

（1）全覆盖原则：商业银行内部控制应当贯穿决策、执行和监督全过程，覆盖各项业务流程和管理活动，覆盖所有的部门、岗位和人员。

（2）制衡性原则：商业银行内部控制应当在治理结构、机构设置及权责分配、业务流程等方面形成相互制约、相互监督的机制。

（3）审慎性原则：商业银行内部控制应当坚持风险为本、审慎经营的理念，设立机构或开办业务均应坚持内控优先。

（4）相匹配原则：商业银行内部控制应当与管理模式、业务规模、产品复杂程度、风险状况等相适应，并根据情况变化及时进行调整。

（四）内部控制机制的特征

成功的商业银行从内部控制层面来看，具有以下特征：

（1）审慎经营的理念和内部控制的文化氛围。

（2）职责分离、相互制约的部门和岗位设置。

（3）纵向的授权与审批制度。

（4）系统内部控制和业务活动融为一体的控制活动。

（5）完善的信息系统。

（五）建立和完善内部控制机制的内容

（1）建立合理的组织结构。

（2）建立完善的内部控制体制。

（3）完善内部审计制度。

（4）建立健全内部管理机制。要建立以资产负债管理为前提的自我调控机制；建立内部授信授权制度，实行统一授信和分级审批；建立对集团性大客户实行统一授信管理的制度。

八、内部审计

（1）国际内部审计师协会对内部审计的定义：内部审计是一种独立、客观的确认和咨询活动，旨在增加价值和改善组织的运营。它通过应用系统的、规范的方法，评价并改善风险管理、控制和治理过程的效果，帮助组织实现其目标。

（2）审计对象：企业的全部经营管理活动，包括公司治理、风险管理和内部控制。

（3）作用：①帮助组织识别、评价重要的风险暴露，促进风险管理和控制系统的改进；②监控和评价组织风险管理系统的效果；③评价与组织的治理、运营和信息系统有关的风险暴露；④把在咨询业务中对风险的了解结合到发现和评价组织的重大风险暴露的过程中。

> **典型例题**

1.［单项选择题］2004年9月，COSO委员会正式发布的文件是（　　）。
　A.《企业风险管理——战略与绩效的结合》　　B.《合规与银行内部合规部门》
　C.《内部控制——整合框架》　　D.《企业风险管理——整合框架》
［解析］COSO于2004年正式发布了《企业风险管理——整合框架》文件，这标志着含有并拓展内部控制体系的全面风险管理模式问世。

2.［单项选择题］关于公司治理与公司管理的说法，说法正确的是（　　）。
　A. 公司治理与公司管理的目标不同
　B. 公司治理与公司管理在不同的层面发挥相同的作用
　C. 二者之间的联结点在公司的战略管理层次
　D. 公司管理决定公司战略
［解析］公司治理与公司管理的目标都是实现公司价值，只是在不同的层面发挥不同的作用，二者之间的联结点在公司的战略管理层次，即公司治理决定公司战略，公司战略目标的实现依赖于公司管理的有效执行。

3.［单项选择题］决策和执行效率高，企业内部更容易配合和沟通，是（　　）模式的优点。
　A. 血缘关系至上的家族模式　　B. 股权至上的英美模式
　C. 利益相关者至上的德日模式　　D. 国家出资公司模式
［解析］家族模式的优点：家族成员既是所有者又是经营者，可以减少委托代理成本；决策与执行效率高，有效把握商机；公司内部更容易配合和沟通，降低交易成本与监控成本。

4.［单项选择题］股份有限公司经理的聘任由（　　）决定。
　A. 股东会　　B. 董事会
　C. 经营办公会　　D. 监事会
［解析］股份有限公司设经理，由董事会决定聘任或者解聘，经理对董事会负责。

答案：1.D　2.C　3.A　4.B

考点3　金融脆弱性与金融危机

一、金融脆弱性

（一）金融脆弱性的含义
（1）狭义的金融脆弱性：金融业高负债经营的行业特点所决定的更易失败的本性。
（2）广义的金融脆弱性：是一种趋于高风险的金融状态，泛指一切融资领域中的风险积聚，包括信贷融资和金融市场融资。
（3）金融脆弱性与金融风险的区别：
①金融风险是指潜在损失的可能性，金融脆弱性是指金融风险积聚所形成的"状态"。

②金融风险既用于微观领域，也用于宏观领域；金融脆弱性多用于对金融体系的讨论。

③狭义的金融脆弱性强调"内在性"，即它是金融部门与生俱来的一种特性，对于银行来说，其脆弱性根源在于信贷资金使用与偿还在时间上的分离。

（二）金融脆弱性的衡量指标

（1）短期债务与外汇储备比例失调。

（2）经常项目巨大逆差。

（3）预算赤字大。

（4）在资本流入的组成中，短期资本比例过高。

（5）汇率定值过高：例如，本币实际汇率连续12个月高于历史平均水平10%以上。

（6）货币供应量迅速增加。

（7）通货膨胀率在过去10个月内的平均水平高于历史平均水平8%以上。

（8）M2对官方储备比率连续12个月上升后急速下降。

（9）高利率。

（三）金融脆弱性的生成机制

1. 信贷市场的脆弱性

（1）金融脆弱性假说（明斯基）的具体内容见表7-16。

表7-16 金融脆弱性假说（明斯基）

项目	具体内容
分析角度	企业角度
企业分类	①第一类是抵补性借款企业，是最安全的借款人 ②第二类是投机性借款企业，其财务状况有可能恶化 ③第三类是庞氏企业，这类企业要维持运营，必须在长时间内不断地借新债还旧债
理论基础	明斯基的分析基于资本主义繁荣与衰退长期（50年）波动现象的总结之上
理论内容	在经济的繁荣时期就播下了金融危机的种子，这个50年的长波周期以20年或30年的相对繁荣开始，在经济上升时期，贷款人（银行）的贷款条件越来越宽松，而借款人（工商企业）则利用宽松有利的信贷环境积极地借款。商业周期的存在将诱使企业进行高负债经营
	金融危机发生的过程：新周期开始→抵补性企业居多→经济进一步繁荣→企业扩大借款→投机性企业和庞氏企业增多→高风险借款人比重增大→金融脆弱性问题严重→金融机构破产→金融危机爆发
	私人信用创造机构特别是商业银行和其他相关贷款人的内在特性使得它们不得不经历周期性危机和破产浪潮，银行部门的困境又被传递到经济体的各个组成部分，产生经济危机

（2）安全边界说（克瑞格）的具体内容见表7-17。

表7-17 安全边界说（克瑞格）

项目	具体内容
分析角度	银行角度
安全边界的含义	安全边界可理解为是银行收取的风险报酬，包含在借款人给银行支付的贷款利息之中。当不测事件使得未来没有重复过去的良好记录时，安全边界能够给银行提供一种保护

续表

项目	具体内容
理论内容	银行家是否贷款主要看借款人过去的信用记录，而不太关注未来预期。银行家对借款人本身的"信用风险"的重视程度超过了对贷款项目风险评价的重视程度。这种"向后看"而不"向前看"的想法，实际上是假定"未来将是过去的重复"
	金融脆弱性的想法建立在安全边界的变化上：那些缓慢的、难以觉察的对安全边界的侵蚀，产生了金融脆弱性
	金融危机发生的过程：安全边界减弱到最低程度→借款企业为了兑现固定现金收入流量承诺，不得不改变已经计划好的投资行为→拖延支付、另找借款→如果无法实现，推迟投资计划、变卖投资资产→费雪债务紧缩过程开始→价格下跌、实际债务负担加重、供求法则逆转（价格降低导致供给增加、需求减少）→金融危机发生

2. 金融市场的脆弱性

金融市场的脆弱性相关内容见表 7-18。

表 7-18　金融市场的脆弱性相关内容

项目		具体内容
分析角度		金融市场的脆弱性是从价格波动的角度来研究的
金融体系脆弱性的来源	金融资产价格过度波动	任何影响资产未来收入流量的心理预期都会引起资产价格的波动
		索罗斯的循环周期理论：资产价格和交易行为之间的关系不是交易行为对资产价格的单向决定，而是相互决定，中间的桥梁是市场心理
		股市过度波动性的原因： (1) 过度投机 (2) 宏观经济的不稳定 (3) 交易和市场结构的某些技术性特征 (4) 金融创新，如金融衍生工具的发展、计算机决策的交易策略
	汇率过度波动	多恩布什的汇率超调理论：浮动汇率制度下汇率的剧烈波动和"汇率错位"的主要原因在于，面对外部冲击，不仅资产的价格和商品的价格可能过度反应，而且资产市场和商品市场的调整速度常常并不一致，汇率因此过度波动

二、金融危机

（一）金融危机的含义

（1）金融脆弱性≠金融危机。金融脆弱性积累到一定程度才会发生金融危机。

（2）金融危机是指一个国家或几个国家与地区的全部或大部分金融指标（短期利率、汇率、资产价格、企业偿债能力和金融机构倒闭数）急剧、短暂和超周期地恶化。

（3）金融危机的表现：金融机构的负债超过其资产的市场价值，导致挤兑和资产构成的其他转换，一些金融机构倒闭、政府干预的情形。

（二）金融危机的分类

金融危机分为货币危机、债务危机、银行危机等。金融危机越来越呈现出综合形式的危机特征。其中，货币危机的具体内容见表 7-19。

表7-19 货币危机

项目	具体内容
表现	市场流动性不足,信用紧缩,市场停滞,交易大量减少,市场恐慌性抛售;企业大量倒闭,失业率提高,社会普遍经济萧条,甚至伴随着社会动荡或国家政治层面的动荡
特征	人们基于未来经济将更加悲观的预期,整个区域内货币币值出现幅度较大的贬值,经济总量与经济规模出现较大的损失,经济增长受到打击
典型代表	1992年的欧洲货币体系危机、1995年的墨西哥金融危机、1997年的亚洲金融危机
结论	货币危机是金融危机的主要表现形式,是20世纪90年代以来金融危机的先导

(三)金融危机的危害

(1) 使金融机构陷入经营困境。

(2) 加重政府财政负担。

(3) 降低货币政策效率,增加货币政策实施难度。

(4) 造成银行信用过分紧缩。

(5) 抑制经济复苏,打击经济增长。

(四)金融危机的治理和应对

(1) 注入流动性。

(2) 金融机构国有化。

(3) 降低官方利率(降息)。

(4) 收购不良资产。

(5) 存款担保。

(6) 禁止"裸卖空"。

(7) 国际金融协作:各国中央银行联手出击,协同动作稳定金融市场,中央银行达成货币互换协议,用于缓解金融市场流动性短缺。

(8) 向实体企业直接融资:中央银行购买商业票据直接向实体企业融资。

(9) 财政刺激计划:增加政府投资、减税、对弱势群体补贴。

> **典型例题**

1. [单项选择题] 1997年的亚洲金融危机属于( )。

A. 货币危机 B. 债务危机

C. 银行危机 D. 综合形式的危机

[解析] 货币危机的典型是1992年的欧洲货币体系危机、1995年的墨西哥金融危机、1997年的亚洲金融危机。

2. [单项选择题] 从银行角度分析金融脆弱性的理论是( )。

A. 金融脆弱性假说 B. 安全边界说

C. 索罗斯的循环周期理论 D. 多恩布什的汇率超调理论

[解析] 安全边界说是从银行角度分析金融脆弱性的理论。

答案:1. A 2. B

考点4　金融监管

一、金融监管的主要目标

金融监管的主要目标及其具体内容见表7-20。

表7-20　金融监管的主要目标及其具体内容

主要目标	具体内容
安全性目标	是金融监管的首要目标。金融机构具有很强的脆弱性，任何一家出现严重问题，都会引起连锁反应，造成经济、金融秩序混乱，甚至会导致金融危机或经济危机，因此，应把维护金融体系的安全和稳定作为首要任务
效率性目标	是金融机构和金融市场运作的基本要求。一方面需要通过各种手段促进金融业形成合理有序竞争，约束金融垄断和恶性竞争，提高金融运行效率；另一方面也要以最低的监管成本实现金融监管目标
公平性目标	出于保护社会弱势群体的合法利益。存款人、投资者和保单持有人作为金融业的参与者，在资金规模、经济地位、信息获取等方面处于弱势地位，利益容易受到侵害，因此，金融监管部门要对他们提供特别的保护

二、金融监管的原则

（1）监管主体独立性原则（基本前提）。《中华人民共和国银行业监督管理法》规定，银行业监督管理机构及其从事监督管理工作的人员依法履行监督管理职责，受法律保护。地方政府、各级政府部门、社会团体和个人不得干涉。

（2）外部监管与自律并重原则。

（3）统一性原则。统一国内金融和国际金融，统一微观金融和宏观金融。

（4）安全稳健与经营效率结合原则。金融监管不是消极的防范风险，应当促使银行将积极防范风险同提高金融经营效率相协调。

（5）依法监管原则。

①金融监管机构的地位、职责必须以法律形式确定。

②金融监管机构必须依法监管。

③金融机构依法接受监管，保证监管的有效性。

（6）适度竞争原则。

三、金融监管的理论依据

（一）社会利益论

（1）理论核心目标：维护社会整体利益，纠正市场失灵。

（2）监管方式：①制定规则和监管措施，减少市场失灵带来的负面影响。例如，资本充足率要求、流动性监管和风险控制措施都是为了防范金融机构过度冒险行为。②通过反垄断政策促进市场竞争，确保金融服务的公平性和可及性。

（3）意义：强调了金融监管的公共属性，认为监管不仅是经济问题，更是社会问题。

（二）金融风险论

（1）理论强调：金融体系的内在脆弱性和风险的传染性。单个金融机构的风险可能通过信贷链条、支付系统或市场信心迅速扩散，引发系统性危机。

（2）监管方法：通过风险监控、压力测试和资本缓冲等手段降低金融体系的脆弱性。需要关注系统性风险，而不仅仅是单个机构的风险。

（3）意义：为监管机构提供了理论依据，使其能够通过前瞻性措施防范金融危机的发生。

（三）投资者利益保护论

（1）理论认为：金融市场中的信息不对称使得普通投资者处于弱势地位；金融产品的复杂性和专业性加剧了信息不对称问题，普通投资者往往难以准确评估金融产品的风险和收益。例如，在证券市场中，内幕交易和虚假信息披露可能严重损害投资者利益。

（2）监管措施：强制信息披露、行为规范和投资者教育等。

（3）意义：投资者保护不仅是道德问题，更是市场健康发展的基础。

（四）管制供求论

（1）理论内容：从经济学角度分析了金融监管的供需关系。金融市场参与者对规则和秩序的需求是监管供给的基础。市场需要稳定的规则环境以降低交易成本，而政府通过监管满足这一需求。例如，金融市场的全球化使得跨境交易和资本流动日益频繁，监管机构需要通过国际合作和规则协调，提供稳定的制度环境。监管供给也受到政府能力和资源限制的影响。过度监管可能导致市场效率下降，而监管不足则可能引发市场混乱。因此，监管机构需要在规则制定和实施中寻求平衡。

（2）意义：管制供求论为理解金融监管的动态调整提供了理论框架。

（五）公共选择论

（1）理论内容：将金融监管视为政治过程，强调各利益集团在监管政策制定中的作用。例如，金融机构可能通过游说和公关活动影响监管政策，使其更符合自身利益。同时，监管机构也可能受到利益集团的影响，导致监管效率低下。

（2）意义：公共选择论揭示了监管政策背后的博弈，为理解监管政策的形成和演变提供了新的视角。公共选择论为金融监管的政治经济学分析提供了重要工具。

四、金融监管体制

（一）金融监管体制的概念

金融监管体制是一国或地区为实现金融市场的稳定、金融机构的安全运行以及金融体系的健康发展，通过法律法规和制度安排，对金融机构、金融市场和金融活动进行监督、管理和调控的组织结构。

（二）金融监管体制的类型

金融监管体制的类型、概念及典型代表见表7-21。

表 7-21 金融监管体制的类型、概念及典型代表

类型	概念	典型代表
一元多头式	指全国的金融监管权集中于中央政府,地方没有独立的监管权力,但在中央一级设立2家或2家以上监管机构,分别负责监管不同金融机构的一种体制	法国
二元多头式	指中央和地方都对金融机构或金融业务拥有监管权,且不同的金融机构或金融业务由不同的监管机构实施监管	美国、加拿大等联邦制国家
集权式	指由中央的一家监管机构集中行使金融监管权	德国2002年后的联邦金融监管局、日本1998年后的金融厅
跨国式	指多国在经济合作区域内,对区域内的金融机构实施统一监管的体制	欧盟

(三)我国近期金融监管体制

2023年3月,中共中央、国务院印发《党和国家机构改革方案》,对金融监管体制进行了改革调整。

(1) 组建中央金融委员会。不再保留国务院金融稳定发展委员会及其办事机构。

(2) 组建中央金融工作委员会。统一领导金融系统党的工作。

(3) 组建国家金融监督管理总局。统一负责除证券业之外的金融业监管,统筹负责金融消费者权益保护。在中国银行保险监督管理委员会基础上组建,将中国人民银行对金融集团的日常监管职责、有关金融消费者保护职责,中国证券监督管理委员会的投资者保护职责划入国家金融监督管理总局。不再保留中国银行保险监督管理委员会。

(4) 深化地方金融监管体制改革。

(5) 强化中国证券监督管理委员会资本市场监管职责。

(6) 统筹推进中国人民银行分支机构改革。不再保留中国人民银行县(市)支行。

(7) 完善国有金融资本管理体制。相关国有金融资产划入国有金融资本受托管理机构,由其根据国务院授权统一履行出资人职责。

五、银行业监管

(一)银行业监管内容

1. 市场准入监管

(1) 审批注册机构。

(2) 审批注册资本。

(3) 审批高级管理人员的任职资格。

(4) 审批业务范围。

2. 处理有问题银行及市场退出监管

处理有问题银行及市场退出监管的内容见表7-22。

表 7-22 处理有问题银行及市场退出监管

项目		具体内容
处理有问题银行	有问题银行	(1) 含义：经营管理恶化、发生突发事件，有支付危机、倒闭或破产危险 (2) 特征：内部控制制度失效；资产急剧扩张和质量低下；资产过于集中；财务状况严重恶化；流动性不足；涉嫌犯罪和从事内部交易
	处理措施	(1) 督促有问题银行采取有效措施，制订整改计划，改善内部控制，提高资本比例，增强支付能力 (2) 采取必要的管制措施 (3) 协调银行同业对有问题银行进行救助 (4) 中央银行进行救助 (5) 重组 (6) 接管
处置倒闭银行	倒闭情形	(1) 资不抵债 (2) 法院宣告破产
	处置措施	(1) 收购或兼并 (2) 依法清算

3. 市场运营监管

(1) 资本充足性。

①最低资本要求：核心一级资本充足率不得低于 5%；一级资本充足率不得低于 6%；资本充足率不得低于 8%。

②储备资本：储备资本要求为风险加权资产的 2.5%，由核心一级资本来满足。

③逆周期资本：由核心一级资本来满足。

④系统重要性银行附加资本：由核心一级资本满足。

⑤杠杆率：不得低于 4%。

(2) 资产安全性。根据《商业银行风险监管核心指标（试行）》《关于调整商业银行贷款损失准备监管要求的通知》等，资产安全性的具体内容见表 7-23。

表 7-23 资产安全性

项目	具体内容
贷款五级分类	正常贷款、关注贷款、次级贷款、可疑贷款、损失贷款，其中后三类贷款为不良贷款
风险水平类指标（静态）	①不良资产率：≤4% ②不良贷款率：≤5% ③单一集团客户授信集中度：≤15% ④单一客户贷款集中度：≤10% ⑤全部关联度：≤50%

续表

项目		具体内容
风险迁徙类指标（动态）	正常贷款迁徙率	①正常类贷款迁徙率 ②关注类贷款迁徙率
	不良贷款迁徙率	①次级类贷款迁徙率 ②可疑类贷款迁徙率
贷款损失准备充足性		①贷款拨备率=贷款损失准备/各项贷款余额；基本标准：1.5%～2.5% ②拨备覆盖率=贷款损失准备/不良贷款余额；基本标准：120%～150%

（3）流动适度性。根据《商业银行流动性风险管理办法》，流动适度性的具体内容见表7-24。

表7-24 流动适度性

监管项目		具体内容
流动性适度水平	流动性风险指标	流动性覆盖率：≥100%
		净稳定资金比例：≥100%
		流动性匹配率：≥100%
		优质流动性资产充足率：≥100%
		流动性比例：≥25%
		核心负债比：≥60%
		流动性缺口率：≥-10%
资产负债期限匹配		—
资产变化		—

（4）收益合理性。

①盈利能力监管指标：资本利润率、风险资产利润率、资产利润率、净息差、中间业务收入比率、存贷利差、利息收入比率、净利差、成本收入比率。

②监管内容：a.分析收入的来源和结构；b.分析支出的去向和结构；c.分析收益的真实状况。

（5）内控有效性。根据《商业银行内部控制指引》，内控目标如下：

①保证国家有关法律规定及规章的贯彻执行。

②保证商业银行发展战略和经营目标的实现。

③保证商业银行风险管理的有效性。

④保证商业银行业务记录、会计信息、财务信息和其他管理信息的真实、准确、完整和及时。

(二) 银行业监管方法☆

银行业监管的"三驾马车"：市场准入监管（银行业监管第一关）、非现场监管、现场检查。

1. 非现场监督

（1）方式：审查、分析报告和统计报表。

（2）目的：

①评估银行机构的总体状况。

②比较同组银行机构，关注整个银行业经营，促进银行业安全稳健运行。

③跟踪问题银行，防止系统和区域金融危机。

2. 现场检查

（1）方式：现场进行实地审核、察看、取证、谈话。

（2）内容：合规性和风险性检查。

（3）合规性检查是现场检查的基础。

3. 并表监管

并表监管一方面是指银行监管部门要了解银行及集团的整体结构，另一方面是指银行监管部门与其他监管部门的协调能力。

监管内容包括本外币业务、表内外业务、境内外业务。

4. 监管评级

骆驼评级制度（CAMELS）是国际上通用的一种金融机构评级制度，全称是"银行统一评级制度"。评级指标包括资本充足性、资产质量、经营管理能力、盈利水平、流动性、市场敏感性。

六、证券业监管

（1）中国证监会及其派出机构、证券交易所按照分工协作的原则监管证券交易。

（2）上市公司监管包括上市公司信息披露、上市公司治理、并购重组三个方面。《上市公司信息披露管理办法》规定，上市公司信息披露文件包括定期报告、临时报告、招股说明书、募集说明书、上市公告书、收购报告书等。

（3）市场准入监管。根据《证券公司监督管理条例》，市场准入监管规定如下：

①证券公司的股东应当用货币或者证券公司经营必需的非货币财产出资，证券公司股东的非货币财产出资总额不得超过证券公司注册资本的30%。

②有因故意犯罪被判处刑罚，刑罚执行完毕未逾3年以及不能清偿到期债务等情形之一的单位或者个人，不得成为证券公司持股5%以上的股东或者实际控制人。

③未经中国证监会批准，任何单位或者个人不得委托他人或者接受他人委托，持有或者管理证券公司的股权。证券公司的股东不得违反国家规定，约定不按照出资比例行使表决权。

④证券公司应当有3名以上在证券业担任高级管理人员满2年的高级管理人员。

（4）证券公司的分类监管。根据证券公司评价计分的高低，证券公司分为5大类11个级别，即A（AAA、AA、A）、B（BBB、BB、B）、C（CCC、CC、C）、D、E。针对不同类别的证券公司，实施扶优限劣、区别对待的监管政策。

(5) 高管人员监管。根据《证券公司监督管理条例》，证券公司高管人员监管规定如下：

①证券公司不得聘任、选任未取得任职资格的人员担任证券公司的董事、监事、高级管理人员、境内分支机构负责人；已经聘任、选任的，有关聘任、选任的决议、决定无效。

②任何人未取得任职资格，实际行使证券公司董事、监事、高级管理人员或者境内分支机构负责人职权的，国务院证券监督管理机构应当责令其停止行使职权，予以公告，并可以按照规定对其实施证券市场禁入。

③证券公司董事、监事、高级管理人员或者境内分支机构负责人不再具备任职资格条件的，证券公司应当解除其职务并向国务院证券监督管理机构报告；证券公司未解除的，国务院证券监督管理机构应当责令证券公司解除。

(6) 证券公司市场退出监管。

①证券公司停业、解散或者破产的，应当经国务院证券监督管理机构批准，并按照有关规定安置客户、处理未了结的业务。

②证券公司停止全部证券业务、解散、破产或者撤销境内分支机构的，应当在国务院证券监督管理机构指定的报刊上公告，并按照规定将经营证券业务许可证交国务院证券监督管理机构注销。

(7) 证券公司股权监管。根据《证券公司股权管理规定》，证券公司股权管理的相关规定如下：

①证券公司股东分类：控股股东、主要股东、持有证券公司5%以上股权的股东、持有证券公司5%以下股权的股东。

②证券公司增加注册资本且股权结构发生重大调整、减少注册资本，变更持有5%以上股权的股东、实际控制人，应当依法报中国证监会批准。

③投资者通过证券交易所购买证券公司股份达到5%的，应当依法举牌并报中国证监会批准，获批前，投资者不得继续增持该公司股份。

④证券公司股东以及股东的控股股东、实际控制人参股证券公司的数量不得超过2家，其中控制证券公司的数量不得超过1家。

⑤证券公司股东在股权锁定期内不得质押所持证券公司股权；股权锁定期满后，证券公司股东质押所持证券公司的股权比例不得超过所持该证券公司股权比例的50%。

⑥证券公司董事长是证券公司股权管理事务的第一责任人。证券公司董事会秘书协助董事长工作，是证券公司股权管理事务的直接责任人。

⑦中国证监会及其派出机构遵循审慎监管原则，依法对证券公司股权实施穿透式监管和分类监管。

七、保险业监管

根据《中华人民共和国保险法》《保险资金运用管理规定》，保险业监管的具体内容见图7-2。

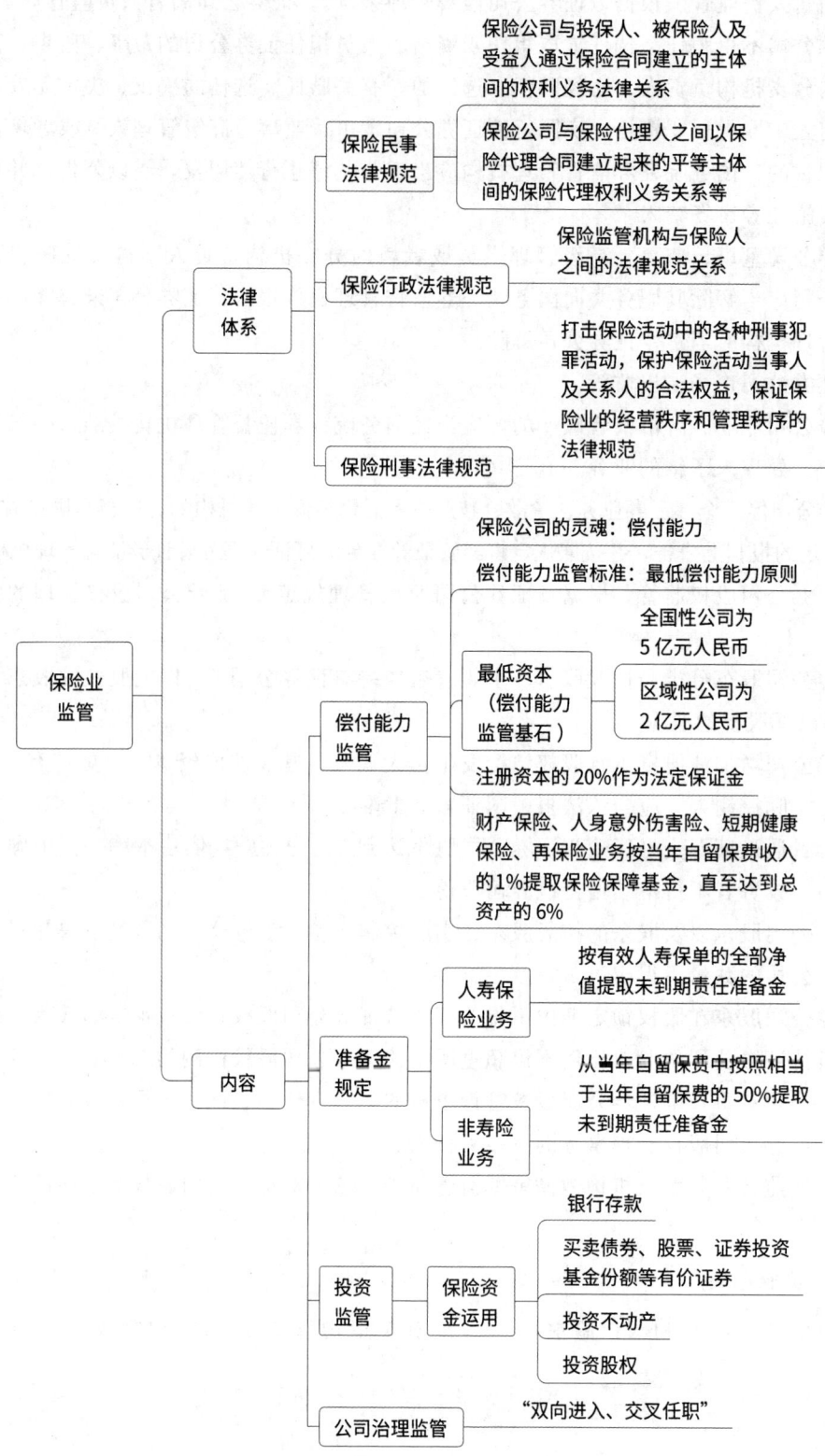

图 7-2 保险业监管

> **典型例题**

1. [多项选择题] 为提高监管实效，规范金融运作，维护金融稳定，金融监管应坚持的基本原则主要有（　　）。

A. 安全稳健与效率并重原则

B. 依法监管原则

C. 监管主体独立性原则

D. 适度竞争原则

E. 内部监管与自律并重原则

[解析] E项错误，应该为外部监管与自律并重原则。

2. [单项选择题] 根据2023年发布的《商业银行资本管理办法》关于商业银行各级资本充足率的说法，正确的是（　　）。

A. 核心一级资本充足率不得低于4.5%、一级资本充足率不得低于5%、资本充足率不得低于8%

B. 核心一级资本充足率不得低于4%、一级资本充足率不得低于6%、资本充足率不得低于10%

C. 核心一级资本充足率不得低于4%、一级资本充足率不得低于5%、资本充足率不得低于8%

D. 核心一级资本充足率不得低于5%、一级资本充足率不得低于6%、资本充足率不得低于8%

[解析] 核心一级资本充足率不得低于5%、一级资本充足率不得低于6%、资本充足率不得低于8%。

3. [单项选择题] 银行业风险监管的"三驾马车"是指（　　）。

A. 市场准入、非现场监管和现场检查

B. 中国人民银行、中国银保监会、中国证监会分工协作监管

C. 管法人、管高管和管内控

D. 罚机构、罚高管和移送司法机关追究刑事责任

[解析] 银行业监管的基本方法包括市场准入、非现场监管和现场检查，通常称为银行业监管的"三驾马车"。

答案：1. ABCD　2. D　3. A

考点5　国际金融监管的协调配合

一、金融监管的国际协调

（1）双边的谅解备忘录：两国之间达成的监管共识。

（2）多边论坛。

(3) 以统一的监管标准为基础的协调：巴塞尔协议。

(4) 统一监管：欧元区银行单一监管机制。

二、金融监管的国际协调组织

金融监管的国际协调组织的内容见表7-25。

表7-25 金融监管的国际协调组织

项目		具体内容
国际证监会组织（IOSCO）	成立	正式成立于1983年，总部设在西班牙马德里市
	性质	国际各证券暨期货管理机构所组成的国际合作组织
	宗旨	(1) 通过合作，确保从国内和国际层次上更好地监管市场，以维护公平和有效的市场 (2) 通过交流信息，促进全球证券市场的健康发展 (3) 协同制定共同的准则，建立国际证券交易的标准和实现有效监管 (4) 相互间提供协助，通过各项标准和有效监管，确保市场的一体化
	地位	国际证监会组织的提议不具有强制性，对成员方不具有法律约束力
国际保险监督官协会（IAIS）	成立	正式成立于1994年
	性质	推动各国保险监管国际协调的组织
	工作内容	推动保险监管主体之间的合作，建立保险监管的国际标准，为成员方提供培训，同其他部门的监管者和国际金融组织合作
	宗旨	(1) 通过合作，实现国内乃至国际层次上的保险监管，促进保险市场的效率、公平、安全和稳定，并最终保护投保人的利益 (2) 协调各方，制定供各成员方选择遵守的监管标准
金融稳定理事会（FSB）	成立	正式成立于2009年
	性质	为促进金融体系稳定而成立的合作组织
	目的	增强金融稳定理事会的机构代表性，以应对金融体系脆弱性，制定和实施稳健的监管政策，促进金融体系的稳定
	重大进展	(1) 督促修改国际会计标准 (2) 加强宏观审慎管理 (3) 扩大监管范围 (4) 推进执行国际监管标准 (5) 加强跨境机构监管合作，建立危机管理机制，建立大型金融机构监管联席会议机制 (6) 加强对薪酬和激励机制的监管

三、巴塞尔协议

（一）1988年《巴塞尔协议Ⅰ》

1988年《巴塞尔协议Ⅰ》的具体内容见图7-3。

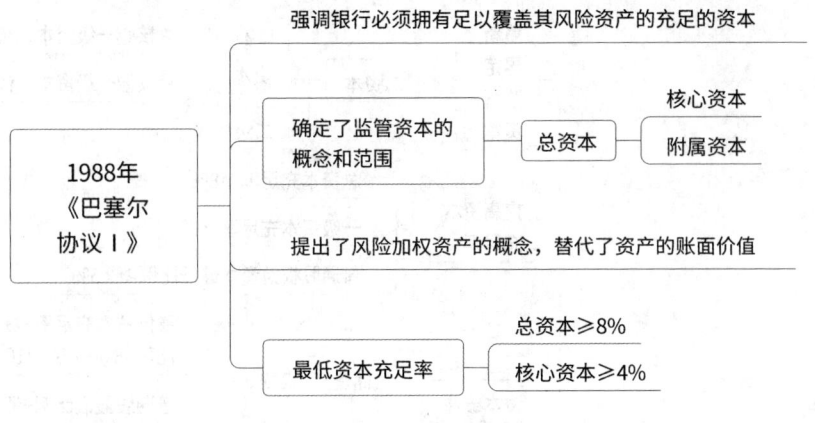

图 7-3　1988 年《巴塞尔协议Ⅰ》

(二) 2004 年《巴塞尔协议Ⅱ》

2004 年《巴塞尔协议Ⅱ》的具体内容见图 7-4。

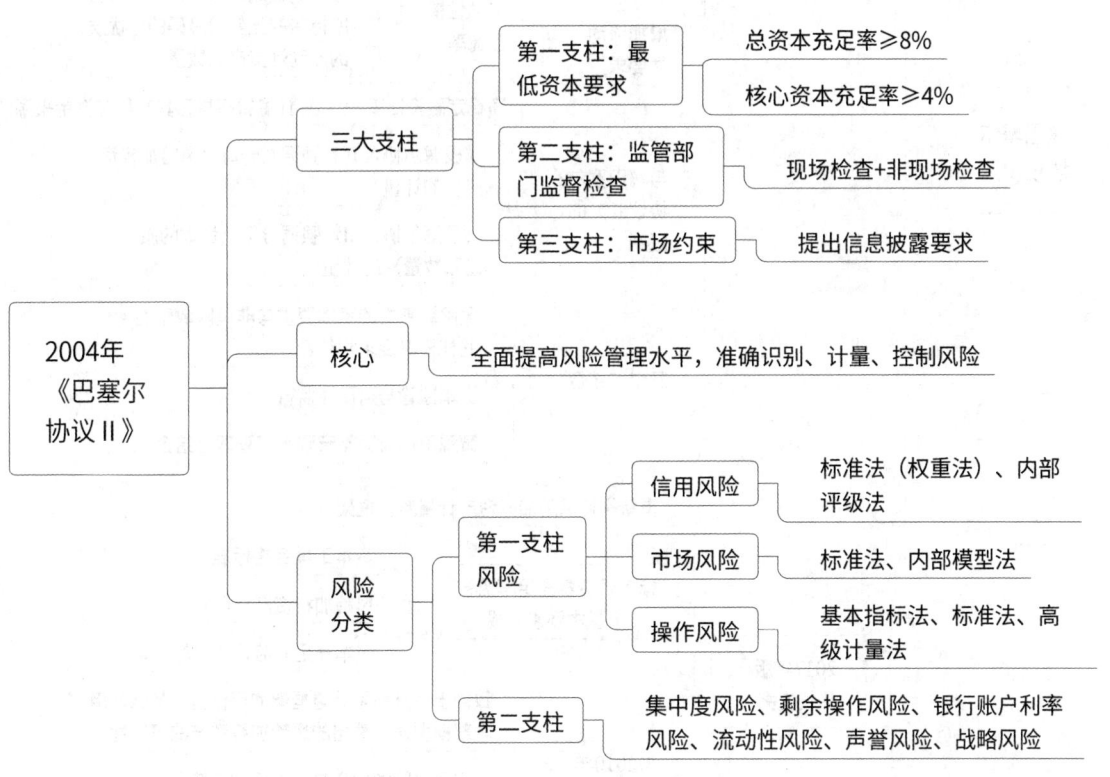

图 7-4　2004 年《巴塞尔协议Ⅱ》

(三)《巴塞尔协议Ⅲ》

《巴塞尔协议Ⅲ》的具体内容见图 7-5。

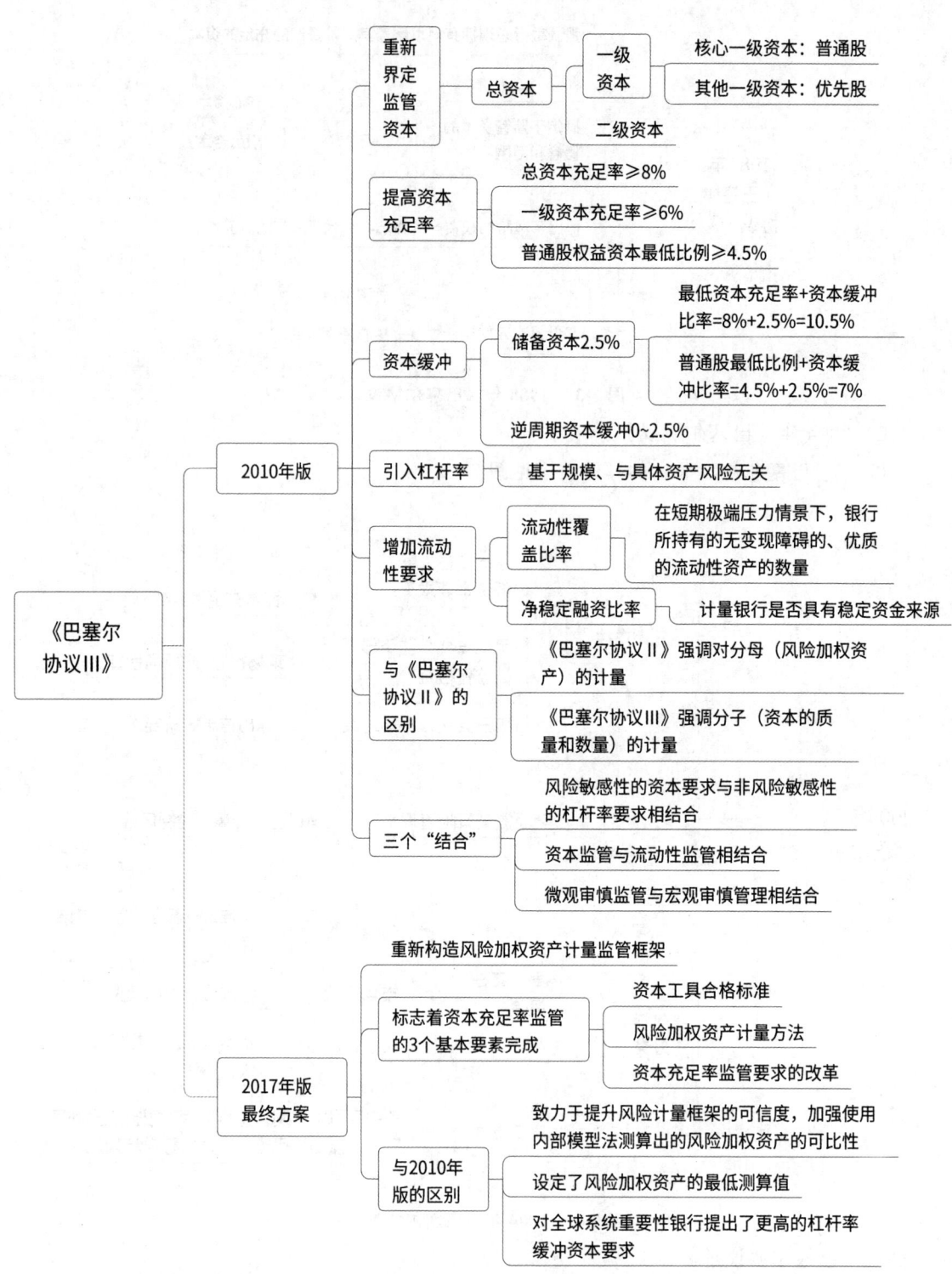

图 7-5 《巴塞尔协议Ⅲ》

第七章 金融风险与金融监管

>> 典型例题

[**单项选择题**]《巴塞尔协议Ⅲ》要求商业银行设立"资本防护缓冲资金",其总额不得低于银行风险资产的(   )。

A. 1.5%
B. 2.0%
C. 2.5%
D. 3.0%

[**解析**]资本防护缓冲资金总额不得低于银行风险资产的2.5%。

答案:C

第八章

国际金融

📖 大纲再现

1. 分析汇率及其决定的基础与因素，理解汇率变动的影响，掌握汇率制度的类型和划分。
2. 掌握国际收支平衡表，理解国际收支不平衡及调节措施。
3. 理解国际储备及管理，分析我国国际储备及管理措施。
4. 理解国际资本流动的原因、影响，理解外汇管理与外债管理，提出我国外汇管理与外债管理的改革措施。
5. 理解国际货币体系的演变和发展。
6. 理解开放经济下的内外均衡，掌握米德冲突、蒙代尔政策指派措施，掌握支出增减政策和支出转换政策。

大纲解读

本章常以单项选择题、多项选择题形式出题，并且连续三年考查案例分析题。

国际金融是一门独立的学科，其以国际收支、汇率等作为变量，研究开放经济下的金融问题。其中，外汇与汇率、国际储备与国际货币体系是重点内容。近年来，本章命题趋势呈现以下特点：一是倾向于考查案例分析题，且以计算题为主，出题点包括铸币平价的计算、黄金输送点的计算、测度国际储备总量的经验指标、测度外债总量管理的指标等，既考查公式的计算又考查指标值的记忆；二是倾向于考查我国的汇率制度、我国的外债管理、我国的外汇管理等，出题点包括"数字类"的记忆题、细节类题目，需要对细小知识点着重掌握。

知识脉络 ▶

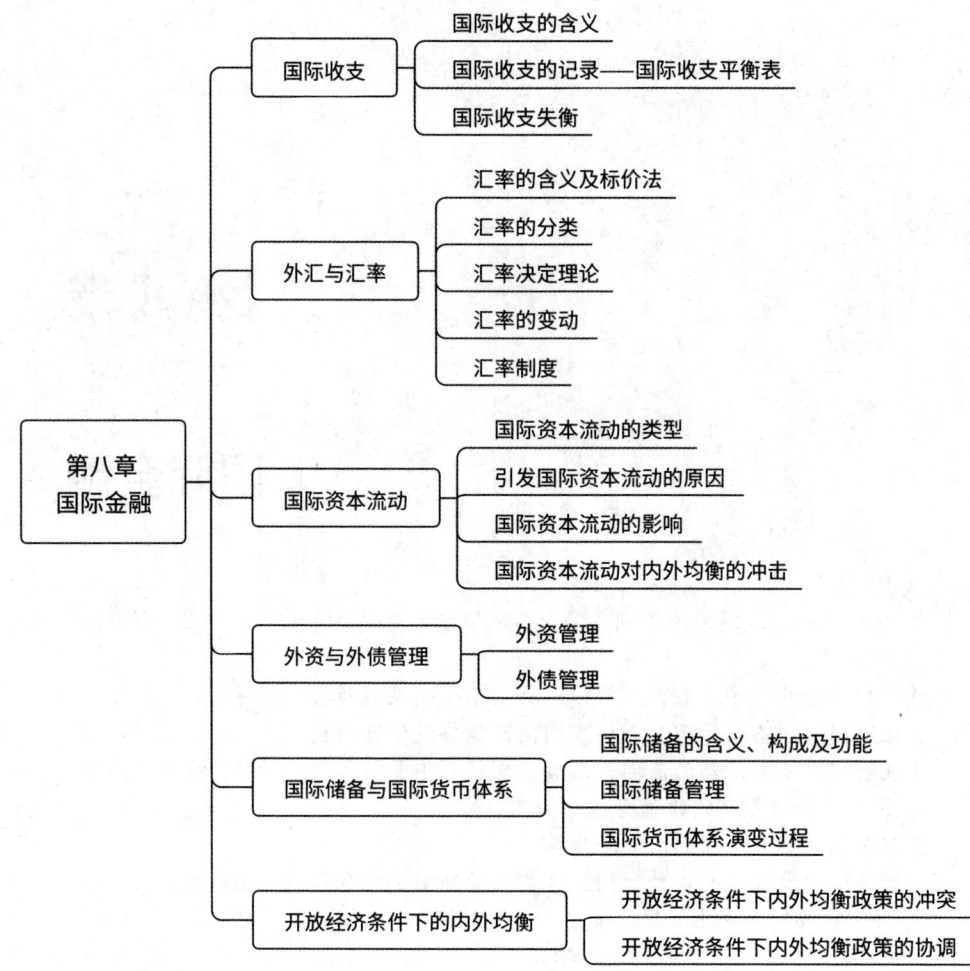

考点1 国际收支

一、国际收支的含义

（1）国际收支是指在特定时期内，某一经济体居民与非居民全部经济交易的系统记录，反映了该经济体与其他经济体之间发生的进出口贸易、投融资往来等各类经济交易的经济过程或者现象，以及对外金融资产负债的存量变化。

（2）国际收支平衡表是按照一定会计原理和方法编制的系统记录国际收支的统计表。

二、国际收支的记录——国际收支平衡表

（一）复式记账法

国际收支平衡表按照复式记账法编制，在表中分设借方和贷方。

（1）借方：以"－"号表示，记录支出科目（资金占用）。借记（DR）——货物和服务进口，应付收入，资产增加，或负债减少。

（2）贷方：以"＋"号表示，记录收入科目（资金来源）。贷记（CR）——货物和服务出口，应收收入，资产减少，或负债增加。

（二）账户内容

根据《国际收支和国际投资头寸手册》，国际收支平衡表的内容见图8-1。

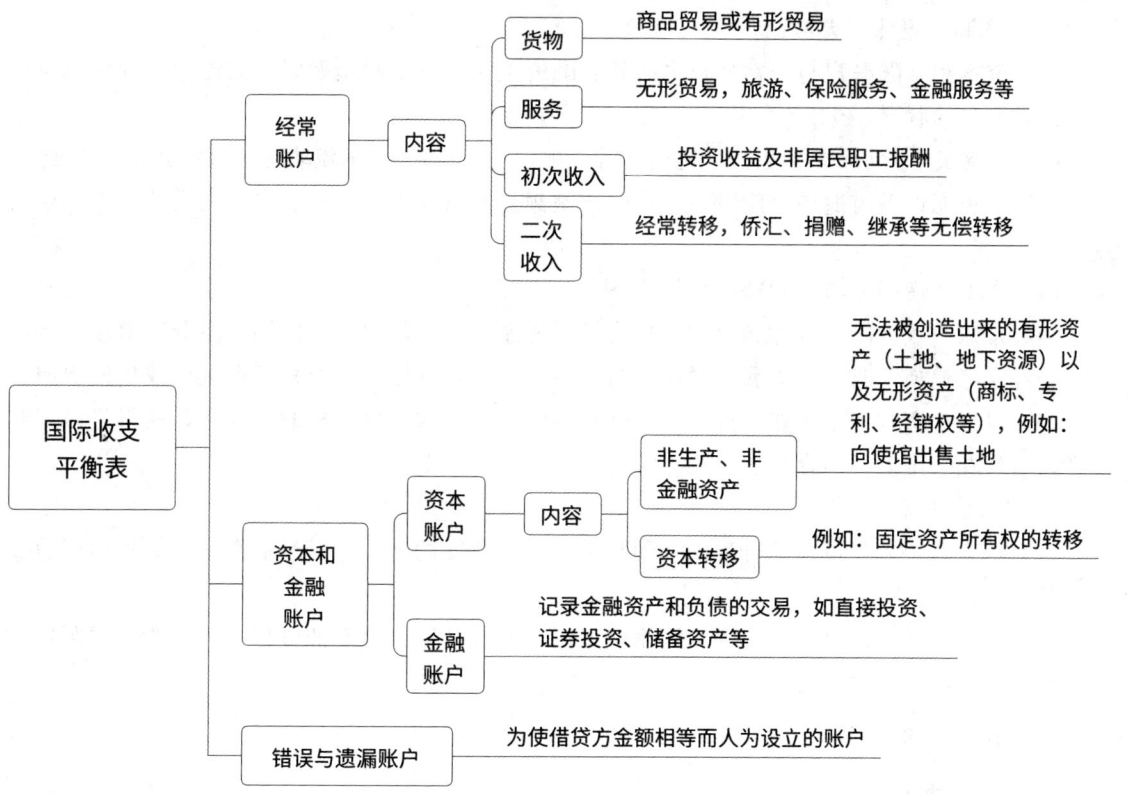

图8-1 国际收支平衡表

【考点小贴士】账户内容需记忆；经常账户中货物、服务、初次收入和二次收入中的例子仅供理解，不在考纲要求范围内。

（三）国际收支平衡表账面分析

1. 贸易收支差额

贸易收支差额是指一国货物和服务的进出口收支差额。贸易收支差额综合反映了一国的产业结构和经济效率的状况，反映了该国产品的国际竞争力。

2. 经常账户差额

（1）经常账户差额包括货物贸易收支、服务贸易收支、初次收入收支、二次收入收支，前两项构成经常账户收支的主体。

（2）经常账户是国际收支中最基本、最重要的账户类别，被当作是制定国际收支政策和产业政策的重要依据。

（3）经常账户贷方总额等于借方总额→经常账户平衡。

（4）经常账户贷方总额大于借方总额→经常账户顺差。

意味着该国有货物、服务、初次收入和二次收入的贷方净额，该国的国外资产净额增加，也意味着该国对外净投资增加，该国在国际上处于贷款人的地位。

（5）经常账户贷方总额小于借方总额→经常账户逆差。

意味着该国有货物、服务、初次收入和二次收入的借方净额，该国的国外资产净额减少，也意味着该国对外净投资减少，该国在国际上处于借款人的地位。

3. 资本和金融账户差额

（1）资本和金融账户与经常账户之间具有融资关系：资本和金融账户的流量总额可以反映一国经常账户的状况。

（2）经常账户中实际资源的流动与资本和金融账户中资产所有权的流动是一个活动的两个方面。

（3）不考虑误差与遗漏净额时，经常账户差额必然引起数量相同、方向相反的资本和金融账户差额。

（4）在不考虑误差与遗漏净额的情况下：

当经常账户顺差时，资本和金融账户为等额逆差，资本流出，该国国外净资产增加。

当经常账户逆差时，资本和金融账户为等额顺差，资本流入，对外资产减少或负债增加。

（5）可以把资本和金融账户称为经常账户融资机制。这一融资机制的存在，使得经常账户的逆差可以在一定时期内存在。

4. 综合账户差额

（1）综合账户差额可以综合反映一国自主性国际收支的状况，是全面衡量和分析国际收支状况的指标。

（2）当一国实行的是非自由浮动汇率制度时，对综合账户差额的分析，可以衡量国际收支对一国官方储备造成的压力。

三、国际收支失衡

（一）判断标准

国际收支失衡的判断标准是自主性交易的收入支出差额，表现为顺差和逆差。

按照经济交易的动机不同,可将经济交易分为自主性交易和补偿性交易。

1. 自主性交易
(1) 特点：事前交易；经济主体主动、分散进行的交易。
(2) 交易动机：获取利润、利息等。
(3) 代表国家或政府,也不以国家或政府的意志为转移。

2. 补偿性交易
(1) 特点：事后交易；政府集中的、被动的交易,体现政府意志。
(2) 交易动机：一国政府使自主性交易发生的收支差额得到平衡。
(3) 体现事后性、补偿性和被动性。
(4) 体现了国际和政府的意志,使国际收支平衡表最终在账面上达到平衡。

(二) 国际收支失衡的类型 ☆☆

国际收支失衡的类型见图 8-2。

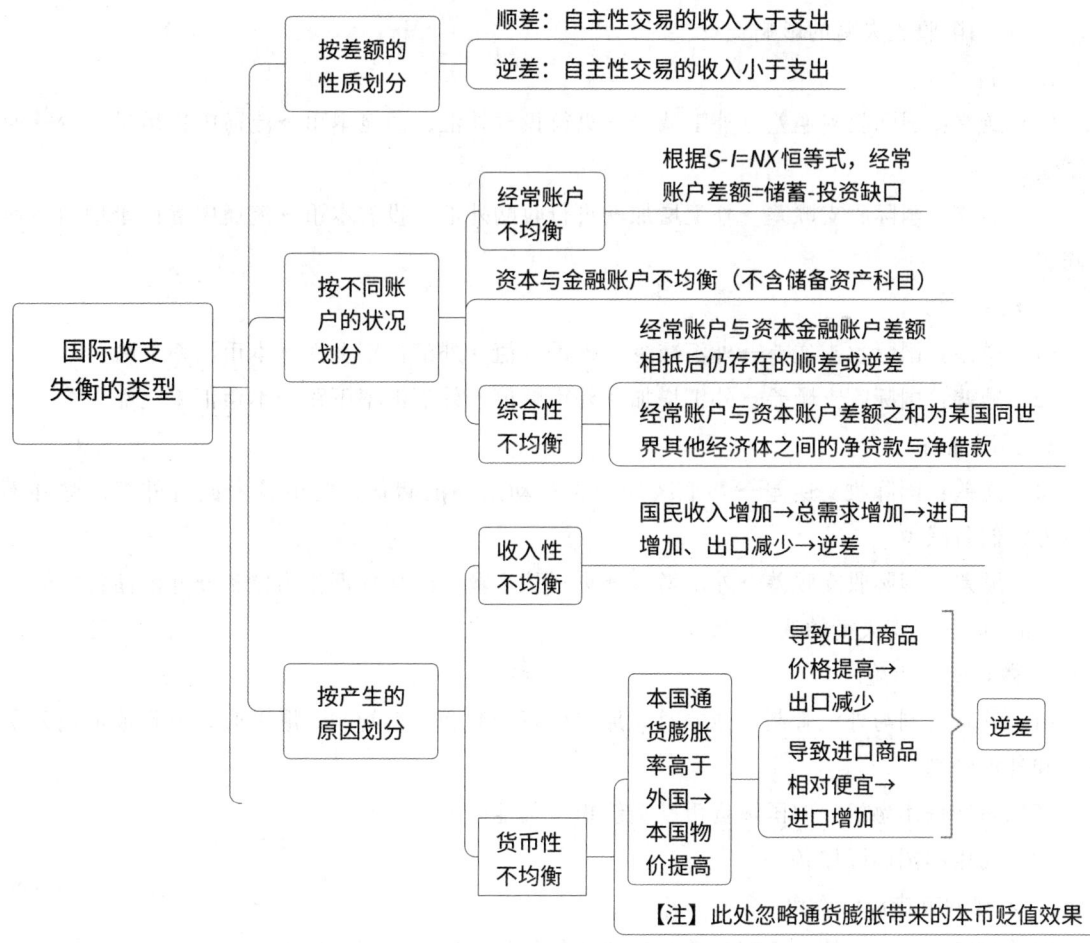

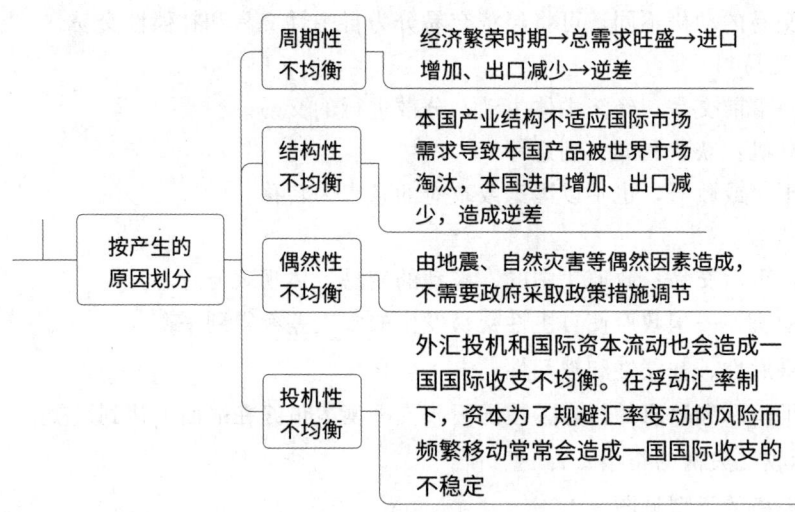

图 8-2 国际收支失衡的类型

(三) 国际收支失衡的影响☆☆

1. 物价

(1) 逆差：国际收支逆差→外汇减少→央行投放外汇、回笼本币→流通中货币量减少→通货紧缩。

(2) 顺差：国际收支顺差→外汇增加→央行收购外汇、投放本币→流通中货币量增加→通货膨胀。

2. 汇率

(1) 逆差：国际收支逆差→外汇减少→外币升值→外汇汇率上涨→本币汇率下跌。

(2) 顺差：国际收支顺差→外汇增加→外币贬值→外汇汇率下跌→本币汇率上涨。

3. 国际储备

(1) 逆差：国际收支逆差→外汇减少→央行动用外汇储备，向市场中抛售外汇、弥补不足→外汇储备减少。

(2) 顺差：国际收支顺差→外汇增多→央行从市场中收购外汇作为储备→外汇储备增加。

(四) 国际收支失衡的调节☆☆☆

1. 微观调节措施

(1) 外贸管制与外汇管制：逆差时，加强外贸管制和外汇管制；顺差时，放宽或取消外贸管制和外汇管制。

(2) 短期信用融资（向国际货币基金组织、其他国家争取）。

(3) 动用本国国际储备。

2. 宏观调节措施☆☆☆

财政政策、货币政策、汇率政策和贸易政策的调节路径及调节措施见表 8-1。

表 8-1 财政政策、货币政策和汇率政策的调节路径及调节措施

项目	具体内容
财政政策	调节路径：财政政策→影响社会总需求→调节进出口→调节经常账户收支
	调节措施： （1）逆差→紧缩性财政政策→削减财政支出→抑制消费、投资→国内总需求减少→物价下降→出口增加、进口减少→消除逆差，国际收支趋于平衡 （2）顺差→扩张性财政政策→增加财政支出→鼓励消费、投资→国内总需求增加→物价上涨→出口减少、进口增加→缩小顺差，国际收支趋于平衡
货币政策	调节路径：货币政策→影响利率→影响货币供应量→引起资本流动、调节进出口→调节经常账户收支、资本与金融账户收支
	调节措施：调整再贴现率、存款准备金率、公开市场操作 （1）再贴现率： ①逆差→提高再贴现率→提高市场利率→吸引资本流入→改善资本和金融账户收支 ②逆差→提高再贴现率→提高市场利率→抑制国内投资、消费→减少进口→逆差减小或消除 （2）存款准备金率：逆差→提高法定存款准备金率→减少货币供应量→减少总需求→进口减少→改善逆差 （3）公开市场操作： ①顺差→央行在公开市场上买进有价证券→向市场投放流动性→银行信贷规模扩大→总需求增加→进口增加→贸易收支顺差减小 ②顺差→央行在公开市场上买进有价证券→向市场投放流动性→利率下降→资本外流→资本和金融账户顺差减小
汇率政策	调节路径：汇率政策→让本币升值或贬值→产生相对价格效应→影响进出口→调节经常账户收支
	调节措施： （1）逆差→本币法定贬值或贬值→以外币标价的本国出口价格下降、以本币标价的本国进口价格上涨→刺激出口、限制进口 （2）顺差→本币法定升值或升值→以外币标价的本国出口价格上涨、以本币标价的本国进口价格下跌→限制出口、刺激进口
贸易政策	调节措施：逆差→补贴出口（出口退税和出口补贴）、限制进口（进口商品采取提高进口关税、设置进口配额的政策）的"奖出限入"政策→积累经常项目顺差弥补 不足：容易招致贸易伙伴的不满；容易造成本国产业结构扭曲

> **知识点拨**
>
> 逆紧贬，顺松升！

典型例题

1. [单项选择题] 国际收支逆差时，紧缩的货币政策会使得价格下跌，从而（　　）。

A. 出口减少、进口增加　　　　　　　　B. 刺激出口和进口

C. 限制出口和进口　　　　　　　　　　D. 出口增加、进口减少

[解析] 国际收支逆差时，会产生价格效应，即紧缩的货币政策→总需求减少→价格下跌→刺激出口、阻碍进口。

2. [单项选择题] 在国际收支平衡表中，交易主体出于获取利润、利息等经济动机而主动进行的经济交易称为（　　）。

A. 事后交易　　　　　　　　　　　　　B. 远期交易

C. 自主性交易   D. 补偿性交易

[解析] 自主性交易是指有关交易主体出于获取利润、利息等经济动机或其他动机，于事前主动进行的经济交易。

3. [单项选择题] 居民向国外非居民出口价值为 100 万美元的货物，对卖方而言，该笔交易的会计记账应为（   ）。

A. 贷记——金融资产增加 100 万美元；借记——货物出口 100 万美元

B. 贷记——货物出口 100 万美元；借记——货币 100 万美元

C. 贷记——货币 100 万美元；借记——货物出口 100 万美元

D. 贷记——货物出口 100 万美元；借记——金融资产减少 100 万美元

[解析] 贷记——货物和服务出口，应收收入，资产减少，或负债增加；借记——货物和服务进口，应付收入，资产增加，或负债减少。向非居民出口价值 100 万美元的货物，对于卖方而言：出口 100 万美元（贷记），货币 100 万美元（借记——金融资产增加）。

4. [单项选择题] 一国通货膨胀率高导致的国际收支不均衡称为（   ）。

A. 收入性不均衡   B. 货币性不均衡

C. 结构性不均衡   D. 周期性不均衡

[解析] 货币性不均衡是指本国通货膨胀率高于他国，本国物价提高，进而出口减少、进口增加导致的国际收支不均衡。B 项正确。

答案：1. D   2. C   3. B   4. B

考点2 外汇与汇率

一、汇率的含义及标价法

（一）汇率的含义

汇率是指两种货币之间的<u>兑换比率</u>，即一种货币用另一种货币所表示的价格，又称汇价。

（二）汇率标价法 ☆☆

1. 直接标价法

（1）举例：对中国来说，$1＝￥6。

（2）表示方式：<u>外币在前、本币在后</u>；即一单位外币能折算多少单位本币，又称<u>应付标价法</u>。

（3）实质：<u>直接标价法以本币表示外币的价格，又称外汇汇率</u>。

（4）外币数值固定不变，汇率的涨跌以本国货币数额的变动体现。

①汇率值变大→外币升值→外汇汇率上涨。

②汇率值变小→外币贬值→外汇汇率下降。

（5）代表国家：<u>大多数国家使用直接标价法，例如中国</u>。

2. 间接标价法

（1）举例：对中国来说，￥1＝$0.125。

（2）表示方式：<u>本币在前、外币在后</u>；即一单位本币能折算多少单位外币，又称<u>应收标价法</u>。

(3) 实质：间接标价法以外币表示本币的价格，又称本币汇率。
(4) 本币数值固定不变，汇率的涨跌以外币数额的变动体现。
①汇率值变大→本币升值→本币汇率上涨。
②汇率值变小→本币贬值→本币汇率下降。
(5) 代表国家：英国、美国。

二、汇率的分类 ☆☆☆

汇率的分类见表8-2。

表8-2 汇率的分类

划分依据	分类
外汇交易的交割期限	远期汇率、即期汇率
汇率的制定方法	基本汇率、套算汇率
外汇交易的支付通知方式	信汇汇率、票汇汇率、电汇汇率
商业银行对外汇的买卖	买入汇率、卖出汇率
汇率制度的性质	浮动汇率、固定汇率
商业银行报出汇率的时间	开盘汇率、收盘汇率
衡量货币价值的需要	名义汇率、有效汇率、实际汇率
汇率形成机制	官方汇率、市场汇率

【考点小贴士】考试常以多项选择题形式出现，须记住划分依据及具体分类。

三、汇率决定理论 ☆☆

汇率决定理论的具体内容见表8-3。

表8-3 汇率决定理论

项目		具体内容
购买力平价理论	绝对购买力平价理论	理论来源——"一价定律"：若不考虑商品在国际的贸易成本和贸易壁垒，那么同一种商品在世界各国用同一种货币表示的价格应该是一样的
		直接标价法下两国间的汇率 = $\dfrac{\text{本国商品价格}}{\text{外国商品价格}}$
		国际商品套购活动，将引起汇率水平调整，使得两国货币的汇率等于两国物价水平之比（物价水平之比是两国货币购买力之比的倒数）
	相对购买力平价理论	某一时段内两国间汇率的波动约等于两国的通货膨胀率之差
利率平价理论	抵补利率平价理论	资本出于套利的动机在国际自由流动，最终的结果是即期汇率、远期汇率、本国利率、外国利率这四个变量之间实现均衡
		两国间汇率的升贴水率 = 本国利率水平 − 外国利率水平
	非抵补利率平价理论	交易者进行投机性的非抵补套利交易，可能是因为对未来汇率的预期与市场上的远期汇率有所不同，套利者出于对未来汇率的预期，来判断是否有套利机会，从而做出投资决策

续表

项目	具体内容
汇兑心理说	人们需要外汇，是因为外汇能满足消费、支付、投资、投机、资本外逃等欲望，这些欲望是使得外国货币具有价值的基础。人们对外汇主观判断决定了外汇的供求，进而影响汇率的变动
国际收支说	把国际收支的平衡条件应用于外汇供求流动分析，说明影响国际收支的主要因素，进而分析这些因素如何通过国际收支渠道来决定汇率
货币主义汇率决定理论的弹性说	(1) 汇率的变动与本国货币供应量变化成正比，与外国货币供应量变化成反比 (2) 汇率的变动与本国国民收入的变化成反比，与外国国民收入的变化成正比 (3) 汇率的变动与本国利率水平变化成正比，与外国利率水平变化成反比
货币主义汇率决定理论的超调模型	汇率超调描述的是汇率对货币供应量波动的即刻反应超过了长期反应的一种现象 开创了从动态角度分析汇率决定的先河
汇率决定的资产组合分析法	资产组合的调整，将导致汇率和利率的变化 只有当本国货币市场、本国债券市场、外国债券市场都处于均衡状态时，该国的资产市场总体上才处于均衡状态，各种资产的收益率相等，由此决定的汇率为均衡汇率 经常账户对汇率的决定也有重要影响

四、汇率的变动☆☆☆

(一) 汇率的变动形式

1. 官方汇率的变动

官方汇率的变动是指一国货币当局人为地调高或调低币值，即法定升值或法定贬值。

(1) 法定升值：货币当局宣布提高本国货币的币值，即提高本币汇率，降低外汇汇率。

(2) 法定贬值：货币当局宣布降低本国货币的币值，即降低本币汇率，提高外汇汇率。

2. 市场汇率的变动

市场汇率的变动是指汇率受外汇市场供求关系的影响而上浮或下浮，由市场自发调节。

(1) 升值（上浮）：外汇供过于求→外汇汇率下浮→本币汇率上浮→本币升值。

(2) 贬值（下浮）：外汇供不应求→外汇汇率上浮→本币汇率下浮→本币贬值。

(二) 影响汇率变动的因素

1. 国际收支差额变化

(1) 逆差：国际收支逆差→外汇减少→外币升值→外汇汇率上涨→本币汇率下降。

(2) 顺差：国际收支顺差→外汇增加→外币贬值→外汇汇率下降→本币汇率上升。

2. 物价的相对变动

(1) 传导机制（商品劳务机制）。本国物价相对外国上涨→本国产品价格相对较高、外国产品价格相对较低→进口增加、出口减少→外汇需求增加→外汇汇率上涨→本币汇率下降。

由上述过程可知，物价的相对变动对汇率的影响，是通过经常账户（贸易）、以商品劳务的传导机制实现的。

(2) 物价变动对汇率的影响要通过层层的传导变量，经过一段时间才显现。因此，物价变动对汇率的影响属于长期因素，物价变动是决定汇率长期变动的根本因素。

3. 政府干预汇率

（1）外汇汇率大幅上涨、本币汇率大幅下跌→央行向外汇市场投放外汇→外汇增加→外汇汇率下降→本币汇率上涨。

（2）外汇汇率大幅下跌、本币汇率大幅上涨→央行从外汇市场回笼外币→外汇减少→外汇汇率上涨→本币汇率下降。

【提示】货币当局还会采取其他措施直接管制：外汇管制。

4. 市场预期

（1）人们预期本币贬值→抛售本币→本币需求下降→本币实际贬值。

（2）人们预期本币升值→持有本币→本币需求上涨→本币实际升值。

（三）汇率变动对经济的影响

1. 直接经济影响

（1）影响外汇储备。

①本币与外币之间的汇率变动：a. 本币相对外币升值→外汇储备价值缩水；b. 本币相对外币贬值→外汇储备价值增加。

②储备货币之间的汇率变动（美元储备、欧元储备）：a. 美元升值、欧元相对贬值→欧元外汇兑换的美元减少→欧元外汇储备的美元价值缩水；b. 美元贬值、欧元相对升值→欧元外汇兑换的美元增加→欧元外汇储备的美元价值增加。

（2）影响国际收支。汇率变动会影响国际收支，具体内容见表8-4。

表8-4　汇率变动对国际收支的影响

影响项目		具体内容
经常项目		①本币汇率下降时：本币汇率下降→本币贬值、外币升值→以外币计价的本国出口产品价格下降、以本币计价的进口产品价格上涨→出口增加、进口减少→顺差 ②本币汇率上涨时：本币汇率上涨→本币升值、外币贬值→以外币计价的本国出口产品价格上涨、以本币计价的进口产品价格下降→出口减少、进口增加→逆差
资本与金融项目	借贷资本渠道	①本币汇率下降时：本币汇率下降→本币贬值、外币升值→本国偿还外债负担加重、外国偿还本币负担减轻→减少对外债务、增加对外债权→减少借贷资本流入、增加借贷资本流出→逆差 ②本币汇率上涨时：本币汇率上涨→本币升值、外币贬值→本国偿还外债负担减轻、外国偿还本币负担加重→增加对外债务、减少对外债权→增加借贷资本流入、减少借贷资本流出→顺差
	直接投资、证券投资渠道	①本币汇率下降时：本币汇率下降→本币贬值、外币升值→外币投资收益兑换更多本币→投资的利润增加→直接投资、证券投资增多→资本流出增加、资本流入减少→逆差 ②本币汇率上涨时：本币汇率上涨→本币升值、外币贬值→外币投资收益兑换更少本币→投资的利润下降→直接投资、证券投资减少→资本流出减少、资本流入增加→顺差

2. 间接经济影响

汇率变动的间接经济影响的内容见表8-5。

表 8-5 间接经济影响的内容

影响项目	具体内容
经济增长	(1) 资本流动渠道：本币升值→资本流入增加、资本流出减少→刺激经济增长；本币贬值→资本流入减少、资本流出增加→抑制经济增长 (2) 贸易渠道：本币贬值→出口增加、进口减少→净出口增加→国民收入增加；本币升值→出口减少、进口增加→净出口减少→国民收入减少
产业竞争力和产业结构	本币贬值→出口增加、进口减少→出口部门经济增长、进口替代部门经济增长→两部门的竞争力提高→在整个产业中占比提高→产业结构发生变化

五、汇率制度

（一）汇率制度的类别

（1）按照汇率变动的幅度划分，汇率制度可分为固定汇率制和浮动汇率制。其具体内容见表 8-6。

表 8-6 固定汇率制和浮动汇率制

项目	具体内容	
固定汇率制	①国际金本位制下的固定汇率制度：典型的固定汇率制 ②布雷顿森林体系下的固定汇率制度：是纸币流通条件下的固定汇率制度，只能称之为可调整的钉住汇率制度	
浮动汇率制	根据官方是否干预	自由浮动：官方不干预外汇市场，完全听凭市场汇率在外汇供求关系的自发作用下波动的汇率制度
		管理浮动：官方或明或暗地干预外汇市场，使市场汇率在经过操纵的外汇供求关系作用下相对平稳波动的汇率制度
	根据汇率浮动是否结成国际联合	单独浮动：本币不与任何外币建立固定联系，其汇率单独进行浮动
		联合浮动：若干国家的货币彼此建立固定联系，对此外其他国家货币的汇率共同进行浮动

（2）国际货币基金组织（IMF）对汇率制度的划分见图 8-3。

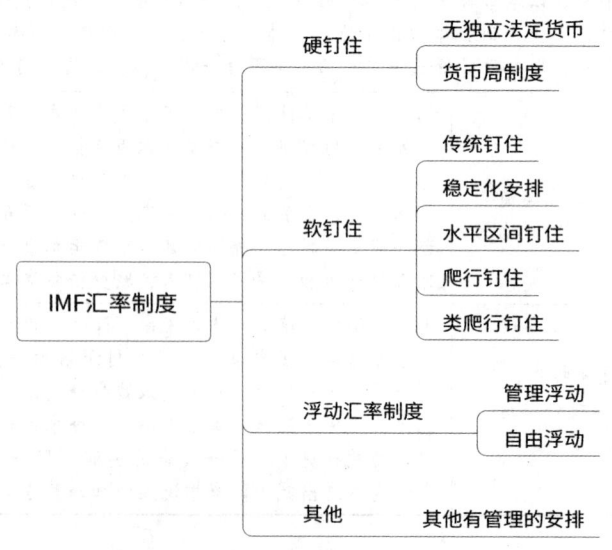

图 8-3 国际货币基金组织（IMF）对汇率制度的划分

（二）汇率制度选择的影响因素

1. 经济论

汇率制度选择的经济论认为，一国汇率制度的选择由以下几个经济因素决定：

（1）经济规模的大小。

（2）经济开放的程度。

（3）相对通货膨胀率。

（4）国内金融市场是否发达，以及国内金融市场与国际金融市场的一体化程度。

（5）进出口贸易的地域分布和商品结构。

【结论】

（1）实行固定汇率制或钉住汇率制：经济规模小、经济开放程度低、金融国际化程度低、进出口商品结构和地域分布单一化。

（2）实行浮动汇率制或弹性汇率制：经济开放程度高、进出口商品结构和地域分布多元化、金融国际化高度发展、资本流动频繁、国内通货膨胀率和其他国家不一致。

2. 依附论

汇率制度选择的依附论由发展中国家的经济学家提出，讨论的是发展中国家汇率制度的选择。这一理论认为，一国汇率制度主要取决于他们在经济、政治、军事等诸多方面对外联系的特征。

> 典型例题

1. [单项选择题] 以一定整数单位的外国货币为标准，折算为若干单位的本国货币，这种汇率标价法为（　　）。

A. 应收标价法

B. 直接标价法

C. 间接标价法

D. 本币汇率

[解析] 外币在前，本币在后，属于直接标价法（应付标价法），这种标价法是以本国货币表示外国货币的价格，因此可以称为外汇汇率。

2. [单项选择题] 按照外汇交易的交割期限，汇率可以分为（　　）。

A. 中间汇率

B. 收盘汇率

C. 开盘汇率

D. 远期汇率

[解析] 根据外汇交易的交割期限，汇率可分为即期汇率与远期汇率。

3. [单项选择题] 在汇率决定理论中，下列属于抵补利率平价理论的观点是（　　）。

A. 国际商品套购活动引起汇率水平调整，使得两国货币的汇率等于两国物价水平之比

B. 某一时段内两国间汇率的波动约等于两国的通货膨胀率之差

C. 两国间汇率的升贴水率＝本国利率水平－外国利率水平

D. 汇率对货币供应量波动的即刻反应超过了长期反应

[解析] A项是绝对购买力平价理论。B项是相对购买力平价理论。D项是货币主义汇率决定理论的超调模型。

答案：1.B　2.D　3.C

考点3　国际资本流动

一、国际资本流动的类型

（1）直接投资：一国居民或企业对另一国的企业直接进行的，可以取得东道国企业全部或部分管理权或控制权的投资。

（2）证券投资：

①投资者在国际证券市场上以购买外国中长期债券或股票的方式进行的投资。

②证券投资和直接投资的区别：通过是否行使公司经营管理权来区分。直接投资以获得公司的控制权为标志。

（3）国际信贷：包括政府贷款、国际金融机构贷款和其他贷款。

构成：

①短期信贷：贸易性资本流动、银行短期资本流动、保值性资本流动、投机性资本流动等。

②中长期信贷：银团贷款。

二、引发国际资本流动的原因

（1）过剩资本的存在（根本原因）。

（2）利率、汇率两大经济杠杆的影响：

①利率：由于国家之间的利差，资本在逐利机制的驱动下，从利率较低的国家或地区流向利率较高的国家或地区，直至利差消失。

②汇率：

本国汇率不稳，本国资本持有者如果预期其所持的资本实际价值将会降低，则会把手中的资本或货币资产转换成另一种货币资产存放于国外，从而使资本向汇率较为稳定的国家或地区流动。

一国货币发生贬值，会使非居民把存放在这一国家的货币资产转换成另一国的货币资产，从而把资本调往国外，以避免可能遭受的汇率波动损失。

(3) 财政赤字与通货膨胀。

(4) 政治、经济风险（新特征）。

"安全港"理论：虽然在发展中国家投资所获得的收益可能比在发达国家高，但发展中国家很大程度上存在着政治、经济风险，投资者宁愿把资本投向相对低收益而较稳定的发达国家，从而造成了国际资本在发达国家之间流动的现象。

(5) 发展中国家利用外资战略。

(6) 跨国公司发展。

(7) 资本预期收益（直接因素）：当一国的资本预期收益率高于他国，资本就会从他国流向该国。

(8) 外汇管制。

(9) 国际金融市场状况。

三、国际资本流动的影响

（一）中长期资本流动的积极效应

(1) 可以提高资本输出国的资本边际效益。

(2) 有利于资本输入国的资本形成。

(3) 长期资本流动推动经济全球化。

（二）中长期资本流动的消极效应

(1) 可能导致资本输出国产业空心化。

(2) 可能引发资本输入国债务危机。

（三）短期资本流动的经济效应

(1) 有利于国际贸易顺利进行。

(2) 对各国国际收支产生影响。

(3) 加剧国际金融市场动荡。

四、国际资本流动对内外均衡的冲击

(1) 影响内部均衡的实现。

①若实行固定汇率制度，为维持汇率稳定，政府不得不在外汇市场上进行干预，使得该国货币政策独立性受到影响，对该国实体经济和内部均衡产生重大影响。

②若实行浮动汇率制度，外汇市场的供求变化会加大汇率的波动，会增加该国企业从事进出口贸易和投资的不确定性，微观主体经营困难增加。

③国际资本流动可能引发货币危机、债务危机等金融领域的剧烈波动，会对该国实体经济的发展产生深远的影响，企业的投融资能力、居民的消费能力都会受到打击。

(2) 加大了各国维持外部均衡的难度。

(3) 使得经济波动在国际传递。

> **典型例题**

1. [单项选择题] 引发国际资本流动的根本原因是（   ）。

A. 过剩资本的存在

B. 财政赤字与通货膨胀

C. 发展中国家利用外资战略

D. 资本预期收益

[解析] 引发国际资本流动的根本原因是过剩资本的存在。

2. [多项选择题] 中长期资本流动的消极效应包括（   ）。

A. 提高资本输出国的资本边际效益

B. 推动经济全球化

C. 可能导致资本输出国产业空心化

D. 可能引发资本输入国债务危机

E. 加剧国际金融市场动荡

[解析] A、B两项属于中长期资本流动的积极效应。E项属于短期资本流动的经济效应。

答案：1. A 2. CD

考点4 外资与外债管理

一、外资管理

（一）最佳外资流入量的确定

外资受到边际收益递减规律的制约：当外资边际收益＝外资边际成本时，对应的外资数量为最佳外资流入量。

（二）我国的外资与外资管理

（1）由"核准为主"向"备案为主、核准为辅"的转变。

（2）以"鼓励发展＋负面清单"的管理方式进行对外投资备案（核准）。

（3）建立"管理分级分类、信息统一归口、违规联合惩戒"的对外投资管理模式，实施"凡备案（核准）必报"原则，并严格实施全流程监管。

（4）审议通过《外商投资准入特别管理措施（负面清单）（2024年版）》。要进一步放宽外资准入，全面取消制造业领域外资准入限制措施，抓紧推进电信、教育、医疗等服务领域开放。

二、外债管理

（一）外债管理内容

根据《外债统计监测暂行规定》（修订），外债管理的具体内容见图8-4。

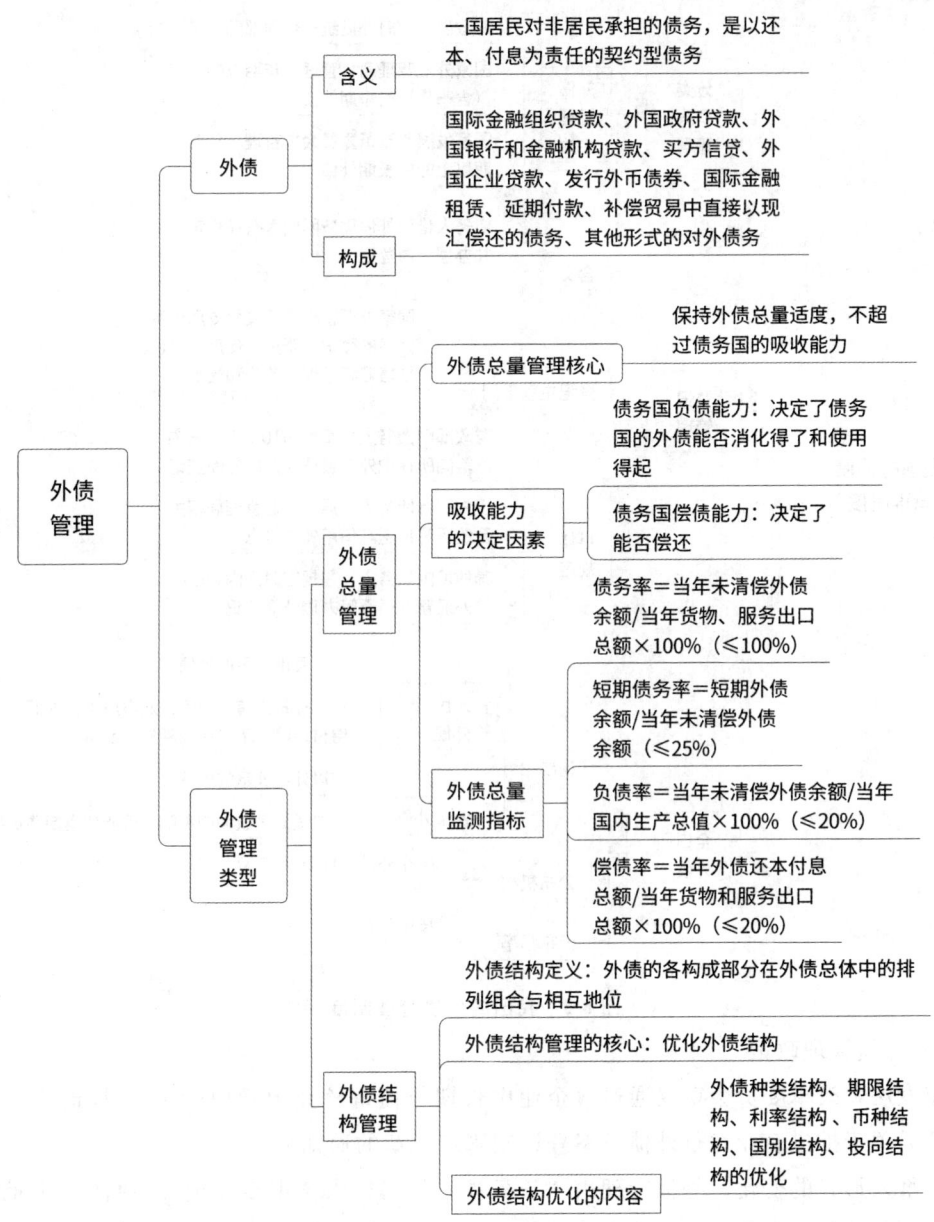

图 8-4 外债管理

【考点小贴士】重点掌握指标，考试常以计算题形式出现，需记住指标标准值。

（二）我国的外债管理制度

我国的外债管理制度的相关内容见图 8-5。

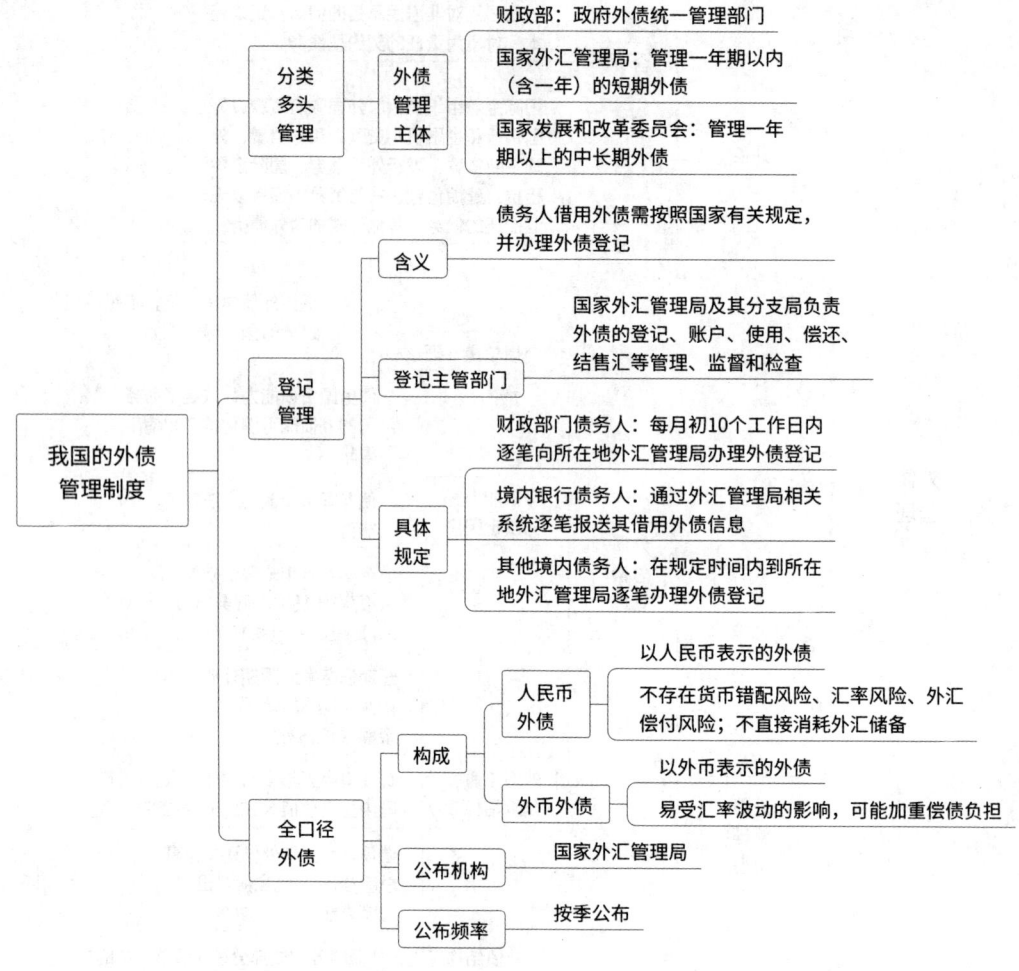

图 8-5 我国的外债管理制度

（三）外债管理政策

国家发展和改革委员会审议通过《企业中长期外债审核登记管理办法》，同时废止《国家发展改革委关于推进企业发行外债备案登记制管理改革的通知》。

（1）准入形式的变化。外债管理由"备案登记"调整为"审核登记"，由注册审批制到备案制，再到审核制的变化，意味着中长期外债面临的监管有所加强。企业应当在借用外债前完成审核登记手续。未经审核登记的，不得借用外债。

（2）确定了全口径主体管理的要求。

（3）细化了债务工具范围和外债资金用途负面清单。

（4）审核流程更严格和规范。审核期限从7个工作日延长至3个月。

（5）新增定期报送和重大事项报送。

第八章 国际金融

> 典型例题

1. [多项选择题] 下列各项中属于我国国家外汇管理局定义的外债的有（　　）。

A. 国际金融组织贷款　　　　　　B. 买方信贷

C. 外商直接投资　　　　　　　　D. 发行外币债券

E. 股票投资

[解析] 根据国家外汇管理局的定义，外债包括：①国际金融组织贷款；②外国政府贷款；③外国银行和金融机构贷款；④买方信贷；⑤外国企业贷款；⑥发行外币债券；⑦国际金融租赁；⑧延期付款；⑨补偿贸易中直接以现汇偿还的债务；⑩其他形式的对外债务。

2. [案例分析题] 2015 年年末，某国未清偿外债余额为 2 000 亿美元。其中，1 年及 1 年以下短期债务为 400 亿美元。当年该国需要还本付息的外债总额为 500 亿美元。该国 2015 年国民生产总值为 8 000 亿美元，国内生产总值为 10 000 亿美元，货物出口总额为 1 600 亿美元，服务出口总额为 900 亿美元。

根据以上资料，回答下列问题：

(1) 2015 年该国的债务率为（　　）。

A. 20%　　　　B. 25%　　　　C. 80%　　　　D. 125%

[解析] 债务率＝当年未清偿外债余额÷当年货物和服务出口总额×100%＝2 000÷(1 600＋900)×100%＝80%。

(2) 2015 年该国的负债率为（　　）。

A. 20%　　　　　　　　　　　　B. 25%

C. 80%　　　　　　　　　　　　D. 125%

[解析] 负债率＝当年未清偿外债余额÷当年国民生产总值×100%＝2 000÷8 000×100%＝25%。

(3) 2015 年该国的偿债率为（　　）。

A. 20%　　　　　　　　　　　　B. 25%

C. 80%　　　　　　　　　　　　D. 125%

[解析] 偿债率＝当年外债还本付息额÷当年货物和服务出口总额×100%＝500÷(1 600＋900)×100%＝20%。

(4) 假设该国法定货币为克朗，若美元对克朗的汇率由 1 美元＝100 克朗变动至 1 美元＝120 克朗，则该国（　　）。

A. 本币贬值，加重偿还外债的本币负担　　B. 本币升值，加重偿还外债的本币负担

C. 本币贬值，减轻偿还外债的本币负担　　D. 本币升值，减轻偿还外债的本币负担

[解析] 由题干可知，1 美元能兑换更多的克朗，美元升值，则克朗相对贬值；克朗贬值，偿还外债时，需要更多的克朗才能兑换一单位外币，因此债务负担加重。

答案：1. ABD　2. C　B　A　A

考点5 国际储备与国际货币体系

一、国际储备的含义、构成及功能

（一）国际储备的含义

国际储备是指一国货币当局所持有的、用于稳定汇率、平衡国际收支的国际普遍接受的一切资产。

(1) 国际储备是货币资产，不包括实物资产。

(2) 国际储备需具备普遍接受性，不可兑换货币不能作为国际储备。

(3) 国际储备是官方储备，不包括民间的黄金、外汇。

(4) 国际储备是存量概念，统计某一时点上的余额。

（二）国际储备的构成

国际储备的构成见表 8-7。

表 8-7　国际储备的构成

构成		具体内容
黄金储备		由一国的货币当局所持有的货币性黄金数量的总和（非商品性黄金）
外汇储备		包括在国外可兑换的银行存款和其他可变现的金融资产
		外汇储备是国际储备中最重要、最活跃的部分，是国际储备的主体，也是国际储备资产管理的主要对象
在国际货币基金组织的储备头寸（又称普通提款权）		在国际货币基金组织普通账户中会员方可自由提取使用的资产： (1) 会员方向国际货币基金组织认缴份额中 25% 的外汇部分 (2) 会员方认缴份额中的本国货币持有量 (3) 国际货币基金组织从该会员方的借款净额
特别提款权	含义	由国际货币基金组织分配给会员方但尚未使用的提款权余额。特别提款权是由国际货币基金组织无偿分配给会员方的一种资金使用的权利，其作为会员方原有的提款权即普通提款权的一种补充
	其他内容	(1) 按会员方在国际货币基金组织中的份额比例分配给会员方 (2) 用于归还国际货币基金组织贷款和成员方政府之间弥补国际收支逆差的一种账面资产 (3) 特别提款权实际上是一种记账单位，成员方无条件享有该项权利，但在使用上仅限于政府之间的结算，以弥补会员方国际清偿能力不足，不能用于贸易和非贸易的结算和支付

（三）国际储备的功能

(1) 国际储备对外具有清偿能力，可以弥补国际收支逆差（基本功能）。

(2) 充当对外借债的保证，可以维持国际资信与投资环境。

(3) 干预外汇市场，稳定本币汇率。

二、国际储备管理

（一）国际储备管理的内容

国际储备管理的内容见图 8-6。

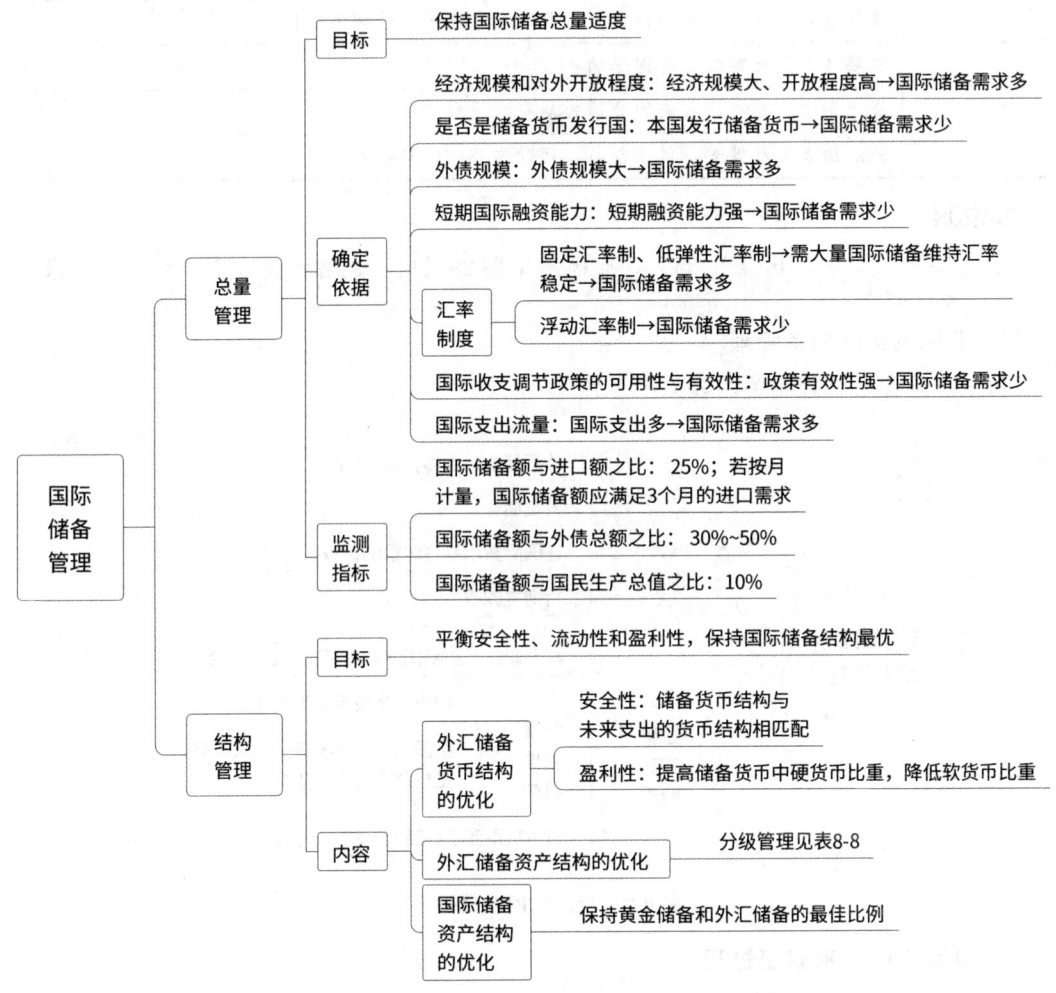

图 8-6　国际储备管理

【考点小贴士】监测指标值、公式须记牢，常以计算题形式出现。

外汇储备资产结构的优化中，将外汇储备根据不同的变现能力进行分级管理，见表 8-8。

表 8-8　分级管理

项目	具体内容
一级储备	指一国用于<u>经常性或临时性对外支付</u>所需的外汇储备
	资产形式：外币现金、在国外银行的活期存款、短期存款、短期债券、商业票据等
	必须保持高度的流动性，随时可以变现
	一级储备的盈利性较低，但风险较低、流动性大

续表

项目	具体内容
二级储备	主要是补充性的流动资产，作为应付临时性、突发性等不时之需时对外支付的保证
	资产形式：外国中期国债等金融资产
	二级储备的管理以盈利性为主，兼顾适度的流动性和风险性
三级储备	主要是用于长期投资的国际储备
	资产形式：具有高收益的外国长期有价证券
	三级储备流动性差，但收益高，可以弥补一级储备的不足

【知识拓展】

国际储备与进口额之比应为25%，即国际储备25%的占比能满足3个月的进口需求。

（二）我国的国际储备管理

我国的国际储备管理相关内容见图8-7。

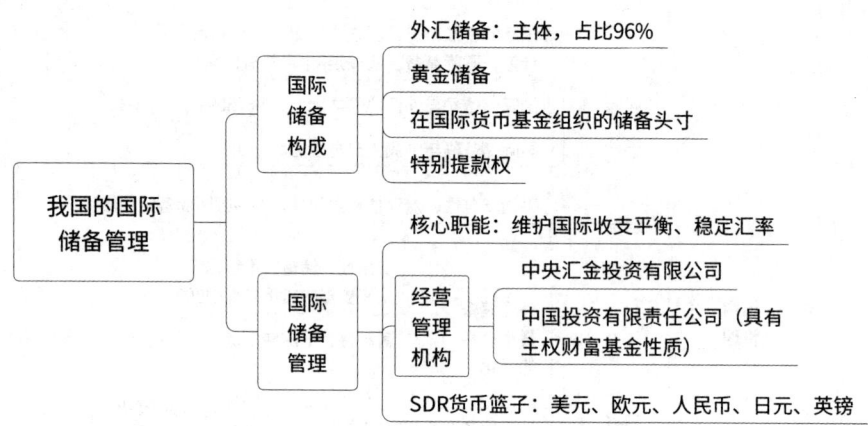

图8-7 我国的国际储备管理

三、国际货币体系演变过程

国际货币体系的演变过程为：国际金本位制→布雷顿森林体系→牙买加体系。

（一）国际金本位制

1. 背景

19世纪中后期形成，英国最早采用。

2. 内容

（1）银行券代替黄金流通，银行券和黄金自由兑换，二者都可对外支付。

（2）中心汇率：铸币平价（两国货币含金量之比）。

（3）市场汇率受外汇市场供求关系的影响上下波动，波动幅度为黄金输送点；上限为黄金输出点，下限为黄金输入点。

（4）汇率制度：自发形成的固定汇率制。

3. 特征

(1) 国际储备资产是黄金，黄金充当国际货币。

(2) 固定汇率制，避免汇率风险。

(3) 具有自动调节国际收支的机制：物价—现金流动机制。

①国际收支逆差→黄金外流→货币供应量下降→物价水平下降→出口增加、进口减少→国际收支顺差。

②国际收支顺差→黄金内流→货币供应量上升→物价水平上升→出口减少、进口增加→国际收支逆差。

4. 制度崩溃

第一次世界大战的爆发导致了国际金本位制瓦解。

(二) 布雷顿森林体系

1. 背景

第二次世界大战后，通过"布雷顿森林协定"建立该体系。

2. 内容

(1) "双挂钩"制度：

①美元与黄金挂钩，一盎司黄金＝35 美元。

②其他国家货币与美元挂钩：其他各国政府规定各自货币的含量，人为确定本币与美元的法定比价，市场汇率围绕法定比价上下浮动1%。

(2) 固定汇率：

①人为可调整。

②有明确波动幅度。

(3) 为了加强国际货币合作，1945 年，国际货币基金组织正式成立，这是一个永久性的国际金融机构。

(4) 对经常账户交易取消外汇管制，但是限制国际资金流动。

(5) 制定了稀缺货币条款。

当一国国际收支持续盈余，并且该国货币在国际货币基金组织的库存下降到其份额的75％以下时，国际货币基金组织可将该国货币宣布为稀缺货币。

国际货币基金组织可按逆差国的需要实行限额分配，其他国家有权对稀缺货币采取临时性限制兑换，或限制进口该国的商品和劳务。这一条款的设置是希望顺差国能够主动承担国际收支调整的义务。

3. 特征

(1) 美元是国际货币结算的基础，国际储备货币主要是美元。

(2) 实行可调整的固定汇率制度；其他各国货币与美元汇率需要保持相对的稳定，必要时，各国政府有干预的义务。

(3) 国际货币体系的核心：国际货币基金组织。

4. 体系崩溃

美元作为主要储备货币而被其他国家大量需求，美元不足造成美元荒；为缓解美元不足，美国通过马歇尔计划放钱，造成美元投放过多，美元贬值，1∶35 的官价无法维持，最终体系崩溃。

（三）牙买加体系

1. 背景

布雷顿森林体系瓦解后建立该体系。

2. 内容

（1）浮动汇率合法化。

（2）黄金非货币化。

（3）扩大特别提款权的作用。

（4）扩大发展中国家的资金融通，增加会员国的基金份额。

3. 特征

（1）国际储备多样化：美元为主，多种储备货币并存。

（2）汇率制度安排多元化：允许浮动汇率制度和固定汇率制度暂时并存。

（3）黄金非货币化。

（4）国际收支调节机制多样化。

4. 缺陷

（1）政策的不协调加大了实现内外均衡的难度。

（2）发展中国家在国际货币基金组织的话语权较弱。

>> 典型例题

1.［单项选择题］布雷顿森林体系实质上是（　　）。

A. 有管理的浮动汇率制

B. 自由浮动汇率制

C. 可调整的固定汇率制

D. 完全固定汇率制

［解析］布雷顿森林体系实行可调整的固定汇率制度，其他各国货币与美元汇率需要保持相对的稳定。

2.［单项选择题］国际金本位制下，最主要的国际储备资产是（　　）。

A. 美元　　　　　　　　　　　　B. 英镑

C. 法国法郎　　　　　　　　　　D. 黄金

［解析］国际金本位制下，国际储备资产是黄金，黄金充当国际货币，可以自由兑换。

3.［多项选择题］关于国际储备管理的说法，正确的有（　　）。

A. 储备货币发行国通常对国际储备需求较小

B. 国际储备资产结构的优化集中在黄金储备和外汇储备结构的优化

C. 实行固定汇率制的国家需要较少的国际储备

D. 国际储备需求量与国际支出的流量呈正相关关系

E. 国际储备需求量与经济规模呈负相关关系

[解析] C项错误，实行固定汇率制的国家需要大量国际储备来维持汇率稳定，因此需要较多的国际储备。E项错误，国际储备需求量与经济规模呈正相关关系。

4. [案例分析题] 在实行金本位制度时，英国货币1英镑的含金量为113.001 6格令，美国货币1美元的含金量为23.22格令。假设美国和英国之间运送1英镑所含黄金需要0.02美元的费用。二战后，根据IMF的规定，每个会员国都应规定本国单位纸币所代表的含金量。所以，金平价（即两国单位纸币所代表的含金量之比）就成为决定汇率的基础。这里设定1英镑所代表的含金量为3.581 34克黄金，1美元所代表的含金量为0.888 671克黄金。后来在金块本位制和金汇兑本位制下，金平价表现为法定平价。

根据以上资料，回答下列问题：

(1) 英币与美元的铸币平价是（ ）。

A. 4.856 5　　　　　　　　　　B. 4.866 6

C. 4.876 7　　　　　　　　　　D. 4.886 8

[解析] 铸币平价是两国货币的含金量之比。由题干可知，英国货币1英镑的含金量为113.001 6格令，美国货币1美元的含金量为23.22格令；因此，铸币平价＝113.001 6÷23.22≈4.866 6。

(2) 本案例中，美国对英国的黄金输送点是（ ）。

A. 4.844 6　　　　　　　　　　B. 4.886 6

C. 4.887 7　　　　　　　　　　D. 4.927 7

[解析] 美国对英国的黄金输送点即黄金从美国输出的临界点；黄金输出点＝铸币平价＋黄金运输费＝4.866 6＋0.02＝4.886 6。

(3) 二战后，英镑和美元之间的平价是（ ）。

A. 1.34　　　　　　　　　　　　B. 2.69

C. 3.11　　　　　　　　　　　　D. 4.03

[解析] 根据题干可知，二战后1英镑所代表的含金量为3.581 34克黄金，1美元所代表的含金量为0.888 671克黄金，铸币平价＝3.581 34÷0.888 671≈4.03。

(4) 铸币平价和法定平价均产生于（ ）。

A. 固定汇率制　　　　　　　　　B. 浮动汇率制

C. 爬行盯住汇率制　　　　　　　D. 联系汇率制

[解析] 铸币平价是国际金本位制度下的中心汇率，法定平价是布雷顿森林体系下的中心汇率，二者都属于固定汇率制。国际金本位制度下实行自发的固定汇率制，布雷顿森林体系下实行人为可调整的固定汇率制。

答案：1. C　2. D　3. ABD　4. B　B　D　A

考点6 开放经济条件下的内外均衡

一、开放经济条件下内外均衡政策的冲突

（一）内部均衡和外部均衡

内部均衡的含义是实现无通货膨胀的充分就业，外部均衡是指国际收支平衡，一国宏观经济政策的目标则可概括为内外均衡。

（二）米德冲突

米德冲突是指在固定汇率制度下，失业增加与国际收支逆差，或者通货膨胀与国际收支顺差这两种特定的经济状态组合。

米德冲突说明在固定汇率制度下，单纯使用调节总需求的支出增减政策来同时实现内外均衡是存在困难的。实行固定汇率制度的国家可能面临的四种内外经济状态组合见表8-9。

表8-9 实行固定汇率制度的国家可能面临的四种内外经济状态组合

组合	内部状态	外部状态	是否存在内外均衡冲突
组合一	经济衰退、失业增加	国际收支逆差	存在米德冲突
组合二	经济衰退、失业增加	国际收支顺差	内外均衡一致
组合三	通货膨胀	国际收支逆差	内外均衡一致
组合四	通货膨胀	国际收支顺差	存在米德冲突

（三）斯旺模型

斯旺模型说明，若仅仅依靠某一种政策工具想要同时解决内部失衡和外部失衡问题，是无法实现的。

二、开放经济条件下内外均衡政策的协调

（一）丁伯根法则

（1）丁伯根法则是将政策目标和政策工具联系在一起的正式模型，应运用N种独立的工具进行配合来实现N个独立的政策目标。

（2）为避免米德冲突，需要为不同的目标制定相互独立且有效的政策工具，即满足丁伯根法则。

（3）只要决策者能够控制两种工具，每种工具对目标的影响是独立的，决策者就能通过政策工具的配合达到理想的目标水平。

（4）决策者只有一个独立的工具而试图实现两个目标，是不可能成功的。

（5）如果一个经济体具有线性结构，决策者有N个目标，只要有至少N个线性无关的政策工具，就可以实现这N个目标。

（二）支出增减政策与支出转换政策的搭配

（1）支出增减政策：是指改变社会总需求或总支出的政策，通过改变社会总需求或总支出水平，来改变对外国商品、劳务和金融资产的需求，达到调节国际收支的目的。支出增减政策包括财政政策和货币政策。

(2) 支出转换政策：主要是指汇率政策，政府通过改变汇率，使支出由国内商品转移到进口商品，或者由进口商品转移到国内商品，以维持或达到国际收支平衡。

利用支出增减政策以实现内部均衡，利用支出转换政策以实现外部均衡。支出增减政策与支出转换政策的搭配见表 8-10。

表 8-10 支出增减政策与支出转换政策的搭配

区间	经济状况	支出增减政策	支出转换政策
1	通货膨胀/国际收支逆差	紧缩性	贬值
2	失业、衰退/国际收支逆差	扩张性	贬值
3	失业、衰退/国际收支顺差	扩张性	升值
4	通货膨胀/国际收支顺差	紧缩性	升值

（三）蒙代尔"政策指派"原则

在固定汇率制度下，以货币政策实现外部均衡目标、财政政策实现内部均衡目标的政策指派方案。蒙代尔财政政策与货币政策的搭配见表 8-11。

表 8-11 蒙代尔财政政策与货币政策的搭配

区间	经济状况	财政政策	货币政策
1	通货膨胀/国际收支逆差	紧缩性	紧缩性
2	失业、衰退/国际收支逆差	扩张性	紧缩性
3	失业、衰退/国际收支顺差	扩张性	扩张性
4	通货膨胀/国际收支顺差	紧缩性	扩张性

（四）三元悖论（克鲁格曼）

"三元悖论"：货币政策独立、固定汇率制度、资本自由流动这三大目标不能同时实现，一个国家只能三选二，也被称作"不可能三角"。

>> 典型例题

1. [单项选择题] 根据蒙代尔"政策指派"原则，一国同时存在通货膨胀和国际收支逆差，应该采用的政策是（　　）。

A. 紧缩性财政政策、紧缩性货币政策

B. 紧缩性财政政策、扩张性货币政策

C. 扩张性财政政策、紧缩性货币政策

D. 扩张性财政政策、扩张性货币政策

[解析] 根据"财主内、货主外"的原则，用紧缩性财政政策治理通货膨胀，用紧缩性货币政策治理逆差。

2. [单项选择题] 根据支出增减政策与支出转换政策的搭配，一国同时出现失业、衰退与国际收支逆差，应使用的政策组合为（　　）。

A. 紧缩性支出增减政策、本币贬值

B. 扩张性支出增减政策、本币贬值

C. 扩张性支出增减政策、本币升值

D. 紧缩性支出增减政策、本币升值

[解析] 利用支出增减政策以实现内部均衡，利用支出转换政策以实现外部均衡。失业、衰退代表总需求不足，通过扩张性支出增减政策刺激总需求；通过本币贬值减少进口、增加出口，扭转逆差。

3．[单项选择题]（　　）强调，为避免米德冲突，需要为不同的目标制定相互独立且有效的政策工具。

A. 丁伯根法则　　　　　　　　　B. 米德冲突

C. 蒙代尔-弗莱明模型　　　　　　D. 三元悖论

[解析] 丁伯根法则是将政策目标和政策工具联系在一起的正式模型，应运用 N 种独立的工具进行配合来实现 N 个独立的政策目标。为避免米德冲突，需要为不同的目标制定相互独立且有效的政策工具，即满足丁伯根法则。

答案：1.A　2.B　3.A

亲爱的读者：

如果您对本书有任何 感受、建议、纠错，都可以告诉我们。

我们会精益求精，为您提供更好的产品和服务。

祝您顺利通过考试！

扫码参与问卷调查

经济师考试研究院